DOĞANIN KANUNLARIYLA BÜTÜNLEŞMEK

"Ve Yaşam Tek Bir Kişinin Tecrübesi Olmayacak. Tam Tersine, Sanki Tüm İnsanlıkla Beraber Nefes Alıp Yaşıyor Gibi Olacağız."

Dr. Michael Laitman
PhD

ISBN: 978-1-77228-094-4

© Laitman Kabbalah Publishers

YAZAR: Michael LAITMAN

www.kabala.info.tr

KAPAK: Laitman Kabbalah Publishers

BASIM TARİHİ: 2023

Doğanın Kanunlarıyla Bütünleşmek

Dr. Michael Laitman

İçindekiler

Önsöz	4
Giriş: Modern Zaman Köleleri	7
Bölüm 1: Kriz veya Yeniden Doğuş	19
Bölüm 2: Körü Körüne İlerleyişten, Bilinçli Gelişime	43
Bölüm 3: Çevrenin Bir Mahsulü Olan İnsan	57
Bölüm 4: Herkesi Etkileyen Tek Kural	78
Bölüm 5: Hepimiz Bağlandık	96
Bölüm 6: Onu Hissettiğimiz Sürece	119
Bölüm 7: Yeni Dünyada İş ve Çevre	143
Bölüm 8: Gelişimin Bir Başka Biçimi	159
Bölüm 9: Egonun Sonu	178
Bölüm 10: Dünyayı Yeniden Refaha Erdirin	199
Bölüm 11: İnsan Sevgisinden Doğa Sevgisine	223
Bölüm 12: Alma Gücünün Fazla Kullanımı Krize Sebep Olur	243
Bölüm 13: Nefretten Aşka	264
Bölüm 14: Birbirine Bağlantılı Bir Dünyada Kadın	282
Bölüm 15: Eğitim Merkezleri Gibi Hapishaneler	289

Dr. Michael Laitman — Doğanın Kanunlarıyla Bütünleşmek

Sön Söz: Yaşam İçin Yeni Bir Motor　　　303

Ek
Yazar Hakkında　　　310
Arı Enstitüsü Hakkında　　　312

Doğanın Kanunlarıyla Bütünleşmek

Dr. Michael Laitman

Önsöz

Yaşamlarımız, bağlantılarımız ve ilişkilerimiz etrafında döner. Neticede, yaşamlarımız birbirimize olan hislerimizi yansıtır. Yaşamlarımızdaki değişiklikler bize, karşılıklı bağlılığımızın önemini anlamak için öncülük eder. Bu anlayışa daha çok bağlandıkça ve bunu geliştirdikçe, daha çok karşılıklı sevgi elde ederiz.

Aramızdaki bağa odaklanarak, yeni bir dünyada yeni bir realite tecrübe edebiliriz. Bu yolla, arzu ettiğimiz iyi, barışçıl ve uyumlu bir dünya oluşturacağız.

Aramızda neler olduğu konusunda uyanık olmalıyız. Kazara, çok kez kendimizi kendi ailelerimizin içinde bile birbirimize tahammül edemeyecek kadar kendi odaklı ve nefret dolu bağlantılar içinde düğümlenmiş buluruz. Şu anki yaşam biçimimiz bizi sevgi ve karşılıklı önemseme realitesinden uzaklaştırıyor.

Benzer yollar kullanarak problemleri ve krizleri çözme çabalarımız başarısız oldu; şimdi, yeni duyularımızı ve karşılıklı bağımızı geliştirebileceğimiz bilgi ve beceriyi edinmemiz şarttır. Hayat birbirimize olan bağımızı gözden geçirmemiz ve yeniden inşa etmemiz için bize öncülük ediyor. Bu bir şekilde, yeni bir realitenin içinde yeniden doğmaktır.

Doğa'nın Kanunuyla Bağlanmak kendi içimizde, problemleri daha derin bir seviyeden çözümlemeyi deneyebileceğimiz yeni bir perspektif geliştirir – başkalarıyla olan karşılıklı bağlılık. Her bir problemi yeniden çözmek için sevgi dolu bir aile gibi, kendimiz ve diğerleri arasındaki sevgiyi, ödünü ve saygıyı elde edeceğiz.

Eğer gözlerimizi açarsak,
Eğer kalbimizi açarsak,
Nasıl birbirimize bağlandığımızı göreceğiz.
Çünkü biz ve birbirimize olan bağlılığımız,
Hayattaki en önemli şeylerdir.

GİRİŞ

Dr. Michael Laitman

> Doğanın Kanunlarıyla Bütünleşmek

Giriş

Modern Zaman Köleleri

21'inci yüzyıl toplumunda bir birey için çalışmak hayatın merkezidir. Bu durumu yaratan toplumdur – öyle ki tatiller ve sosyal aktiviteleri de kapsayan boş zamanlarımız bile işyerlerimiz tarafından onaylanır ve yönetilir. Bu aktivitelerin bazıları işyerlerimiz tarafından çalışanlar arasındaki bağın güçlenmesi için yapılır. Bunlar eğitimler, eğlenceli günler, yolculuklar, kültürel etkinlikler ve hatta kreş ve yaz kampı gibi aile destek girişimlerini kapsar. Bu durum özellikle orta sınıf arasında işkolikliğin neden bu kadar yaygın bir bağımlılık olduğunu gözler önüne serer.

Eskiden, insanlar işleri tarafından esir edildiklerini hissetmezlerdi. Kendilerini modern zaman kölelerine nazaran daha fazla özgür hissederlerdi. Bugün zamanımızın büyük bir bölümü işte, işe giderken veya işten dönerken harcanıyor. İş, bizim yaşamlarımızı ele geçiren birincil eylemimiz olmuştur.

Biriyle tanıştığımız zaman, hemen kişinin ne işle uğraştığını bilmek isteriz ve kişiyi buna göre değerlendiririz. "Neler yaparsın?" "Nelerden hoşlanırsın?" diye sormayız. Bunun yerine "Yaşamak için ne yapıyorsun?" diye sorarız çünkü çalışmak hayatlarımızdaki en önemli rolü üstlenir. Bu nedenle, birçoğumuzun en önemli endişesi işimizden kovulup kovulmayacağımız ve eğer kovulursak yeni bir iş bulup, bulamayacağımızdır.

Bugün, tüm odak noktamız tamamıyla işimiz üzerinedir. Emekli olmaktan korkarız, tüm bu boş vakitte ne yapacağımızı bilmemekten korkarız. Boş olmanın ne demek

olduğunu bile bilmeyiz, buna karşı bir arzumuz olduğunu bile.

İşten eve geldiğimiz an bile ve tatillerimizde dahi, çalışmaya devam ederiz, e-maillerimize bakarız ve işyerimize telefon açarız. Modern komünikasyon, bizi sistemle temas halinde tutar, çalışma hayatımıza tutsak eder.

Son yıllarda, hayatımıza yaklaşımımız öyle bir hale geldi ki kendimizi özgür olarak göremiyoruz. "Özgür" işimizde ayırdığımız zamanı 3 saatle kısıtlamak ve diğer zamanımızı toplumu ayakta tutan ihtiyaçlara ayırmak olmalıdır. Bu şekilde, kendi ihtiyaçlarımızı temin ettikten sonra, toplumun ihtiyaçlarını da temin edebiliriz. Geri kalan zamanımız başka şeylerin tadını çıkarmak için kullanılabilir.

Dahası, bunun mümkün olabileceğini algılayamıyoruz. Çalışmazsak, yapacak hiçbir şeyin olmayacağını düşünüyoruz, lakin hiçbir şey gerçekten daha uzak olamaz.

Bu iş, iş, iş zihniyeti insanoğluna yardım etmez. Dünya'nın kaynaklarını mahvedip tüketiyoruz ve bu kalıba küçük bir çocuğun oyunlara dalması ve yetişkinlerden birinin "yeter, artık başka şeylerle uğraşmaya ihtiyacınız var" diyerek onları oradan uzaklaştırması yöntemi ile aynı şekilde dalmışız.

Ancak oynamayı durduramıyoruz, bağımlısı olmuşuz. Dünya ve toplum görüşü bizi bu oyuna "asmış". Modern toplumlar realiteyi, amacı çok kısıtlı hedeflerin elde edilmesi olan, dar ve maksatlı bağlantılar üzerine kurmuştur. Bu dar bağlantılar tecrübesi ışığında, hayatlarımızdaki anlamsızlığı

hissetmeye başladık. Bu, kişisel ve sosyal yaşamımızdaki her alanda kriz yaratıyor.

Bugün, devrimin eşiğindeyiz. Yarattığımız çevreyle Doğa'nın kanunları arasındaki uçurum bedelini alıyor. Çevremizdeki ve içimizdeki yeni koşullar, büyüyen bir güçle bizi baskılıyor, bizi içimizden değiştiriyor ve baskıcı insan toplumundan ayırıyor. Doğa bizi insanlar olarak bir sonraki aşamaya ulaşmamız ve hayata farklı bir perspektiften bakmamız için zorluyor.

Çoğu zamanını işe harcadığımız realite değişmek üzere. Bu gerçekleşince, insanlar boş oturmayacak, ama hayatın diğer anlamı için arayışa başlayacaktır. Bu, "insan" olmanın tam olarak ne anlama geldiğini öğrenince olacak. Çalışma saatleri geçinmek için ihtiyaç olan minimum seviyeye çekilince, ruhlarımızı hissettiğimiz, hayatlarımızı insan seviyesine uygun uğraşlarla dolduracağız.

Bu, tüm insan toplumun yeniden organizasyonu anlamına gelen radikal bir değişimdir. Bu değişim zorunludur; bu süreçten içten ve dıştan gelen baskılar yüzünden geçmek zorunda kalacağız veya inisiyatif alarak ve farkındalık yoluyla yeni istikametimize doğru kaldırım döşemeye hemen başlayacağız. O zaman, hayata bakış açımız, ekonomimiz değişecek ve endüstri aşırı üretimden ihtiyacımız kadar olan üretime doğru yön değiştirecek ve daralacaktır.

İş, hayatta kalabilmemiz için bir araçtan öteye gitmeyecektir ve işsizlikteki büyüme algımız değişecektir. Boş zamanımız hayatımızın birincil amacına doğru yön bulacaktır – "Bu hayatta neden varız?" sorusunu cevaplamak için. Bu soru

insanlığın çoğunluğunda ortaya çıkacak ve hayatımızı ve tüm sorumluluklarımızı yöneten bir mesele olmaya başlayacaktır.

Şimdi yeni amacımız, ilişkilerimizi idare edeceğimiz yeni bir yol sunan alternatif bir çevrenin altyapısını oluşturmaktır. Mesela, gelecekteki toplumda, birisiyle karşılaştığım zaman, onun ne iş yaptığını sormayacağım (o kişinin "efendisini"). Yüksek teknoloji, bankacılık veya teknik bir işle uğraşması benim için fark etmeyecektir. Onun yerine, neyi çalıştığını, nelere ilgi duyduğunu ve bağlı olduğu sosyal çevre ilgimi çekecektir.

Başka bir deyişle, karşımda duran bireyle sözleşmeyle işine, "efendisine", bağlanmış bir köle yerine, insan olarak bağlantı kurarım. İş insanlara hükmetme statüsünü kaybedecektir çünkü insanlar yalnızca topluma yararlı şeylerle uğraşacaktır.

Gelecekteki bu imaja adapte olmak için, şu anki imajdan hedeflenen imaja nasıl geçeceğimizi tasavvur etmeye ve planlamaya ihtiyacımız var. İçsel olarak değişmeye ihtiyacımız var ve bu hiç de kolay bir görev değil. Bu, tüm düşünce kalıplarımızı yeniden tasarlayarak, algılarımızda, duygularımızda ve realiteye yaklaşımımızda köklü değişiklikler yapmamızı gerektirir. Bundan daha muazzam bir değişim olamaz.

Bu değişim yaşamımızın temelini; sabah kalkıp ve gece yatmamızın nedenini, gün boyunca kafamızda dolaşan düşünceleri, başarılarımızı ve başkalarının bizimle olan ilgisini etkileyecektir. Toplumun yapısı bile benzer şekilde değişecektir ve tabii ki, eğitim sistemi temelinden farklı bir sisteme doğru ilerleyecektir.

Bazılarımıza hâlâ değişimin doğası bilinmez gelse de, o her şeye rağmen geleceğimizdir. Hazırlanmaya başlamak için atacağımız küçük adımlar, aşamalı olarak bizi ona doğru taşır, değişimin yönünü görmemizi ve gerçekleşecek olan süreci anlamamızı ve kabul etmemizi sağlar.

Bu, küçük bir çocuğun anaokuluna ilk defa gidişine benzer. Çocuk nereye girdiğini bilemez. Çocukluğu boyunca ona eşlik edecek tüm bir eğitim sisteminin parçası olduğunu bilmez. Benzer bir şekilde, ortaya çıkmak üzere olan küresel sistemin ve süreçlerinin şimdilik farkında değiliz.

Doğa bizden "dengede olmak" manasına gelen "form eşitliğinde" olmamızı talep eder. Doğa daireseldir, tüm eylemlerinin içinde bütün ve ahenkli bir sistem olduğu için insan toplumunun da dairesel ve tüm parçalarına uyumlu bir şekilde inşa edilmesi gereklidir. Dengeli bir safhanın parçası olmaktan hepimiz yarar sağlayacağız ve aramızdaki doğru bağlantılar bize "Doğa'nın Kutsamasını" bağışlayacak.

"Doğru şekilde bağlanmak" eğitim, kültür, aile yaşantısı ve Doğa'ya karşı tavrımızı da içeren hayatın her alanına bütünleyici davranışı uygulamak demektir. Bu ekoloji, ekonomi, aile değerleri ve toplumda şimdiden hissettiğimiz tehditten korunabileceğimiz tek yoldur.

Bunun yerine, bizi bugün yaşadığımız bu önemli krizi çözebileceğimiz bir istikamete iten yepyeni bir perspektif açılacaktır. Nihayetinde, kriz kendimizi idare ettiğimiz yolla, hayatımızın her safhasında kendini bütünlük olarak sunan Doğa'nın özü arasındaki çelişkidir.

Doğanın Kanunlarıyla Bütünleşmek

Dr. Michael Laitman

Doğa'nın bu gerçeği yalnız geçen yüzyılımızda kendini ifşa etti. Bundan önce, kriz geniş kapsamlı değildi, insan toplumunun gelişimindeki ve büyümesindeki aşamalı sürecinin bir parçası şeklinde göründü. Son dönemlerde kendini bütünleyici bir ağ olarak sunarak ve bizim o ağa olan bağlantımızdaki acizliğimizi gözler önüne sererek Doğa'nın bizi kuşattığını fark etmeye başladık.

İnsanlığın dürtüleri Doğa'nınkiyle zıt olmaya başladı ve şimdi bu çelişkiyi kriz olarak hissediyoruz. Bu, problemin temelidir. Çözüm basit: kendimizi Doğa'yla dengelemeye, aynı hizaya getirmeye ihtiyacımız var. Bu, şu an size sunduğumuz çalışmanın amacıdır. Dünya hakkındaki geniş bilgimize rağmen, bu daha net olmaya başladı. Doğa kazanacaktır, bu anlayış şimdiye kadar inşa ettiğimiz tüm sistemlerde gördüğümüz problem manzaralarında kendini daha belirgin hale getirdi.

Önümüzdeki yıllarda, işsizlik dünyanın her tarafına yayılacak. İşsizler iş bulma olanaklarının çok zayıf olduğunu görecek ve iş pazarından kopuk olmak hayata hayal kırıklığı ve hüsran ile bakmalarına neden olacak.

Yine de, bu süreç yakında meydana gelecek büyük değişimle birlikte gerçekleşecek, boş zamanının en nitelikli şey olmaya başladığı ve işsizlerin gerçek "beşeri bilimleri" öğrendiği yer olan, yani insan olmanın ne demek olduğunu öğrendiği bir yer. Tüm insanlık, bireylere bir sonraki evrimlerine geçmelerine yardım edecek olan bu yeni bilgiyi öğrenecek.

İntegral çalışma malzemelerinin yardımıyla, şimdiki durumumuzu, dünyanın halini ve tüm başımıza gelen şeylerin nedenini anlayacağız.

Bu bilgi olmadan insan seviyesine geçmek imkânsızdır. İnsan olmakla diğer hayvanlar arasındaki fark, insanın bilince sahip olmasıdır: yaşamı anlıyor ve yaşamda bilinçli ve isteyerek yer alıyoruz. Nerede yaşayacağımızı, nasıl işlediğimizi ve nasıl etki etmemiz gerektiğini biliyoruz. Sonunda, bütünleşmiş insanlığın bir parçası olarak hareket etmeyi öğreneceğiz çünkü realite bunu emreder.

Çalışmanın kapsamı sınırsız bir zaman diliminde herkes için yeni kapsam olmaya başlayacaktır. İnsanlar bu kapsamları bir iş gibi ele alacaklar, ama işe karşı şu anki hislerimizden farklı olarak, bu çalışmalarda çocuklar gibi, sürekli bir yenilenme bulacağız.

Bütünlüğün kuralları yaşamlarımıza kuvvetli bir etki yapacaktır. Örnek olarak, yaşamlarımızı desteklemeyen bir işletme yok edilmesi gereken bir enfeksiyon muamelesi görecektir. Bu, yalnızca gerekli olanların hayatta kaldığı ekolojik sistemin kuralıdır. Bu, "Bir şeyler yapmak istiyorum çünkü onu satacağımı düşünüyorum," söylemlerine benzer olmayan yeni bir bakıştır. Onun yerine, "az üretip az harcamak daha iyidir," bakış açısını adapte edeceğiz. Bunun sonucunda, her şey değişecektir.

Yakın gelecekte, yarattığımız ekolojik problemler sebebiyle işsizlik, kıtlık ve diğer problemlerde hızlı bir artış meydana gelecek. Yüksek işsizlik yağmacılığı, hükümetlerin dağılmasını ve daha sonra anarşiyi başlatacak. Hükümetlerin birlikte hareket etme ve kalan kaynakları paylaştırmaktan başka çaresi kalmayacak. Burada sunduğumuza benzer yenilikçi küresel bir planı uygulamak zorunda kalacaklar. Yoksa, insan toplumu hep beraber çökecek ve bir dünya savaşını doğuracak.

Kaynakların küresel paylaşımında, insanın topluma olan ekonomik katılımı yalnızca toplumun hayati ihtiyaçlarına göre gerçekleşecektir. İnsanların çalışma saatleri internet tarafından idare edilecek, bu sayede en temel ihtiyaçlarını sağlamak için 3 veya biraz daha fazla saat çalışacaklar ve zamanlarının çoğunu, diyelim ki 5 saati, iş olarak sayılacak akademik çalışmalara adayacaklar.

Gelecekteki işsiz dışlanmış kabul edilmeyecek, ama saygın bir maaş alacak ve zamanının büyük bölümünü harcayacağı öğrenim vaktiyle ödüllendirilecektir. Bu, kişinin gelecekte toplumun ilerlemesine olan katkısını ve yatırımını garanti edecektir.

Zaman yapımız alışık olduğumuzdan farklı olmayacak, fakat zamanın içeriği ve yaptığımız iş değişecek. İş, insanların "nasıl kâr ederim ve başarılı olurum" diye düşündükleri eski zamanlarda olduğu kadar çok önemli olmayacak. Bunun yerine, yeni yapı bizi sokağa fırlatılmadan saygın bir yaşam sürdüreceğimiz şefkatli bir destek olarak hizmet edecek.

Her ay, milyonlarca insan yerine bir şey koyamadan işlerini kaybediyor. Çoğu zaman gereksiz eğitimlere yollanıyor. Ama yaşamın yeni yapısında, işe alma günümüzdeki gibi işsizlere teklif edilmeyecek. Bunun yerine, onlara dünyaya yeni bir bakış teklif edilecek; insan olmanın bir sonraki safhasına giden yolu döşeyecek olan bir teklif, insancıl olmaya başlama teklifi.

Bugünkü problem, uydurma özgürlükleri ve boş zamanlarının tadını çıkaran birkaç kodaman dışında herkesin köle olma isteğidir. İnsanlar bir şeylerle uğraşmanın yaşamlarını doldurduğunu hisseder. Bu olmasa, yaşamlarını neyle doldururlar?

Kendini doldurmayı isteyen bir insan potansiyelini fark etmesine yardımcı olacak bir şey arar. Bu eğitim, kültür veya teknoloji olabilir, fakat insanlar kendilerini güvende ve emniyette hissetmek için özel olmak, bir şeyler hakkında uzman olmak isterler. İşin kendilerine bir tatmin ve sosyal çevre yaratacağına inanırlar. Hepimiz aynı şeyleri arıyoruz.

Bu nedenle, insanların bu yeni bütünleşmiş yaşamı geliştirmek için birçok seçeneği olacaktır: komünikasyon, insan ilişkileri, yüksek teknoloji ve insanları sisteme bağlamak için kullanılacak her şey.

Bütünleşmiş sistem insanları eğiten ve bu sisteme adapte eden tüm iş kollarını gerektirir. İnsanlar daha sonra öğrenmek ve yapmak istedikleri her şeyle daha verimli ve yaratıcı olmaya başlayabilirler. Birey yeni öğrenimle birlikte, genel algının içinde hemen farkındalığını artırmaya başlar.

Bu nedenle mecburi eğitim ve uğraş için yasalara ihtiyacımız var. Aksi takdirde, ileriki safhada, insanların %80'inin karınlarını doyurmaya ihtiyacı olup işleri olmadığı zaman geri kalan %20'sini de imha edeceklerdir.

Finansal vaatler işsizler için sınırlı olmayacak çünkü yiyecek, ısınma, sağlık ve barınak herkese sağlanması gerekli olan temel ihtiyaçlardır, yalnızca işsizlere değil. Haricinde, kargaşa meydana gelecektir. İnsanlar emekli oldukları zaman itibar içinde Karayiplerde oturabilecekleri bir yaşam elde edeceklerini düşünerek emekliliklerini için para biriktiriyor. Bu, olmayacaktır. Sağlık ve yiyeceği bile çok zor temin edeceklerdir.

Dünya, yaşamın ihtiyacından fazla üretemeyecektir. Dünya, herkesin ihtiyacını karşılayabileceği şekilde organize edilmelidir. Ancak, bu yalnızca yeni iş yaklaşımına katılanlara uygulanacaktır, mecburi öğrenim ve toplumun ihtiyaçlarını karşılamak varsayımıyla.

Kısaca, yeni dünyada, sadece kendini düşünen insanlar hayatta kalamayacaktır. Hepimiz tüm topluluğun iyiliğini göze önünde bulundurmalıyız. Bu, bugünlerde kendini bize açıkça gösteren Doğa'nın Kanunu'dur. Toplum her insanın bir diğerini tek bir vücudun parçaları gibi önemsediği karşılıklı ilgiyi geliştirmek zorundadır.

Karşılıklı önemsemeyi, karşılıklı olan bir arzuyu hissetmeye başlıyoruz. Bunlar ortak yaşamdır – birbirimiz arasındaki bağın ve birbirimiz arasındaki katılımın hissi.

Bu algıyla kendimizi ebedi hissederiz çünkü kendi kişisel arzularımızdan sıyrılır ve daha büyük olanları tecrübe etmeye başlarız, müşterek olanları.

Dünyanın egoist olmayan sistemler üzerine inşa edilmesi şarttır ve bu seviyedeki tüm sistemler bu gayede olmalıdır – günümüz toplumunun ihtiyacı olan, bütünlüğü baz alan tek bir plana ve "karşılıklı güvence"ye. Kendimizi bunu yapmaktan alıkoyarsak, hepimiz fırsatçılığın ve yıkımın

tuzağına düşeriz ve Doğa'ya daha zıt olmaya başlarız. Hepimiz iyi bir mahallede, iyi bir şehirde, iyi bir ülkede, iyi bir dünyada bir aile gibi yaşadığımıza emin olmalıyız.

Bugün içinden geçtiğimiz bu süreci çalışabilir ve kavrayabiliriz. Bu harika olur. Artık karanlığın içinde körü körüne yok olamayacağız ve artık savaş alanından bulduğumuz her yöntemle kaçmayacağız. İleriye doğru ve içinden geçtiğimiz bu süreci hafifleterek birleşebiliriz.

"İntegral Eğitim" yeni bir toplumun ve yeni bir dünyanın yapısıyla üç açıdan uğraşır: Dünya, yani Doğa; Doğa'nın içindeki insanlık ve insanlığın içindeki insan. İntegral Eğitim egonun gelişimiyle bu safhaya nasıl geldiğimizi ve yeni bir ortak amaca ve geleceğe nasıl ulaşacağımızı da açıklar.

BÖLÜM 1

KRIZ VEYA YENIDEN DOĞUŞ

Dr. Michael Laitman

Doğanın Kanunlarıyla Bütünleşmek

KRİZ VEYA YENİDEN DOĞUŞ

Geçmiş hatalarımızın sonuçlarını mı yaşıyoruz?

Geçmişteki hatalarımızın sonuçlarını mı yaşıyoruz veya yaşam çok kapsamlı bir kurala, genel bir eğilime göre mi akıyor? Veya tecrübe etmemizin şart olduğu ve yararını daha sonra elde ettiğimiz kaçınılmaz bir süreç mi bu?

Gerçekte, "kriz" negatif bir şey değildir. Her ne kadar şu anki durumları bu şekilde tanımlıyor olsak da – bir ekonomik kriz, eğitimdeki bir kriz veya bilimdeki bir kriz olabilir– hepsi insanlığın kapsadığı tüm alanlardaki tek, küresel ve bütünleşmiş bir krizdir. Kriz terimini bir problemi belirtmek için kullanırız, aslında gerçek anlamı "yeni bir safhanın doğuşu"dur; bu durumda, varoluş safhası.

Tecrübeden biliyoruz ki rahat olmayı hissetmeyi ve alışık olduğumuz durumlarda kalmayı tercih ederiz. İşimizden ayrılmak veya yaşamda yeni bir şeye karar vermek zor gelir. Alışkanlıklar havaya sokar ve alışkanlıklar - hepimizin bildiği gibi- zor yok olur, özellikle kötü olanlar. Bir sistem yerine oturduğu ve fazla enerji harcamaya ihtiyacımız olmadığı zaman, bir hayli tembelleşir, bize güven veren ve yakın olana doğru yaslanırız.

Gelecekte bizi mutlu bir yaşamın beklediğini görürsek, ona güvenle yaklaşırız ve geçiş kolaylaşır. Ama eğer geçiş zorsa ve korkutucuysa ve geleceği göremiyorsak durumumuz trajik görülebilir.

Doğanın Kanunlarıyla Bütünleşmek

Dr. Michael Laitman

Bu nedenle, öncelikle durumumuzun trajik olup olmadığını incelememiz şarttır. Anne rahmindeki bir fetüsü düşünün. Korumalı sığınağında yatarken birden hoş olmayan bir süreci başlar - doğum. Anne ve bebek ikisi de çok büyük stres yaşar ve birbirlerine katlanamayacak noktaya gelecek şekilde bir baskı birikir ve fetüsün dışarı çıkması gerekir. Hislerimize aktarma yaparsak, fetüsün annesinin içinde olmasından nefret etmesi gibi, anne de artık onu istemez ve onu içinde tutmayı başaramaz.

Daha sonra, karşılıklı reddetmeyle, doğum meydana gelir ve bebek ışıltılı ve güzel bir dünyaya doğar, yeni bir seviyede yeni bir yaşamla ödüllendirilmiş biri gibi selamlanır. Bir başka organizma içinde bir kaç gramdan oluşan bir et parçasından, yeni bir insan ortaya çıkar. Hâlâ küçüktür, çevresini algılamaktan uzaktır, ama bu hayatın başlangıcıdır.

Bu bizim, toplum olarak içinden geçtiğimiz sürece çok benzer. Bu yüzden yeni bir dünyanın içinde ortaya çıkışımız doğum sancısı gibidir.

Önceden, krizler "doğum" diye tanımlanabilecek kadar radikal değillerdi. Bunları "evrimimizdeki basamaklar" olarak tanımladık. İnsanlığın tarihinde böyle birçok basamak vardı, ama şu an yaşadığımız öncekilerden temel olarak farklı.

Her zaman yeni bir şeyi keşfetmek istedik (hayatlarımızda yeni bir yenilenmenin mecburi olduğunu fark ettiğimiz zaman). Bu sosyal bir devrim, politik bir devrim, teknolojik bir devrim veya yeni kıtalar, yeni silahlar veya yeni bağlantılar kurmamıza yardım eden internet gibi yeni bir keşifle ortaya çıkan devrimler oldu.

Bu zamana kadar, tüm yaşamlarımızı ve tüm insanlığı, tüm kıtaları, ülkeleri, aileleri ve bireyleri değiştiren bu denli radikal bir devrim olmamıştı.

Hâlâ "doğum öncesi" safhadayken kesin bir şekilde yaşanan şeyin bu olduğunu söyleyemeyiz. Ancak, şimdiden doğuma doğru yol aldığımızı görebiliyoruz. "Doğum öncesi safha" olarak tanımlayacağımız bu durum, artarak bize bireysel ve kolektif şekilde baskı yapıyor. Bu nedenle giderek daha çok aile bağlarını koruyamıyoruz, bir şekilde evliliğe karşıyız ve evlenirsek hızlı bir şekilde boşanıyoruz. Çocuklarımızı nasıl yetiştireceğimizi bilmiyoruz, işlerimizle ve sosyal bağlarımızla nasıl başa çıkacağımızı bilmiyor gibiyiz ve genel olarak dağılma ve düzensizlik içine sürükleniyoruz.

Bu yeni safhayı "tam gelişmiş devrim" veya "insanlığın doğumu" olarak adlandırmamızın nedeni - belirli bir ülke veya toplum için değil – bu durumun kendini tüm dünyada göstermesidir. Bu bize birbirimize ne kadar bağlı olduğumuzu ve birbirimizi nasıl etkilediğimizi gösteriyor. Bu her bireyde ve her ülkede aynı zamanda baş gösteren küresel bir durumdur. Aslında bu, benzeri olmayan bir durumdur. Ama en önemlisi, bu durumun bizi nereye götüreceğini göremiyoruz.

Tarih boyunca, bir öncekini diğeriyle değiştirerek her zaman daha ileri toplumlara doğru gelişim gösterdik. Aslında, bu değişiklikler din, doğal kaynaklar ve sınır üzerinden çıkan savaşlarla meydana geldi. O günden beri, her zaman daha yeni ve iyi bir safhaya doğru ilerlediğimizi hissettik.

Ama geçmişte toplumun bir kısmı yeni durumu hoş karşılardı, diğerleri ise karşılamazdı veya bazı ülkeler değişimi hissederdi ve başka bir ülke bunu hissetmezdi, bugün hiç

kimsenin oluşan yeni safhanın doğası hakkında herhangi bir bilgisi yok. Bu şimdiye kadar insanlığın başına hiç gelmedi.

Dünya genelinde, bir küresel eko-değişim şekil aldı. Geçmişteki iklim değişiklikleri toplumda devrimlere sebep olan devasa değişiklere neden olurdu. Buz çağı, örnek olarak kuzey insanlarının güneye doğru veya Sibirya ve Asya'dan Avrupa yakınlarına göç etmesini zorladı.

Diğer değişiklikler teknolojik ilerlemeden veya belirli hükümetlere olan dirençten sonuçlandı. Ama şimdi, değişim doğal bir şekilde gelişiyor, ekolojiyle ve insanın doğasıyla. Gelecek neslin devam edebilmesi için gerekli ihtiyaçlarla veya yiyecek tedariki, ısınma, aile ve eğitim gibi gerekli sistemlerle başa çıkamıyoruz. İşlevsiz olmaya başladık. Ve en önemlisi, ilerlediğimiz bu geleceği göremiyoruz.

Geleceği görebilir miyiz? İnsanlık olarak ona mantık ve anlayış ile yaklaşabilir miyiz? Bilge bir kişi ilerisine bakar, sorgular ve hesaplamaya çalışır. Bunu yaparak, körü körüne karanlıkta yol bulmaya çalışmadan kendi yolunu hızlandırır ve basitleştirir. Özellikle şu an oranlar küreseldir ve hata yapma düşüncesi bile korku verir.

Yeni ve birbirine bağlı dünya hakkındaki bilgi gözlerimizi açarak realiteye yeni bir açıdan bakmamızı sağlayacak. Öncelikle, bize insanlığın yeni safhasını ve ona en iyi şekilde ulaşma yollarını sunacak.

Geçişi güzel ve yumuşak bir şekilde yapmak için, içinden geçeceğimiz bu değişimin doğasını, neden özellikle bu değişimlerin olmasının gerektiğini, realiteyi ele almamızdaki

şu anki başarısızlığımızı ve yeni bir safhaya geçişteki araçları bilmek zorundayız.

Gerçekten şu an içinde olduğumuz durumu, Doğa'nın ve kendi insan doğamızın bizi değişime ve yeni bir safhaya geçmek için baskılaması ve zorlamasıyla beraber "doğum öncesi sancısı" olarak ilişkilendirebiliyor muyuz? Bu süreç insan gelişiminde doğal mıdır? Bu cevapları bilseydik, hangi safhanın oluşacağını önceden bilebilir miydik?

Köle olarak yaşayan insanlar bir sonraki safhalarının özgürlük olduğunu bilmiyorlardı. Köleliğin en uygun durum olduğunu düşünüyorlardı. Özgürce düşünmek için hiçbir arzuları yoktu ve yemek ve barınak için çalışma isteği içerisindeydiler.

Bu onların ihtiyacı olan her şeydi. Ev sahibi, köleleri yaptığı işlerden kâr elde etmek amacıyla gözetir ve kendilerine barınak, yemek ve sağlık sunar çünkü onlara yaptığı yatırımdan daha fazla kâr elde etmektedir. Bu şekilde iki taraf da yarar sağlar.

Ancak köle sahipleri köleleri serbest bıraktıklarında daha çok kâr edeceklerinin farkına vardılar çünkü köleleri barındırmak için yetersiz kalıyorlardı. Sahipleri onlara özgürlük verirse, köleler gene çalışmak zorunda kalacaklardı, sahipleri gene paylarını alacaktı ve bu, köleleri tutmaktan ve gözetmekten daha kârlı olacaktı. Bu şekilde toplum bir sonraki safhaya ilerlemiştir.

Bugün, yeni bir safhaya doğru ilerliyoruz. Ama bunu neden göremiyoruz? Neden bunu planlayamıyoruz? Bir sürü

Doğanın Kanunlarıyla Bütünleşmek

Dr. Michael Laitman

zeki insan ve tarihten ve bilimden gelen bir dolu tecrübe varken, neden kör ve yetersiz olmuşçasına el yordamıyla ilerliyoruz? Tüm uluslararası konferanslardaki, tüm araştırma kuruluşlarındaki ve tüm üniversitelerdeki şaşkınlığı görebiliyoruz. Sosyologlar, psikologlar ve ekonomistler bu krizi çözmede yetersiz gözüküyorlar.

Hepimiz bir şeylerin değişmesi gerektiğini biliyoruz, belki de her şeyin değişmesi gerekiyor, ama nereden başlayacağımızı bilmiyoruz. Ne bir aracımız var ne de bir son. Açıkçası çaresiziz.

Sosyal ilerleme politik gelişimle birlikte yaşamın tüm koşullarını – aile, ekonomi, eğitim, kültür, fen ve teknolojiyi etkiler. Bugünün sosyal yaşamı gelişmeye milyonlarca yıl önce, kendi ihtiyaçlarımızı kendi başımıza karşılayamayacağımızı anladığımız zaman başladı.

Hayvanlar âleminden gelmemize rağmen, insanlar hayvanlar gibi sürü ve grup halinde yaşamazlar. Başarılı olmak, evrim geçirmek, çevremizi geliştirmek, hayatın ne anlama geldiğini öğrenmek ve varoluşumuzu nasıl geliştireceğimizi keşfetmek kendi doğamızda vardır. Bu bir egoistik dürtüdür. Herkes daha iyi, güvenli ve barışçıl bir hayat ister.

Başkalarına karşı üstün olmak da isteriz. Kıskancızdır ve güç, saygı ve şehvet ararız. Aslında, bu özellikler ilerlememizi ve gelişimimizi motive eder ve bu sebeple insanın sosyal bir hayat yaşaması şarttır.

Ormanda yaşamayı tercih etseydik, hayvanlar gibi evrim geçirirdik. İnsanların ormanda kaybolup ve daha

sonra orada yaşadığı ve hayvan gibi büyüdükleri durumlar vardır. Bu gibi hallerde, kişi hayvan şeklini alır, içindeki insanı kaybeder ve onu yeniden sosyal beceri ve topluma entegre etmek imkânsız olur. Bu nedenle, nesiller boyunca, en başta gelen dürtümüz toplumu ve sosyal çevremizi geliştirmek olmuştur.

Evrim geçirdikçe, insanın tek başına ilerlemediğini görürüz. Bundan ziyade, her şey topluma bağlıdır. Toplumu ilerletiriz ve toplumla birlikte kendi yaşamlarımız da gelişir. İkisi de birbirine bağımlıdır.

Bugün her birimiz dünya çevresindeki binlerce insana bağlıyız. Dünyada yiyecekten, giyime, inşaat malzemelerinden, ısıtma ve soğutmaya kadar tüm ihtiyaçlarımızı imal etmeyen tek bir ülke yoktur. Direkt olmasa da, başka ülkeler aracılığıyla bu koşul gerçekleşir – bir ülke ham maddesini tedarik eder ve diğeri ise son ürünü işlemek için makinaları.

Dünya kendi uzmanlık alanlarında farklılaştıkça, daha çok birey kendi işine sahip olur. Yine de bu iş dünyadaki diğer insanlarla bağlı ve senkronizedir. Bu şekilde, geçmişte bize kâfi gelen temel gıda ve giyecek haricinde daha çok çeşit ürün sağlarız.

İlerledikçe, yiyecek ve giyim imalatı konusunda kabiliyetimizi geliştirdik. Daha sonra, ekonomi, tarım, makine, sanat ve kültür gibi kendine özgü uzmanlıkların gelişimi sonucunda ulaşım ve diğer teknolojileri geliştirdik.

Bugün, spor veya turizm gibi ihtiyacımızın olmadığı birçok ürün geliştiren endüstriler gelişti, yine de onlar

Doğanın Kanunlarıyla
Bütünleşmek

Dr. Michael Laitman

olmadan yaşayamayacağımızı hissederiz. Bu nedenle, mavi yakalı bir işçinin bir senede kazandığını ünlü bir müzisyen bir saatlik performansıyla kazanabilir. Hayatta kalabilmemiz için ihtiyacımızın olmadığı fakat bizim için temel ihtiyaç olmuş birçok şey için minnettar olup ve hatta saygı bile gösteriyoruz.

Temel ihtiyaçlarımızı karşılamak için her gün ne yaptığımızı hesap edersek, bunlar haricinde neler ürettiğimizle karşılaştırarak, ürettiğimiz her şeyin %90'ının hayatta kalabilmemiz için gereksiz şeyler olduğunu göreceğiz. Yine de, bu diğer şeylere ihtiyacımız var çünkü bu şeylerin insan seviyesine ait olduğu düşünülürse, onlar olmadan yaşamlarımızın bir anlam ifade etmeyeceğini hissederiz.

Bu yüzden, açıkça, topluma kaçınılmaz bir şekilde bağımlıyız başka şansımız olmasaydı eğer mağaralarda yaşıyor olurduk, insan olarak ilerlememiz bizi daha çok istemeye zorlar.

Bugün, bir insanı toplumdan uzaklaştırmak o insanı çok hüzünlü bir yaşama mahkûm etmektir. Bu durumdaki birey aç kalmamak için hayatın ihtiyaçlarını karşılayabilir ancak diğer her şey için başka insanlara ihtiyacı vardır. Toplumun ihtiyacı olan her şeyi üretmemiz gerek ve sonra toplumdan ne istiyorsak onu alacağız. Bu nedenle toplumla olan bağımlılığımız belirlenmiş bir unsurdur.

O zaman neyi yanlış yaptık? Nasıl kendimizle ne şekilde başa çıkacağımızı bilemediğimiz bir hale geldik? Toplumda ve bireysel anlamda krizleri tecrübe etmemizin nedeni, krizin yalnızca negatif tarafını yani doğum sancısını, hissetmemizdir, doğumu değil.

Eğer kendimizi ve insanlık olarak gelişimimizi incelersek, tüm ilerlememizin temelinde arzularımız ve sürekli daha çok istemek olduğunu göreceğiz. Önceden daha küçük arzularımız vardı. Birkaç inek, tavuk ve küçük bir arazisi olan köy ya da kasabada yaşamak istedik. Adamın bir karısı ve çocukları vardı, hayatını yaşardı ve bunların yaşamını oluşturduğunu bilirdi.

Daha sonra, bizi kendi aramızda ticarete başlamaya sevk eden daha büyük arzular oluştu içimizde. Kendi ürünlerimizi pazarda sattık ve karşılığında diğer ürünleri aldık. Mesela, bir çiftçi şehirde tarlasını daha iyi sürebileceği bir saban görürdü. Makineyi almak için daha çok çalışırdı veya borç para alırdı, bu yüzden daha çok mahsul üretirdi. Bu şekilde ilerledik ve karşılıklı bağımlı olmaya başladık.

Tüm tarihimiz benzer şekilde insan arzularındaki gelişimi esas alır. Her zaman daha çok isteriz çünkü arzularımız sürekli büyür. Başkalarına bakarak ve onlara imrenerek gelişiriz. Bir kişi belirli bir uzmanlık alanında başarılıysa, diğerleri de başka yönlerde başarılı olur. Öğreniriz çünkü kıskanarak, hırslanarak ve gururlanarak ve başkalarına hükmederek motive oluruz. Bize çıkar sağlayacak her şeyi başkalarından almaya çalışırız ve onlar kadar başarılı olmayı isteriz çünkü egolarımız kaybeden gibi hissetmemizi istemez.

İnsan arzularının gelişimi insanlık tarihindeki tüm değişikliklerin ve devrimlerin nedenidir. Sınırların ve ülkelerin fethedildiği savaşları başlatan bu gelişimdir. Daha sonra, yeni gelişim alanlarıyla sonuçlanan yeni toprakların keşfi başladı. Teknoloji ve ticaret ilerledikçe, yeni yollar öğrenme sürecine girdik. Şimdi, en sonunda, nihai sınıra ulaştık: Uzay.

> Doğanın Kanunlarıyla
> Bütünleşmek

Dr. Michael Laitman

Ve son olarak, ilerleme ve gelişme bizi çıkmaz sokağa getirdi. Bu 1960'lı yıllarda, çevreciler ve sosyologların insanlığın gelecekteki gelişiminin nereye odaklanacağı konusunda durma noktasında olduğu uyarısıyla daha belirgin olmaya başladı. Uzay planı bunu bir an olsun unutmamızı sağladı ancak bu plan da vaktinden evvel sonlandı.

Dünyayı dolaştık, aya ulaştık ama sonra? Bu bize pek yardımcı olmadı. Dünya dışı varlıkları bulma umudumuz için bulduğumuz her şey cansızdı – bitkisiz, hayvansız ve özellikle insansız.

Bunun yerine bir boşluğa ulaştık. Gidecek başka bir yerin olmadığı bir noktaya geldik. Nereye doğru gelişeceğimizi göremiyoruz. Kendi doğamız ve etrafımızda gördüğümüz Doğa kendilerini bize açmaya son verdiler.

Düşünürler ve birçok değişik daldaki bilim insanları insan gelişiminde sona geldiğimiz uyarılarında bulunuyorlar, aslında, bunun hakkında kitaplar bile yazdılar.

İnsan egosu şişirildi, ilerledik ve gelişimimizin sınırsız olduğuna, daha çok komünikasyon araçları, taşıtlar ve hatta kendi özel jetlerimizi üretebileceğimize inandık. Fakat sonunda, bu ürünleri kullananlar boşluk içinde kaldılar, bunların vaat ettikkleri doyumu vermediklerini fark ettiler.

Tüm gelişimimiz kendi doğamızda durmak bilmeden büyüyen arzularımızdan doğdu. Sonunda, birden bire büyüme durdu. Onun yerine, kendimizi yıkılmış hissediyoruz.

Eskiden bir adam birçok eş ve çocuklu büyük bir aile isterken, bugün bir eş ve birkaç çocukla yetiniyor. Bugün, hayat o kadar zor, karışık ve karmaşık olmaya başladı ki, 30 ve 40'lı yaşlarda birçok insan anne ve babalarıyla yaşıyorlar.

İnsanlar işe gidiyor ve tüm maaşlarını kendilerine harcıyor. Bir aileye ihtiyaçları olduğunu hissetmiyorlar. Anneleri onlara bakarken, kendilerini özgür, hayattan zevk alıyor hissediyorlar.

Anne veya babaları emekli olunca, emekli maaşı ve sosyal sigorta ile yaşarlar ve çocukları onlara yardım eder ve bundan zevk alırlar.

Mikrodalgaya koyarak birkaç dakikada pişirebileceğimiz hazır yemekler alabilecek bir noktaya ilerlemiş bir toplum inşa ettik. Her bireyin kimseyle paylaşmadığı kendi dairesi ve yaşlandığımız zaman sosyal sigortamız, hayat sigortamız ve bize bakan hastaneler var. Birçoğumuz çok çalışmanın bize fayda getirmediğini hissediyor.

Egolarımız o kadar büyüdü ki başkalarıyla bir bağ kuramıyoruz, bunun için bir çaba harcamıyoruz, birbirimizle ilgilenmiyoruz. Diğer bir kişiyle birbirimize destek olabileceğimiz ortak ilgimiz yok ise bir bağ kurabileceğimizi hissetmiyoruz.

Bugünün çiftleri ilişkilerini ortaklık şeklinde yürütürler. Her ikisi de çalışır, ödemelerde ortak olur ve eşittir. Eskiden, erkek temin eden ve kadın ise evde çocuklara bakan olurdu.

> Doğanın Kanunlarıyla
> Bütünleşmek

Dr. Michael Laitman

Bugün her ikisi de sabah iş için evlerini terk eder, çocukları eğitim görecekleri farz edilen okullarına bırakılır ve evlerine geri dönerken alınır. Evdeyken, herkes kendi olur. Yetişkinler aynı görevleri üstlenir ve anne ve baba arasında bir fark kalmaz.

Bu durum öyle bir hale geldi ki aile yapısı kayboldu ve bu yapı ortaklık haline gelmeye başladı ve tüm diğer ortaklıklarda olduğu gibi, ortaklığın devam etmesine değer olup olmadığını incelememiz şarttır. Bu yüzden bu kadar çok boşanma vakası var veya insanlar en başından evlenmek istemiyor. Büyüyen egomuz bize "aile ortaklığına" girmenin yararımıza olmayacağını anlatıyor.

Çocuklarımızın aldığı eğitim bizim aldıklarımızdan çok farklıdır. Aramızdaki kuşak farkı öyle büyüktür ki bizlerden tamamen kopukturlar, sanki başka türden yaratıklarmış gibi. Farklı eğitim alırlar, farklı ilgi alanları olur ve kim olduklarını, nasıl konuştuklarını, ne yaptıklarını ve neleri sevdiklerini anlayamayız. Kuşaklar arasındaki bağ kopuktur.

Bu durum bizde, "Neden bana hiçbir şekilde mutluluk vermeyecek ve bana yürüyen cüzdan muamelesi yapacak çocuklara ihtiyaç duyayım ki?" sorusunu getirir. Bu, "Küçükken onlarla eğlenebilirim, büyüdükleri zaman irtibatı kaybedeceğim" düşüncelerine sebep olur.

Önceki kuşaklarda on veya on beş sene bekledikten sonra minikken sevebildiğimiz ve bize mutluluk veren torun sahibi olabiliyorduk. Ancak bugün, çocukların çoğu evlenmek ve çocuk sahibi olmak istemiyor ve biz de torun sahibi olamıyoruz. Bu durumda, kim çocuğa ihtiyaç duyar? Tabii ki, bu hesaplamaları bilinçli yapmıyoruz, bu nedenle bilinçaltında

bulunurlar ve birçoğumuzu çocuksuz daha iyi olacağımız neticesine vardırırlar.

Bu gelişen egoların sonucudur. Nüfus olarak çok çabuk büyüdük, ama şimdi çizgi düzleşti. Doğrusu, çalışmalar dünyadaki doğum oranının düştüğünü gösteriyor ve yakında çocuk sayısı da azalmaya başlayacak.

Bugün hâlâ bazı medeniyetlerde, Arap ülkeleri gibi, çok çocuk sahibi olmak adına dinsel motivasyonlar var. Ancak çoğu ülkelerde bu dürtü azaldı, on çocuk yapmak yerine, her ailede de iki veya üç çocuk var.

Aile birliğinin ve akrabalığın yok olmasıyla beraber, bir başka ilginç, yepyeni fenomen biçimlendi: toplumumuz bağlanmaya başladı. Bankaların, endüstrinin ve üreticilerin küresel şekilde bağlanmasının ötesinde, hammaddelerin ve ürünlerde olduğu gibi, kültür ve eğitim içinde birbirimize karşılıklı olarak bağlandık. Bu medya aracılığıyla dünyanın başka yerlerinden nelerin olduğunu öğrenmekten ziyade, birbirimize bağımlı olmaya başlamaktır.

Eğer bu iyi ailelerde olan bağlılık gibiyse, kişiye ailenin verdiği güveni verir. Fakat bu bağlılık negatifse, boşanmaya veya daha kötüsü, şiddeti doğru götürür.

Her ne kadar birbirimize olan nefretimiz küresel çapta büyüse de, Doğa bizi bu ince kabuğun üzerinde kuşattığı zaman nasıl birbirimizden boşanabiliriz? Aslında bizler küresel şekilde birbirimize bağlıyız ve ne ayrılabiliyoruz ne de birbirimizden kaçabiliyoruz.

Doğanın Kanunlarıyla Bütünleşmek

Dr. Michael Laitman

Bundan daha ötesi, her gün daha çok birbirimize bağımlı oluyoruz. Önceden birbirimizden uzaktaydık, tartışmalar çıktığında en fazla birbirimizi öldürürdük. Bugünkü silahlarla çıkan tartışma tüm dünyanın yok olmasına sebep olur. Şimdi, herkes herkese bağımlıdır, dahi iyisi veya daha kötüsü için.

Bu büyük bir problem çünkü egolarımız daha hoşgörüsüz ve uzlaşmaz olmaya başlıyor. Mantık becerimiz gitgide artan nefretimiz tarafından susturuluyor ve çoğu zaman silahlarla birlikte, kıskançlık, hırs, onur, hükmetme ve acımasızlıkla, sonunda dünyayı imha edebileceğimizden korkarız.

İstediğimiz zaman boşanabileceğimiz bir ailede olmanın tersine, Doğa'nın bizleri nasıl kaçınılmaz bir bağlılığa doğru ittiğini görebiliyoruz.

Ne yapıyoruz? Tek çözüm tüm "aile bireyleri", tüm ülkeler arasındaki uzlaşıdır. Bu baskı veya kuvvetle olmamalıdır, karşılıklı sorumlulukla beraber birbirimizi tamamlamak için uğraşmakla olur – tüm insanların ve tüm ülkelerin.

Yaşamlarımızın bağlı olduğu bu çözümden yola çıkarak, sosyal hayatlarımızı ve ilişkilerimizi bir aile gibi yeniden düzenleyeceğiz. Her birimizin bir diğerinin ihtiyaçlarını ne şekilde tamamlayacağını görmesi şarttır. Çocuklara ve yetişkinlere ve yeni nesillere büyüdükleri zaman şefkatli ve uysal bir dünyaya katılmalarını kolaylaştıracak hangi eğitimi vermemiz gerektiğine karar vermemiz gerek. Aynı zamanda, insanları başkalarını tahrik etmekten ne şekilde uzaklaştıracağımızı görmeliyiz.

Birçok bilimsel çalışma dünyanın "yuvarlak", bağlanmış ve birbirine bağımlı olduğunu gösterir ve bundan kaçamayız. Aslında, karşılıklı bağımlığımız kaçınılmazdır ve her gün insanlar ve ülkeler daha büyük bir bütünleşmeye doğru ilerliyor.

Soyutlanma politikasının insanlığın başlangıcından bugüne geçirdiği evrim sürecine karşı olduğu daha da belirgin olmaya başlamıştır. Doğa'nın kanunlarına karşı çıkmak hiçbir zaman işe yaramamıştır. Bu durum, soyutlanan ülke ve Dünya'nın geri kalan kısmı için de tehlikelidir.

Eğer Doğa'nın kanunlarını biliyor ve uygulamıyor isem, hemen kendime zarar veririm. Tüm teknoloji ve bilim Doğa'yı taklit etme çabasındadır. Doğa'nın bizim için başka neler depoladığını öğrenmek ve bunu menfaatimiz için kullanabilmek adına araçlar geliştiriyoruz. Bu nedenle, Doğa'nın kanunlarını daha iyi bilir ve kullanırsak, özellikle toplum ve sosyal psikoloji ile ilgili olarak, daha çok şey kazanırız. Aksi takdirde, sonunda dünya savaşını ortaya çıkaracak olan boşanma sürecini başlatmak zorunda kalırız.

"Doğa'nın kanunlarını uygun bir şekilde kullanırsak başarılı oluruz," cümlesinde söylenmek istenen şeyi anlamak önemlidir. İnsanoğlu olarak insan psikolojisi, toplum ve aile psikolojisi gibi kendi aramızda işleyen kurallar vardır. Psikoloji insan doğasını ve insan ilişkilerini anlamaktır.

İnsan doğasını daha iyi anlamak ve ilişkilerimize uygulamak, herkesin mutlu olduğu ve birbirine ödün verdiği bir toplum inşa etmeyi kolaylaştıracaktır.

> Doğanın Kanunlarıyla
> Bütünleşmek

Dr. Michael Laitman

Doğru, herkes "tepenin kralı" olmak ister fakat başkalarına eşit davranarak, yardım ederek ve destekleyerek daha çok kazanacağımızı herkese gösterebiliriz. Bunu gösterirsek, insanlar herkesin birbiriyle bağlantılı olduğu bir yerde başka bir yol olmayacağını anlayarak karşılıklı ödünü hoş göreceklerdir. Bu yolla, herkesin mutlu olacağı bir toplum kurabiliriz.

Tabi, egolarımız sürekli olarak değişimi engellemek için bizi harekete geçirecektir. Ego her zaman hükmetmek ister, ancak genel görüş bununla savaşmamıza yardımcı olacaktır. Sosyal çevrenin insanı nasıl etkilediğini ve eğittiğini, egolarımızı nasıl kontrol ettiğini göreceğiz. Aslında, genel görüş egolarımızın serbest kalmasını engelleyerek topluma zarar vermemizi önler. Egolarımızı dizginlediğimiz an, egoyu topluma uygun şekilde kullanarak daha kazanılacak birçok şeyin var olduğunu ve egonun da bu sosyal etkileşimden kazanç sağladığını görürüz.

Burada egemen, mecburi ve karar verici madde topluma bakışımız ve onun etkisi olmalıdır. Çevrenin ne olduğunu, insanın ne olduğunu ve her ikisinin birbirine olan etkisini öğrenmemiz gereklidir. Bu ilişki Doğa'nın kanunlarıdır ve biz Doğa'nın parçasıyız. Kendimizin ve insan toplumunun analisti olmalıyız. Bu yolla insanlar arasındaki ilişkiyi ve onları ne şekilde idare edeceğimizi anlayabileceğiz.

Kim olduğumuzu, neden bu şekilde evrim geçirdiğimizi ve bu gelişime karşı durup duramayacağımızı bilmemiz gereklidir. Doğa bizi yeni ve daha iyi bir şeylere sürüklüyor gibi, yalnızca bunun nedenini anlamamız ve onunla beraber hareket etmemiz gereklidir.

Bu durum da bir sonraki seviyeye geçiş için gerekli gibi gözüküyor. Bu şu anki seviyeyi terk edip tamamen farklı bir seviyeye yükselmemiz manasına gelir.

Ümitsizlik, yorgunluk ve savunmasızlığımızın nedeni şu anki durumu korumaktaki isteksizliğimizdir. Fakat onu çalışarak, ondan kurtuluyor, onu yıkıyor ve yeni kıyafetler giyiniyor, yeni bir dünyaya giriyor ve kirlettiğimiz ve birbirimize zarar verdiğimiz eski olanıyla bağlantıyı kaybediyor gibiyiz.

Eğer ideal dünyaya eski dünyadan neler getirebileceğimizi sorgularsak, hiçbir şey getiremeyeceğimizi göreceğiz – yıkılan aile birliği, çocuklarımızla olan ilişkiler, arkadaşlıklar ve eğer varsa işlerimiz. Hayatımızı yansıttığımız zaman, gerçekten de çaresiz bir durumda olduklarını fark ederiz.

Ümitsizlik içindeyiz çünkü şu an nelere sahip olduğumuzu bilmiyoruz. İçinde bulunduğumuz durumdan bizi çıkaracak bir çözümü göremiyoruz. Bu her ülkede böyle: anlık yaşıyoruz ve her geçen gün daha çok insan işlerin bu şekilde yürüdüğünü, doğduğumuzu ve bu yüzden yaşadığımızı sanıyor.

Çok özel bir durumdayız. Araştırmalar gösteriyor ki her zaman yaptığımız şeylerden uzaklaşıyor ve yeni bir varoluşa doğru yol alıyoruz. Aslında, yeni bir seviyeye geçiyoruz ve yeni bir dünyada doğuyoruz.

Bu, Doğa'nın bize şimdiden sunmaya başladığı farklı kuralların olduğu bir Dünya. Bunlar bütünlük kuralları, karşılıklı bağımlılık kuralları, "dairesel" dünya, eşitlik ve bağlılık dünyası. Sağlıklı bir aile gibi yaşayacağımız kurallar.

Bu tür bir dünyaya yol aldığımızı sadece biz mi görüyoruz? Yalnızca hayal mi kuruyoruz veya bu insanlığı bekleyen bir durum mu - istekli ve bilinçli bir şekilde veya bizi iten bir kuvvetle ulaşmaya mecbur olduğumuz bir durum mu? Eğer durum bu ise, bütünleşmiş dünyanın kuralları öğrenilmeye değer olacaktır çünkü değişime nasıl rahat ve mutlu bir şekilde ulaşacağımızı bileceğiz.

Bu kuralları çalışmalıyız çünkü bir önceki gelişim seviyemizde, Doğa'nın içimizde uyandırdığı yeni arzular yoluyla bizi arkadan itmesiyle ilerledik. Bugün bu böyle değil. Çıkmaz bir sokaktayız. Yolumuzu açacak olan yeni arzularımıza sahip değiliz, bu yüzden bir sonraki adımımızı kendimiz çalışmalıyız, nedenini öğrenmeli ve nasıl başaracağımıza karar vermeliyiz.

Yeni bir hayata kapıyı açarsak, önümüzde yatan şeyi göreceğiz. Hangi yollarla bu yeni hayata ulaşacağımızı öğrenmek zorunda kalacağız. Önceki nesillerde sahip olduğumuz içgüdüsel gelişimden farklı olarak – bir durumdan bir duruma geçerek, bir sosyal seviyeden diğerine ve farklı bir sosyal biçime – şimdi bilinçli bir şekilde ilerlemeliyiz. Bu yüzden Doğa'nın kanunlarını çalışmalıyız. Daha sonra, kendimizi ve insan toplumunu bilerek, bu kanunları anlayarak, beraberinde keşfederek, yeni bir seviyeye doğru kayacağız.

Bu, kendi doğumumuzu yapmak gibi olacak. Bu sefer, kendimize, halimize ve nerelerden geçtiğimize kalkıp yukarıdan bakmalıyız. Geçmişte akışa göre hareket ettik, yolumuza çıkan şansları kullanarak, yönetime ve topluma başkaldırdık ve devrim yaptık. Bugün bilincimizi kendi yaşamlarımızın üzerine yükseltip, Dünya'ya ve insan toplumuna küresel bir perspektif ile bakmalıyız. Daha sonra, bu perspektiften, ilerlemeye devam etmemiz şarttır.

İlk defa Doğa kendimizi açık bir şekilde tanımamızı talep etti, ne çeşit bir dünyada yaşıyoruz ve hangi seviyeye doğru ilerliyoruz. İlk defa yaşamın özünü anlayarak ve bilerek "insan" olmaya ihtiyaç duyduk.

Bu nedenle, çalışmalarımızın hayatlarımızda köklü bir değişiklik yapmaya ve yeni bir seviyeye yükseltmeye yardım etme niyetinde olduğunu anlamamız gerek.

Cansız, bitkisel, hayvansal ve insan doğasını incelediğimizde– yaşamları bu resmin içinde olan– kanunlar buluruz. Bu kanunlara göre ilerleriz ve bunları "Doğa" diye adlandırırız. Biz Doğa'nın bir parçasıyız, dışında değiliz, Doğa'nın evriminin sonucuyuz.

İnsan psikolojisi de, insan davranış bilimi, Doğa'nın kanunlarının bir parçasıdır. Nispeten daha yeni gelişen bir bilimdir, yaklaşık 100 senelik bir bilim, çünkü o zamanlarda eşsiz bir tavırla ilerleyeceğimizi hissetmeye başlamıştık – bilinçli bir şekilde. Nereye doğru geliştiğimizi, kim olduğumuzu, başkalarıyla nasıl ve neden ilişkilendiğimizi incelemeye başladık.

Yaklaşık yüz yıl önce, yalnızca davranışlarımızı anlatan kitaplar yazdık. Ama ondan sonra, davranışlarımızın nedenini araştırmaya başladık. Psikoloji insanlığı etkileyen kanunların çalışılmasıdır. Bu nedenle, çok önemli bir daldır çünkü kendimizin ve başkalarının kim olduğuna ve başkalarıyla olan bağımız yoluyla nasıl mutlu bir yaşam kuracağımızı anlamamıza yardım eder.

Doğa'nın cansız seviyedeki kanunlarına "fizik", bitkisel seviyedeki kanunlarına "botanik" ve hayvan seviyesindeki kanunlarına "zooloji" deriz. Doğa'nın kanunları İnsan seviyesinde "psikoloji" diye adlandırılır.

Çocuklar seneden seneye gelişirler çünkü içlerindeki doğaları onları geliştirir. Her sene çocuk, anlayışında, bilincinde, davranışında ve fiziksel, psikolojik ve zihinsel olarak gelişir. Bu Doğa'nın Gelişim Kanunudur.

Çocuğun belirli bir yaşta neye ihtiyacı olduğunu ve her yaşta ne tür fiziksel becerilere sahip olacağını tanımlayabiliriz. Bu süreci ve dinamiği biliyoruz ve tersine davranış sergileyemeyiz çünkü eylemlerimizin kökleri içimizdedir ve içimizde evrim geçirir.

Doğa'nın bir parçasıyız. İçimizdeki "motor" kişisel olarak her birimizi yaşamlarımız ve hepimizi hep beraber tüm tarih boyunca ilerletir. Geriye dönük, neden belirli bir şekilde evrim geçirdiğimize ve bizi motive eden şeyin ne olduğuna dair sonuçlar çıkarırız.

Bu ilerlemeyi içinde sürekli olarak gelişen bilgi parçalarının olduğu bir çocuğun veya gelişimini kavrayabildiğimiz bir hayvan yavrusunun gelişimiyle karşılaştırabiliriz. Benzer olarak, toplumunda gelişim kanunları vardır. Bu kanunlara "sosyoloji" denir. Dünyamızdaki her şey kanunlar tarafından inşa edilmiştir. Bunları tam olarak anlayamayız çünkü bunlar yeni bilimlerdir fakat daha çok

öğrendikçe, daha çok anlarız ki toplumun kanunları da diğer kanunlar gibidir.

Birey kişisel ve toplumsal olarak gelişir. Tüm bu gelişim içimize iliştirilmiş olan bilgiden kaynaklanır. Kanunlar toplumu ve kendimizi ne şekilde inşa edeceğimizi yönetir. Zaman bu bilgileri etkiledikçe, ona göre bizi geliştirir.

Çocuğa yiyecek verin ve ilgilenin ve her sene nasıl geliştiğini göreceksiniz. Çocuğu geliştiren yiyecek değildir. Yiyecek genlerin gelişmesini sağlar, ama çocuğun gelişimini sağlayan genlerdir.

Yeni doğan bir bebek tek bir hücreden bir çocuk olarak geliştiğinde, bu anne ve babanın bunun böyle olmasına karar verdikleri için veya şans eseri olarak gerçekleşmez. Anne ve baba daha önceden hücrenin bir çocuk olacağını bilir ve çocuk nihayetinde yetişkin olur. Her şey bir bilgi geninden gelir – orada bulunan belirli bir datadan. Bu data dışarıdan yiyecek alır ve gelişir. Hepsi kanunlarla olur, insan toplumunda meydana gelen her şeyde olduğu gibi.

Doğa cansız, bitkisel, hayvansal ve insanın gelişiminde evrim ve öncülük yapan şeydir. Evrim geçiriyoruz: ilk Dünya evrim geçirdi, daha sonra bitkiler geldi, sonra hayvanlar ve sonunda insan. Evrim "Bing Bang" ile başladı ve birleşme süreci yoluyla devam ediyor. Parçaların birleşmesi onları geliştirir ve sayıca ve nitelikçe daha çok bağlı yapar.

İlk, cansız seviye vardı. Daha sonra gelişen ve büyümeye başlayan bitkiler evrim geçirdi, içlerinde hayat vardı. Daha sonra evrim hayvansal seviyeye ulaştı, daha da ileriye her bir hayvanın bireysel olarak evrim geçirme noktasına kadar gelerek. Ve daha sonra insan geldi.

Soru, "Bu gelişimin arkasında bir istikrar, bir kanun var mı?" Kanun vardır, geçmişten biliyoruz. Anlayamayabiliriz fakat kanun hâlâ var.

Doğa'ya bakıyoruz ve bizi bir parçası olarak nasıl geliştirdiğini görüyoruz. İnsan kimdir? Doğa'nın bir parçası değil miyiz? Evren diye adlandırdığımız bir baloncuğun içinde bulunuyoruz ve nerede olduğumuzu ve bu baloncuğu neyin yönettiğini bulmaya çalışıyoruz.

Doğa'nın bilgeliğinde bir sınır yoktur, yalnızca yüzeyini kazıyoruz ve bu sığ yüzey bizim bilimimiz. Hal böyle iken, yolumuzu bulamıyoruz, bu yüzden Doğa'nın kanunlarını daha çok çalışmamız şarttır. Aslında rahatsızlığımız bizi Doğa'yı çalışmaya iten ve durumumuzu iyileştiren bir şanstır.

Özet yapacak olursak, Doğa'yı bir top veya baloncuk olarak düşünün. Topun içinde yaşıyoruz ve içinde bize hükmeden katı kanunlar var. Doğa'yı çalıştığımız zaman, bu kanunlarının bazılarının farkına varıyoruz. Bu keşfe "bilim" adı verilir. Ancak, daha realitenin büyük bir bölümünü keşfetmedik.

Doğa'nın kanunlarını bilmek, bize kolektif olarak daha iyi bir yaşam inşa etmemize yardımcı olur. Televizyon, internet, çamaşır makinesi, kurutma makinesi ve diğer aletlerimiz var. Hepsi seneler boyu yaptığımız araştırmaların ürünü. Uzak bir köyde yaşayan, kuyudan su çıkartan, odun ateşiyle yemek yapan ve elbiselerini elle yıkayan bir kişiyle

Dr. Michael Laitman

Doğanın Kanunlarıyla Bütünleşmek

karşılaştırıldığında, her şeyi daha çabuk ve efor harcamadan yapıyoruz. Tüm bu aletlere sahibiz ve geçmişte köyde yaşarken yapamadığımız sayısız işler var.

Bu nedenle, teknolojik gelişim bize tüm bu işlerle uğraşacak zamanı verdi, ihtiyaçlardan çok daha öte. Soru şudur ki "Eğer bu kadar ilerlediysek, neden kızgınlık, depresyon, güvensizlik noktasına gelen boş ve acımasız bir hayatla son bulduk? Teknoloji ve sosyal gelişimin bize sunduğu bu boş zamanla neler yaptık? Neden barışçıl ve sessiz bir köy hayatı yerine – fiziksel olarak zor olsa da- bir diğer orman hayatına ulaştık? Neden zamanımızı ve enerjimizi bu zor ve çelişkili hayatı oluşturmak için harcadık?

Belki de yaşamın tamamen farklı bir yönüne ulaşmaya ihtiyacımız var. Belki de kentsel yabanı iptal edip, köye geri dönmemiz gerek. Bugünün köyünde, ihtiyacımız olan her şeyi sağlayabileceğiz, günde iki saat çalışacağız ve geri kalan zamanımızı başka şeyler yaparak geçireceğiz. Hayatımızı bu yolla değiştirebilmek mümkün müdür?

Buraya kadar, size arzuların evriminden günümüze kadar gelen tarihimiz hakkında ön bilgi vermeye çalıştık. İnsan gelişimini yöneten bu arzular şimdi global arzular olmaya başladı, bizi kuşatıp birbirimizle bağımlı hale getirerek. Bizi bir aile yaptı, ancak birbirimizle olan düşmanlığımız yüzünden büyük bir krizin içinde olan bir aile. Kriz açıkça insan ailesi içinde olan bir krizdir. Aile içinde yeni bir düzen yaratırsak, krizi çözebiliriz. Bu nedenle, karşılıklı anlayışı küresel çapta nasıl bulabiliriz. Onu keşfetmekten başka bir şansımız yok.

BÖLÜM 2

KÖRÜ KÖRÜNE BAĞLANMAKTAN BİLİNÇLİ GELİŞME

Dr. Michael Laitman

Doğanın Kanunlarıyla Bütünleşmek

KÖRÜ KÖRÜNE BAĞLANMAKTAN BİLİNÇLİ GELİŞME

Mutlu olmak için ne yapmalıyız?

Tarih, yaşamlarımızın nesilden nesile değiştiğini gösterir bize. Eskiden, insanlar küçük köy ve kasabalarda yaşarlardı. Aynı işyerinde çalışır ve çok az seyahat ederlerdi. Bugün insanlar bir yerde çalışıyor, diğer bir yerde yaşıyor ve sık sık iş seyahatlerine veya tatile çıkıyor. İnsanlar daha çok yer değiştiriyor ve aynı yerde yaşamlarını geçirmekten hoşnut olmuyor. Her şey değişime açık ve dinamik olmaya başladı.

Geçen yüzyılın başında ve 21. yüzyılda hayatlarına başlayan herkes dünyanın nasıl değiştiğini görebilir. Doğa'nın diğer parçalarında olmayan – bitkiler ve hayvanlar- yüzyıllardır çok az değişen insan nesli her alanda önemli gelişim gösterir.

Bu bazı sorulara ihtiyaç duyar: neden nesilden nesile değişiyoruz? Doğmak ve türümüzün devam etmesi yeterli değil midir? Bu değişimin nedeni nedir?

İnsan gelişimi veya onun istikametine olan ihtiyacı göremesek de, nasıl büyüdüğümüzü gözlemleyebiliriz. Yeni doğan bir bebeğin iyi ve tatmin edici bir hayatı idare etmek için büyümesi gereklidir – isteklerini yerine getirmesi, yaşamını değiştirmesi, çocuk sahibi olması ve sahip olduklarını miras bırakması. Daha sonra çocuk anne ve babasının hayatını devam ettirir. Bir şekilde anne ve babasının hayatının bir uzantısıdır. Ama tüm bunları elde etmek için, bebeğin büyümesi ve bilgi, güç ve hayatı anlayıp amacına ulaşabilmesi için gerekli algıyı elde etmesi gerekir.

43

Doğanın Kanunlarıyla Bütünleşmek

Dr. Michael Laitman

Belki de, biz de böyleyiz. Belki de tek bir insan yaşamının on binlerce senelik evriminin her safhasını bir çocuğun büyümesindeki her bir safhaya benzetebiliriz.

Çocuklarımızın nasıl geliştiğini ve onların gelişmeleri için neler sağlamamız gerektiğini biliyoruz, oyunlar ve egzersizler gibi. Ve daha sonra onları geliştirecek olan toplumla tanıştırıyoruz. Ama kendimiz, ne şekilde geliştiğimizi bilmiyoruz. Bu nedenle arzularımızın gelişimini fark etmiyoruz ama bu gelişimin rastgele veya tesadüf olduğunu farz ediyoruz.

Gelişen arzularımızın meydana gelişi sözde şans eseridir. Bu anne ve babanın çocukları için "Bu çocuk nereden geldi? Bunu nasıl büyüteceğiz? Nasıl bir eğitim vermeliyiz? Yanına bir misafir ister mi? Onu anaokuluna yazdırmamız gerekli mi?" gibi sorular sormasıyla kıyaslayabilir.

Çocuklarımız hakkında hiçbir şey bilmiyor gibiyiz. Aslında, bir bebek nasıl büyür? Şans eseri gelişerek. İçindeki dürtüler onları insan olarak ihtiyaç duyacakları şeylere itmek için yeterli değildir çünkü dünyamızın doğası hayvansal seviyeden gelir. Bu nedenle, onlara bilgi, his, egzersiz, müzik, eğitim sağlarız. Bir başka deyişle, onlara "insan" seviyesini ekleriz, konuşan seviye; yarattığımız dünyada büyüyebilmelerini sağlarız.

Diğer taraftan, insanlık nesilden nesile evrim geçirirken, hiç kimse doğru bir yönde geliştiğine emin değildir. Bu yüzden, her yeni ve gelişmiş nesil daha sefil, daha eksik ve daha boş hissediyor.

Dr. Michael Laitman

Doğanın Kanunlarıyla Bütünleşmek

Bir yandan, yaşamlarımızda daha çok teknoloji ve aygıtlar isteriz, ama öbür yandan, o kadar boş hissederiz ki bugün "Bütün bu gelişmeler bize ne verdi? Neyi başardık?" sorusunu soruyoruz.

Evet, uzaya eriştik, Mars'a uzay mekiği yolladık ve aya ayak bastık, ama hiç kimse bu başarılardan heyecan duymuyor çünkü bunlara olmuş bitmiş gözüyle bakıyoruz. Dünyada hemen hemen her şeyi yapabiliyoruz ama bizden ne haber? Mutlu olmak için kendimizi nasıl yöneteceğimizi bilmiyoruz. Çok derin bir krizdeyiz, aileler ayrılıyor boşanma oranları yükseldikçe, çocuklar acı çekiyor, anne ve babalar acı çekiyor ve toplum terörizmden ve uyuşturucudan acı çekiyor. Mutluğumuz, neşemiz nerede?

Depresyon dünyadaki en bilinen hastalık. İnsanlığı bebek olarak düşünürsek, bize iyi bakan ve düzgün şekilde yetiştiren çok iyi anne ve babaya sahip olmadığımızı söyleyebiliriz.

Doğa'yı incelersek, her unsurunun doğru gelişimi için çok büyük ilgi gösterdiğini göreceğiz. Biz, anne ve baba olarak, çocuklarımıza büyük sevgi besleriz, onlara en iyisini vermek isteriz. Tüm yaşamımızı buna adarız, onlar için her çeşit durumu geliştiririz. Aslında, tüm dünya daha iyi bir hayatları olsun diye yalnızca çocukları yetiştirmek için çalışır.

Ancak başarılı olamıyoruz, Doğa'nın bunu yapmak için bize her şeyi sunmasına rağmen. Doğa bize sevgiyi verdi, onsuz çocuklarımıza ilgi gösteremezdik, hayvanların yavrularını sevmesi gibi onları içgüdüsel severiz. Başka bir deyişle, Doğa her unsurun ve varlığın gelişimini çok özel bir şekilde gözetir. Doğa'nın ebeveynlere yavruları için

Dr. Michael Laitman

içgüdüsel sevgiyi işlemesi ve onlara bakması için zorlaması, onların güvenle ve iyi bir şekilde büyümesine yol açmasını gerektirirken, biz insanlar hâlâ onlara iyi ve güvenli bir yaşam veremiyoruz.

Ağaçtaki bir elmayı incelersek, başlangıçta bize lezzetli ve güzel görünmez. Ancak büyümeye ve olgunlaşmaya başladığı zaman, güzel, kokulu ve lezzetli olur.

Belki de ağaçtaki daha olgunlaşmamış bir meyve gibiyiz – benzer gelişim formlarından geçiyoruz. Belki de yeşil, sert, ekşi bir elma gibiyiz, hiç kimsenin güzel bir meyveye dönüştüğünü tecrübe edene kadar bilemediği.

Aynı şey insanlar için de olur. Bir çocuğun büyümesi ve yaşam için yetişkin olarak hazır olması, öğrenmesi, uygulaması ve dünyada "isim yapması" en az 20 seneyi alır. Tersine, bir hayvan yalnızca birkaç hafta veya aya ihtiyaç duyar gelişimi için. Ancak, çok fazla yol kat etmez ve hayvan olarak kalır, sadece kendi ihtiyaçlarını içgüdüsel olarak temin etmeyi bilir. Kendini veya dünyayı değiştirmez.

Bu nedenle, gelişimimizin kademeli olduğu neticesine varabiliriz, başlangıçta bir meyvenin kötü tat vermesi ama sonunda tatlı ve lezzetli bir meyve olarak büyümesi gibi. Gelişimi için ne kadar uzun ve fazla safhaya gereksinim duyarsa, final gelişimi o kadar karışık ve başarısı o kadar büyük olur.

Doğa'dan tüm öğrendiklerimizle, çok özel bir gelişimden geçtiğimiz sonucuna varabiliriz: Nesilden, nesile, tek bir yaratık gibi gelişimimizin erken safhasındayız.

Bu nedenle başarısız ve "ekşi" gibi gözüküyoruz. Ancak, gelişimimizin sonunda "tatlı" ve sağlıklı olmamız garanti edilmiştir.

Realitenin 4 safhasında - cansız, bitkisel, hayvansal ve insan- insan türü en üsttedir. İnsan yaratılışın doruk noktasıdır. Bu nedenle gelişimi en uzun olandır ve geçtiği safhalar – en başından en sonuna kadar – o kadar uçtur ki sonuç versiyonu başlangıç versiyonundan tamamıyla farklı gözükür. Doğa'nın bizi hangi yöne doğru ittiğini göz önünde bulundurursak, Doğa'nın bize karşı olan tavrı ve kendimiz hakkında doğru bir sonuç çıkartabiliriz, ama yalnızca en başından en sonunu görerek.

Gelişiminin ilk safhasında bir elma gördüğümüzde, tamamıyla yararsız olduğunu düşünebiliriz. Yalnızca en sonunda Doğa'nın onu güzel ve lezzetli bir meyveye dönüştürdüğünü görürüz.

Gelişimin Kanunları'nda, biz de, aynı gelişim koşulu içindeyiz ve gelişimimizdeki amaç bizi iyi, sağlıklı, tatlı ve mükemmel bir safhaya getirmesidir.

Mükemmel safha ne olabilir? Eğer Doğa bizi, her neslin daha çok his ve algı elde ettiği, yaradılışın doğasını daha çok edindiğimiz ve onun üzerine yükselip, onu yöneteceğimiz şekilde safha safha geliştirir ise, sonundaki gelişimimiz realitenin en yüksek derecesine ulaşacaktır.

Peki, nasıl evrim geçiyoruz, ne ile? Bizi geliştiren kuvvetler nelerdir? Gelişimi bir çocuğun doğal dürtüleriyle gelişmesine benzetebiliriz. Dışardaki, insan etkisi olmadan, bir

Doğanın Kanunlarıyla Bütünleşmek

Dr. Michael Laitman

çocuk insanlığın onun için geliştirdiklerini bilmeden, hayvan gibi büyüyebilir. Çocuğu diğer çocuklar arasına koymadan, insanlar içinde olmanın nasıl olacağını, onlarla nasıl oynayacağını, onlarla nasıl bağ kuracağını, onlara nasıl yardım edeceğini ve nasıl onlardan yardım alabileceğini bilemez.

Fakat çocuğun etrafına anaokulu, okul, eğitmenler, oyunlar ve ebeveynler gibi destekleyici bir topluluk inşa edersek, gelişimini hızlı bir şekilde artırabiliriz. Bu destek doğal dürtülerle olmamalıdır, bu gelişime doğru ilerleten çevreden gelen teşvikle olmalıdır. Çocuklarımıza müzik, resim, heykel, dans, bilgisayar öğretebiliriz ve gelişimi doğal dürtüler yerine bunlarla olur.

Bu nedenle, gelişimde iki kuvvet vardır. Gelişimdeki birinci yol bizi arkadan iten kuvvetle olur. Bu Doğa'nın Kanunlarıdır. Diğeri ise bizi önden çeken. Çocuk, eğer doğru bir çevrenin içerisindeyse, bu kuvvetten etkilenir.

Aynı prensip bizim için de geçerlidir. Ağaçtaki bir elma gibi geliştiğimizi anlarsak – kötü halden iyi olanlara- o zaman belki de bizi önden çekecek bir çevre oluşturarak hızlı ve mutlu bir şekilde gelişim sürecimizde ilerleyebiliriz. Acı çekerek veya darbelerle arkadan itilmemize gerek kalmayacaktır. Bunun yerine, oyunlar, açıklamalar ve diğer doğru ve uygun yollarla gelişiriz.

Bugün insanlığın ne yapacağını bilemediği çok kapsamlı bir kriz ve trajik bir durumun içerisindeyiz. Bir odanın ortasında kaybolmuş ve terkedilmiş, ne yapacağını ve kimden yardım isteyeceğini bilmeyen bir bebek gibiyiz.

Dr. Michael Laitman

Doğanın Kanunlarıyla
Bütünleşmek

Ailelerdeki, eğitimdeki, kültürdeki, çiftler arasındaki, ebeveynler ve çocuk arasındaki, uyuşturucular, boşanmalar, bilim ve özellikle ekonomik ve ekolojik krizlerin içerisinde ilerisi için bir şey göremiyoruz. Tek bildiğimiz şey, iki hafta içinde bizi enerjisiz ve sel içinde bırakacak bir fırtına olabileceği. Daha fazla ne bekleyebiliriz, bilmiyoruz.

Böylesi bir durumda, güzel ve çabuk bir şekilde gelişmemiz için yaşamlarımızı nasıl inşa edebiliriz? Gelişimimiz çevremize bağlıdır ve onu bizi daha çabuk ilerletecek şekilde inşa edebiliriz. Çocuklarımıza müziği, resmi, bilgisayarı, dansı, yüzmeyi ve sporu sunabilmemiz binlerce yılımızı aldı. Bunları onlara vermenin iyi olduğunu anlıyoruz, belki de aynı şeyi yetişkinler için de yapmalıyız.

Bir şeyi daha hızlı geliştirmek istiyorsak, gelişimindeki hızını artıracak bir düzenek inşa etmeliyiz. Yumurtalar için kullanılan kuluçka makinesini düşünün. Yumurtaların kabuklarından çıkmasını beklemeyiz, kuluçka makinasına koyar ve tavuğun aynı sonucu vermesi için beklemeye gerek kalmadan birçok sağlıklı yumurta elde ederiz.

Başka bir deyişle, ailesi tarafından doğru zamanda doğru şeyler verilmiş bir çocuk gibi, kendimize bizi darbelerden koruyacak ve iyi bir şekilde geliştirecek doğru ve hızlı bir gelişim sağlayabiliriz. Böylece, çocuk büyürken herhangi bir problem tecrübe etmeyecek ve problemlerimiz en iyi şekilde nasıl gelişebileceğimizi anlamakla sınırlı kalacak.

İşte burası çözüme ulaştığımız yerdir. Şu anki kriz küresel ve bütünsel bir krizdir. Bu bir yandan krizin tüm dünyada oluştuğu anlamına gelir. Aynı zamanda, bu vahim sonuç gelişimimizdeki aksaklığın bir göstergesidir.

Doğanın Kanunlarıyla Bütünleşmek

Dr. Michael Laitman

Bugün çalışmalarımız gösterir ki tamamıyla birbirimize bağımlıyız ve birbirimize bağlanmamamız sorunların kaynağıdır. Bu aksaklık yaşamlarımızı mutsuz, korkutucu ve güvensiz yapıyor. Bir şeyler doğru bir şekilde bağlanmamızı durduruyor, birleştiğimiz takdirde sorunların çok büyük bir bölümünü çözebileceğimize rağmen.

Bunu içinden geçtiğimiz gelişim safhalarında görebiliriz. Nesilden nesile insanlık eğitim ve kültür, endüstride birleşme, iş birliği yapma ve dayanışmayı artırdı. Şimdi, öyle bir safhaya geldi ki, birbirimize olan bağımlılığımız sadece geçinmek için değil aynı zamanda insani bir yol için. Aynı zamanda, birbirimizle bağlanamaz bir noktaya geldik ve aramızdaki bu ayrılık daha iyi ve güvenli bir hayat kurmaktan bizi uzaklaştırdı.

Bir anlamda, aynı çatı altında yaşayan bir aile gibiyiz ama geçinemiyoruz. Ancak, bir ailenin tersine, boşanamıyoruz da çünkü kolonileşeceğimiz başka bir Dünya yok.

Bu konudaki çalışmalar gösteriyor ki bizim için uygun gelişim bağlılıkla, aşk kuşları gibi bağlanmakla oluyor. Eğer insanlık kapsamlı bir bağlılık safhasına gelirse, herkes çok mutlu olur. Ne yapmamız gerektiğini bu açıkça ortaya koyar: doğru şekilde bağlantı yapabileceğimiz bir çevre inşa etmeliyiz.

Kendimize doğru bir çevre yaratmaya çalışırken iyi ve doğru bir şekilde büyüyebilmeleri için kendilerine düzgün bir çevre kuran zeki çocuklara benzeriz. Bu zeki olanlar komşularına giderek "size bağlanmanın nasıl olduğunu davranışlarınızla ortaya koymanız için ödeme yapacağız, bunun sayesinde hepimiz bu birliğin içine çekileceğiz.

Diğer çocuklar bu tür örnekleri görürse doğru bir şekilde büyüyecekler bu yüzden sizin örneğinizle şu an ki halimizden kendimizi korumak istiyoruz."

Bir diğer örnek: Eğer müzisyen olmak istiyorsam ve müziği çalışmam için gerekli arzum yoksa, müziğin güzel, özel, mükemmel olduğu konusunda beni ikna edecek ve ilham verecek birilerine sahip olmam şarttır. Bu nedenle, bazı müzisyenlere beni etkilemeleri, müzik hakkında konuşmaları, enstrümanlarını çalmaları, bir şeyler bestelemeleri, sürekli müzik hakkında konuşmaları, gelip benim için çalmaları için ödeme yapabilirim. Bu bana müziğin güzelliği, müziklerindeki ahenk ve bütünlüğün çok önemli ve kayda değer olduğu hakkında derin bir izlenim verir. Onları izlerken, kendime gelişebileceğim bir çevre inşa ederim.

Onlara ödeme yapıp yapmamanın bir önemi yoktur; önemli olan sonuçtur. Bir spor takımında olup diğer sporculardan etkilenmek gibidir. Bizim için en önemli olan toplumdur.

Bu toplumu kendimiz için yaratabiliriz, ama en iyisi nasıl yapılacağını bilen insanların bunu bizim için yaratmasıdır. İnsan gelişimini anlayan bilim insanlarını içeren birçok kültürlü insan var ve yalnızca onların tavsiyelerini dinlememiz gerek. Hepimizi etkileyecek, pozitif, faydalı ve aşamalı bir şekilde gelişeceğimiz bir çevre inşa etmemiz gerektiğini söylerler. Bu sayede, zorluklar baş göstermeden olgunlaşan bir meyve gibi oluruz. Gelişimimizin önünden koşarız, kuluçka makinesinde gelişen yumurta gibi.

İnsan gelişimini bir milenyum boyunca incelersek, şu anki durumumuzun iyi olmadığını görürüz. Ve dahası,

Doğanın Kanunlarıyla Bütünleşmek

Dr. Michael Laitman

ne olacağını beklemek yerine kendimizi bu zor durumdan nasıl çıkaracağımızı biliriz. Beklemek yerine bizi gelişimdeki mükemmel safhaya aşama aşama, kolayca ve nazikçe getirecek, ilerleme sağlayacağımız iyi bir çevreye ihtiyacımız olduğunu söyleyenleri dinleyebiliriz.

Bu nedenle, ihtiyacımız olan tek şey iyi bir çevredir. İyi bir çevreyle, doğamdaki kötülüğü – egoist olduğumu, bir bağ kurmak istemediğimi, tembel, ilgisiz ve kayıtsız olduğumu hissederim. Gelişmesini istemediğim birçok özelliğe sahibim. Ama özellikle kendi içimdeki kötüyü fark ederek daha iyi bir toplum yaratmamızın şart olduğunu anlarım.

Ve dahası, yaratacağımız çevre herhangi bir çevre olmamalıdır. Herkesi kapsayacak ve her birimizle ilgilenecek, kimsenin açıkta ve "oyunun dışında" kalmadığı bir çevre oluşturmaya ihtiyacımız var. Çocukların oyun oynarken daha zeki ve güçlü büyümesi gibi, bizi ilerleten bir toplumda kendi oyunlarımızla mükemmel duruma ve iyi bir yaşama ulaşabiliriz.

Bu safhada, çevre günümüz krizlerin tersini yansıtacak. Hiçbir boşanma olmayacak ve insanlar diğerlerine karşı iyi olacaklar. Çocuklar anne ve babalarıyla iyi geçinecek, uluslararası ilişkiler daha yumuşak ve düzgün olacak, savaşlar, silahlar, terörizm, uyuşturucu ve borçlar olmayacak. Bizi etkileyecek örnek bir toplum oluşturmamız şarttır. Onun değerlerine, bizi yeniden programlamasına bizi ikna etmesine veya onunla benzer olmaya ihtiyacımız var.

Şimdi bizi gelişmeye zorlayan bir yola çıkıyoruz. Buraya kadar, Doğa'nın iten kuvvetiyle ilerledik ve gelişimimizdeki hızı ve yöntemi kontrol etmekten acizdik. Şimdi hız ve yöntem bize bağlı. Onlar ilerde ne olmamız gerektiğini anlamamızla doğru orantılı olarak, bizim farkındalığımıza bağlıdır. Kendimizi bu amaca doğru yönlendirmeliyiz.

Bu kriz globaldir. Gelişimimizi durdurduk ve bir sonraki safhanın farkına varmamızın ve onun için bir arzu oluşturmamızın gerekli olduğunu anlayana kadar aynı yerde kalacağız. Başka bir deyişle, bundan böyle büyümemiz içgüdüsel olmayacaktır. Bunun yerine, her bir safhadaki farkındalığımızı artırarak meydana gelecektir.

Bu "insan safhasındaki gelişim", " konuşan" safha anlamına gelir. Yeni bir şey evrim geçiriyor, bir Doğa anlayışı, yeni amacımız ve Doğa'nın sisteminin parçalarını kavramaya ve kendi evrimimize entegre etmeye olan ihtiyacımız.

İnsanlığın gelişimindeki son safhada, "meyve", yani biz, olgunluğun tatlılığını, rengini ve kokusunu elde etmemiz şarttır. Tüm bu özellikler, Doğa'nın ona olan sevgisine uygun olarak, meyvenin kendisinden gelir. Doğa bizi bir annenin çocuğuna baktığı gibi geliştirir. Aynı sevgiyi, ihsan etme ve ortaklık kuvvetini edinmemiz şarttır. Doğa'yla ve kendi içimizde küresel bağlılığa ulaşmalıyız.

Bu bağlılık yalnızca farkındalıkla olur – bu gelişimi anlayıp, hissettiğimiz zaman - ve onu nasıl tecrübe ettiğimizle. Hislerini ve algılarındaki seviyeyi yükseltmemiş insanlar için iyi bir hayat garanti edemeyiz. Farkındalığa sahip olmaları şarttır; ne tür bir dünyada yaşadıklarını ve Doğa'nın bütünlüğünü bilmeleri gereklidir.

Dr. Michael Laitman

İnsanlık her insan bilgili olmadan, neden doğduklarını bilmeden, bizi ilerleten Doğa'yı ve bunun nedenini anlamadan ilerlemeyecektir. Aksi takdirde, darbelerle acı çekeceğiz.

Özet olarak Doğa bizi aşama aşama mükemmel bir safhaya kabul ediyor. Buraya kadar, zorlayıcı bir kuvvetle ilerledik. Ama buradan sonra, nasıl geliştiğimizin farkındalığıyla ilerleyebiliriz. Gelişimimizi çevreyi kullanarak ilerletebilir, tatlandırabilir ve hızlandırabiliriz, şu ana kadar diğer tüm alanlarda yaptığımız gibi.

Çocuklar çevreleriyle gelişir; yetişkinler çevreyle gelişirler, her şey çevreyle gelişir. Adsız Alkolikler gruplarını ele alın, örnek olarak veya rehabilitasyon merkezlerini veya zayıflama gruplarını. Onlar gibi, çevrenin etkisini insanların üzerine inşa etmemiz gereklidir ve daha sonra iyi bir çevrede yetişmiş bir çocuk gibi gelişiriz. Buna ek olarak, çocuklarımız için iyi bir çevre inşa ederiz ve onlar da mutlu bir şekilde, yararlı bireyler olarak büyür.

Anne ve babalar çocuklarını sıcak ve iyi ilişkilerin birbirlerine bağlanmalarına yardım ettiği, şiddet korkusu ve kabalık olmadan birbirlerine güveneceği ve açık olabileceklerinin teşvik edildiği bir yere bıraktıkları için mutlu olacaktır. Dünyamızda buna benzer bir yer yok - şefkatle gelişime imkân veren bir yer.

Bu çeşit bir çevrede, çocuklar bilgiyi edinme kabiliyetiyle ve ferasetli olarak büyürlerdi. Kendilerini sürekli korumaları gereken düşmanca bir çevrede hissetmezlerdi.

Biz yetişkinler pozitif bir çevrede yaşamanın ne anlama geldiğini anlamıyoruz. Bu annesinin kucağında olup, bu güveni ve rahatlığı hissetmeyen bir bebekle kıyaslanabilir. Yalnızca bu tür hisler bir bebeğe gelişmek için güç verebilir. Bu hisse sahip değiliz ve bu nedenle gelişmemiz durdu.

Diğer bir yandan, kriz bir kırılma olabilir. Diğer bir yandan, yeniden doğmak gibi de. Bu nedenle, mutlu olmak için neye ihtiyacımız var? Bizi iyi, güvenli ve emin hissetme safhasına getirecek olan iyi bir çevreye ihtiyacımız var. Tüm dünyanın bizim için en iyiyi istediği ve bize özen gösterdiğini hissettiğimiz bir çevreye. O zaman, sıcak ve güzel bir yerde, sevgi dünyasında başkalarına özen gösteririz.

BÖLÜM 3

ÇEVRENİN BİR ÜRÜNÜ OLAN İNSAN

Dr. Michael Laitman

Doğanın Kanunlarıyla Bütünleşmek

ÇEVRENİN BİR ÜRÜNÜ OLAN İNSAN

Ne ölçüde özgür seçime sahibiz?

İnsanlık ortaya çıktıkça değişen evrimsel bir sürecin tam ortasındadır. Binlerce yıldır nesilden nesile gelişimimiz vasıtasıyla, çok özel bir duruma geldik: şu an gezegende küresel, birbirine bağlanmış bir toplumda bulunuyoruz. Evrim geçirdikçe, bilgi, kapasite ve daha önceden sahip olmadığımız duyguları ve algıları elde etme gücüne sahip olduk.

Hâlâ gelişimin ortasındayız ve sonunu göremiyoruz, ama yakında iyi şeyler tecrübe edeceğimizi umuyoruz. Bu nedenle, durumumuzu çok özel yapan şey nedir, onu görmeye çalışalım ve güven, bereket ve iyi bir yaşamın aydınlık safhasına geçmek için neler yapmamız gerektiğine bakalım.

Evrim geçirdikçe, kontrol edemediğimiz birçok farklı safhadan geçeriz. Hayatımızı bu safhalara göre değiştiririz ve daha uygun hale getirmeye çalışırız. Toplumu, aile hayatını, eğitimi, kültürü ve insan ilişkilerini değiştiririz. Hayatlarımızı mümkün olan en iyi ve konforlu hale getirmeye çalışırız çünkü her birimizin kökünde haz alma arzusu vardır.

Her adımda tasarrufumuzda ne varsa kullanarak safha safha gelişiriz. Yaşamlarımızı geliştirmek istersek, bilimle gelişiriz. Doğa'yı çalışırız ve örneklerinden öğrenmeye çalışırız ki kendimizi ona göre ayarlayabilelim. Doğa'nın kanunları hakkında daha çok şey öğrenmeye çalışırız kendimizi korumak için.

Doğanın Kanunlarıyla Bütünleşmek

Dr. Michael Laitman

Mesela; her mevsim ve iklimin etkilerini anlamak için klimatoloji çalışırız. Kendi vücudumuzu da çalışırız, hastalıklarımız için ilaç hazırlayalım diye. İnsan doğasını da çalışırız ve ona göre işlerimizi kolaylaştıracak ev aletleri geliştiririz - çamaşır makineleri, fırınlar gibi. Bu nedenle, mümkün olan en iyi ve rahat çevreye sahip olmak için uğraşırız. Bu yolla minik kişisel acılarımızdan ve aynı zamanda dev küresel acıdan kaçmaya çalışırız.

Ayrıca, her durumdan en iyisini çıkartmaya ve daha iyi bir hayata ilerlemeye çalışırız. Bunu isteyen insan doğasıdır ve bunu uygulamak için her yöntemi kullanmaya çalışırız.

İçimizden gelen dürtülerle gelişiriz. Her an, her safhada, içimizde yeni bir arzu gelişir. Kendimizi incelersek, her an değişik şeyler isteyen bir çocuk gibiyizdir. İçmek, yemek, değişik bir şeye bakmak ve uyumak isteriz. Çoğumuz yaşamak için çalışır.

Sürekli kuvvetlerin etkisi altında gelişiriz. Mesela, arkamızdan iten bir kuvvet vardır, zorlayıcı, çalışmak veya getir götür işi yapmak gibi. Hiçbir şey bize kolayca gelmez; mutluluk bize istediğimiz gibi gelmez ve tatmin etmez. İleriki safhamızda, bu mümkün olacaktır, fakat bu doyumu daha keşfetmedik.

Arzularımız nereden geliyor? Birçoğu kendi psikolojimizden gelir, kendi vücudumuzun yiyecek, dinlenme ve bu iki arzu arasını ilginç şeylerle doldurma ihtiyacından.

Arzularımızı yiyecek, seks ve aile olarak bölebiliriz - hayvanlar âleminin üyeleri olarak bunlar olmadan var

olamayız. Bunlara ek olarak, insan türüne ait olan şeylere, para, itibar, güç, bilgi, kültür, eğitim, din ve diğer birçok geliştirildiğimiz arzuya ihtiyacımız var, bunlar yiyecek, seks ve aile kurma arzularıyla aynı öneme sahiptir.

Bununla beraber, eğitim, kültür ve bilime olan arzularımızı çoğu zaman yiyecek, seks ve aile gibi arzular için feda ederiz. Para, itibar ve güç için çok büyük fedakârlıklar yapan insanlar vardır. Yiyecek, seks ve aile gibi arzuları çok önemsemeyip, bir ihtiyaç olarak tatmin ederler.

Yiyecek, para, itibar, güç ve bilgi için olan arzular hepimizde değişik ölçülerde vardır, her birimiz onları mümkün olan en iyi şekilde ortaya çıkarmaya çalışırız. Belirli arzuların peşinde koşmak isteği ve yolu kişinin eğitimine ve çevresine bağlıdır. Doğal eğilimlerin fiziksel seviyede çıkmasıyla, insanın "konuşan" seviyede çıkması arasındaki denge de çevreye bağlıdır. Bu hangi eğilimlerin daha çok veya daha az gelişeceğini etkiler.

Eğer bir çocuğu belirli bir çevreye koyarsak, bilimin takdir edildiği bir çevre olabilir, çocuk hâlâ "boşluk seviyesinde"yse, çevresinden bilimin önemini ve bilimle ilgili iyi şeyler yapmanın saygıdeğer olduğunu öğrenecektir. Her insanda bilim için arzu mevcut olsa da, çevre bu belirli eğilimi teşvik eder. Çevre bireysel eğilimler arasındaki dengeyi değiştirebilir, bazılarını diğerlerinden fazla geliştirir.

Eğer bir anne ve baba çocuğunun belirli bir yönde gelişimini istiyorsa, onu spor takımı veya müzik okulu gibi uygun bir çevreye sokarlar. Çocuk müziği çok sevmese de, onu öğrenecek, anlayacak ve hayatı boyunca değer verecektir.

| Doğanın Kanunlarıyla Bütünleşmek | Dr. Michael Laitman |

Bu her şeyin içindedir. Bir çocuğun gelişimi çevreden gelir ve ebeveynlerin çocuklarını geliştirmedeki kabiliyeti gelişimlerindeki yönü tayin eder, bazı eğilimleri diğerlerine nazaran daha çok teşvik eder ve bazı eğilimleri bastırır. Bu nedenle, büyürken özgür seçimimiz kısıtlıdır, içinde doğduğumuz ve çocuk olarak büyütüldüğümüz çevre tarafından şekillenir. Yetişkinler olarak, bu istikameti hayatlarımız boyunca takip ederiz.

"Hangi ölçüde özgür seçime sahibiz?" sorumuza karşı, çok küçük bir özgür seçime sahibiz ama sonunda bu küçük kısım dahi çevremizden gelir. Etrafımızda "beliren" arkadaşlarımızdan veya bize türlü değerler ve tercihler aşılayan eğilimlerden etkileniriz.

Önceki nesillerin deneyimlerinden gelen hatıraların içimizde ortaya çıktığını anlamamız gerek. Bu hatıralar bizi ilerleten önceki yaşamlarımızdan gelen bilgi parçacıklarıdır. Bu nedenle, her seferinde daha gelişmiş bir toplumun içine doğmayız ama geliştirdiğimiz bu değişimler yüzünden her nesilde içimizde yeni eğilimler evrim geçirir.

Bunu açıkça çocuklarda hissediyoruz, yeni teknolojileri bizden daha iyi kavrıyorlar. Onlara dünyanın algılanmasını ve modern yaşamda başarılı olmalarını sağlayacak önceden var olan hazırlıklar, özelliklerle doğmuş gibiler. Eğer yapabiliyorlarsa yaşlı insanlar bunları güçlükle yaparken çocuklar cep telefonlarını, bilgisayarları ve diğer yeni teknolojileri kullanmasını çok kısa bir sürede öğrenirler. Bu yeni nesil her şeye iç doğalarıyla bakmak için hazırlanmış olarak doğmuş gibidirler. Bu yeniliklere yaklaşımları ve anlayışları İndigo çocuklar gibidir, uzaydan dünyaya gelmişler gibi.

Yukarıda anlattıklarımızın bir özeti olarak, içimizde bilgi genleri nesilden nesile evrim geçiren bellekler vardır. Bunları reenkarnasyon diye adlandırırız. Bu mistisizm değildir. Onun yerine, bu herkesin birlik olduğu şu anda keşfettiğimiz safhanın tanımıdır.

Fiziksel kuvvet alanları olduğu gibi, elektromanyetik alanlar veya yerçekimi kuvveti alanları, her şeyi saran bir düşünce alanı, herkesi zaman ve mekânın ötesinde birbirine bağlayan bir arzu vardır ve biz bu alanın içerisindeyiz. Birbirimize nesilden nesile bilgiyi bu şekilde taşırız. Vücutlarımız, bu alanın içinde olan bilgiyi özümser, bir sonraki neslin yeni bir safha ve çağda yaşama hazır olmasını sağlar.

Tüm gelişimimiz çevreyle olur. Çevremiz olmasaydı, geçmiş yaşamlarımızdaki hatıralara rağmen gelişemezdik.

Bedenimiz bile geliştiğimiz çevreye bağlıdır. İnsan hayvanlara oranla daha uyumludur. İnsanlarla bir milenyum boyunca birlikte olan ve insanlar eşliğinde büyümeye alışık olan kedi ve köpekler çok az bir değişime uğramıştır. Vahşi kedi veya köpek gibi yaşayamayacakları bir gerçektir, zaten farklı bir doğaya sahip olmuşlardır, yavrularına insana ve çevreye karşı farklı bir tavır devrederek. Ancak, insanlar kadar uyumlu değildirler. İnsanlar belirli bir çevrede kaynaşıp etkilendikleri zaman daha belirleyici bir şekilde alışkanlık kazanırlar.

Hepimiz çevreye bağımlı olduğumuz için, çevrenin bireyin gelişimindeki sebeplerden biridir ve bu eğitimde fark edeceğimiz ilk şey olmalıdır –çünkü bireyin tüm geleceği buna bağlıdır. Anne ve babalar olarak, çocuklarımız için sosyal çevreyi değiştirirsek, hatta kendi çevremizi bile, kendi doğamızı, arzularımızı ve hayata bakışımızı değiştiririz. Bu nedenle, zamanımızı hangi arkadaşlarla, hangi camialarda harcıyoruz ve kendimizi kimin ellerine bırakıyoruz bunu dikkatlice incelememiz ve düşünmemiz gerekir.

Bu nedenle, insanlara tüm döngüleri, bireyin etrafındaki farklı çevreleri ve kişinin ona ne derece bağlı olduğunu ve hayatını bunlarla yönetebildiğini öğretmemiz lazım. Bu örneklerle, insanın çevrenin bir ürünü olduğunu görürüz, bu yüzden tüm insanlık için sağlıklı bir çevre kurmamız çok önemlidir. Çevre herkesin eğilimlerine ve karakterine göre bir yer bulabileceği şekilde kurulmalıdır. Bu yolla, birey tam bir insan olmak için en iyi şekilde gelişimini sağlayabilir. Bu yüzden eğitimimizde bu tür toplumların herkes için uygun olduğunu görmemiz şarttır.

Daha derinden incelersek, içimizde içsel koşullar, doğumla birlikte sahip olduğumuz genler ve yaşamın ilk yıllarında annemizle birlikteyken ve daha sonra çevreyle edinilen çeşitli eğilimler olduğunu göreceğiz. Bu nedenle anaokullarına, gençler için okul sonrası derslere ve daha ileriki yaş seviyesi için okul ve okul sonrası derslere ihtiyacımız var. Bu her çocuğun kendi potansiyelini her yönüyle ortaya çıkardığı sosyal çevre ve sınıfları seçme şansının olmasını garanti eder. Çocukların ilerleyeceği bazı eğilimlere sahip olduğunu ve bu sayede içsel olarak zengin bireyler olacaklarını görmemiz gerek. Bu nedenle, müzik, tiyatro, eğitim ve edebiyatı öğrenmelidirler.

Bireyin bir aileye sahip olması ve çocuk yetiştirmesi lazım, birinin eşine ve arkadaşlarına ne şekilde bağlantıya geçmesini ve işte ve toplumda kendini nasıl idare edeceğini bilmesi gerek. İnsanlara nasıl davranacaklarını ve doğru bir

çevreyi nasıl kullanacaklarını gösteren örnekler vermemiz şarttır. Daha yumuşak başlı olacaklar ve nihayetinde başaracaklardır.

Hayatımızın her anında iki unsur bizi yönetir: Kendi doğal eğilimlerimiz ve esas neden – çevre ve doğal eğilimlere olan etkisi. Her şey bizi kendine güven ve rahatlık kazanacağımız daha gelişmiş safhalara taşıyacak ve en iyi şekilde var olmayı elde edeceğimiz çevreleri seçmenin ne derece öğretilmesine bağlıdır. Bu şekilde devamlı olarak gelişebiliriz.

Bu nedenle, çocuklarımızın daha güvenli bir gelecekle beraber bizden daha iyi yaşamlara sahip olmalarına emin olmamızın yolu, onları eğiten ve şekillendiren bir çevreyle sarmakla olur. Bu çevre onların iyi olan eğilimlerini geliştiren ve uygun olmayanları ise bastırmak yerine düzeltmeye çalışan insanlar haline getirecektir.

Her birimiz başkalarına karşı uygun olmayan eğilimlere sahibizdir. Uygun olan veya olmayan eğilimler kendimize ve çevremize olan tavrımız tarafından belirlenir. Kendimize olan tavrımız söz konusuysa, insanlara kendilerine zarar vermemesini öğretmemiz şarttır, özellikle fiziksel olarak, doğal olarak kendimizi korusak da, kendimize zarar veren eğilimlere sahibiz.

Tavrımızı çevremize doğru yöneltmeliyiz, cansız, bitkisel ve hayvansal seviyelere – yaşadığımız ve korumak zorunda olduğumuz çevreye. Doğa'nın içinde yaşıyoruz. Cansız nesneler, bitkiler ve hayvanlar bizim için hayati öneme sahiptir çünkü ihtiyacımız olan her şeyi onlardan karşılarız. Yiyeceklerimizi doğadan karşılar ve iklime bağımlı yaşarız. Bu yüzden insanlara çevrelerinde ekolojiyi nasıl koruyacaklarını öğretmemiz şarttır.

Buna ek olarak, insanlara insan toplumuyla nasıl bağlantı kuracaklarını öğretmemiz gereklidir. Toplumu doğru şekilde yönlendirirsek, bu tavır eninde sonunda bize yansır ve etrafımızda uygun bir çevre yaratır. Bunun ötesinde başkalarına faydalı olabilmek ve saygın bir yaşam sağlamak için bir meslek öğrenmemiz gereklidir.

Bu nedenle, en önemli gelişim eğitim ve yaşama bakış açımızdır. Durmaksızın bizi daha iyiye doğru değiştirecek ve çocuklarımızı ve kendimizi geliştirecek bir çevre kurmalıyız. Yalnız başına, yaşamlarımıza yararlı değişikler adapte edemeyiz toplum bunu zorlamadıkça. Eğer toplum bireye yardım eder ve destekler, kişinin değerlerini değiştirir ve neyin iyi veya kötü olduğunu belirlerse, kişi yeni kişisel amaçlar geliştirebilir.

Geleceğimiz tamamıyla nasıl bir çevre seçeceğimiz ve onu ne şekilde inşa edeceğimize bağlıdır. Bu özellikle herkesin tamamiyle birbirine bağımlı ve bağlı olduğu bir dünyaya ulaştığımız bir zamanda geçerlidir. Bu nedenle, dünyanın her tarafındaki insanlar diğerlerinin geleceğini belirler. Eğer bir ülke diğer bir ülkeye kötü davranırsa veya topum bize korkutucu bir şekilde davranırsa, bu bütün yaşamlarımızı etkiler ve bu kötü etkiye karşı harekete geçmemiz şarttır.

Karşılıklı bağımlığımızın bizi küresel bir eğitimi inşa etmeye ve şekillendirmeye mecbur bıraktığını anlamamız gereklidir. Kendimize ve başkalarına geleceğimizin tümüyle çevremize bağlı olduğunu öğretmemiz şarttır.

Eylemlerimizde bir özgür seçim olup olmadığı sorusu çok önemlidir.

Aslında, gerçekten de özgür seçimimizin olmadığını görüyoruz. Buraya kadar, dürtülerimizle geliştik – doğduğumuz anda sahip olduğumuz genlerle – dış çevreyle - anne ve babalarımızla, anaokuluyla, okulla. Yetişkinler olarak, nasıl değişeceğimizi seçtik, değişimin farkında olmak çevreyle olur, o veya şu çevreyi seçme tercihiyle. Seçme özgürlüğümüz var fakat bu yalnızca çevreyle ortaya çıkar.

Bulunduğumuz yeni nesil veya çağla ilgili bundan daha da önemli bir kanı var. Dünya etrafında çok sıkı bir biçimde bağlandık ve birbirimize bağımlı olduk. Çevre standart olmaya başladı. Mesela, belirli bir yerde hava durumunu etkilediğimiz takdirde, başka bir yerde deprem veya tsunami meydan geliyor. Veya bir yerde çıkan savaş, diğer bir bölgeyi etkiliyor.

Bağlantılı olduğumuz için, belirli bir topluma veya döngüye kendimizi konumlandırmaya ihtiyacımız yok. Bunun yerine, herkes için genel, küresel, integral (bütüne ait olan) eğitimi düzenlemeye ihtiyacımız var. Eğer birbirimizle bağlandıysak birbirimizi anlamak için hepimizin içimizdeki benzer değerleri etkileyecek eğitim ve bir çevreye ihtiyacı var. Kişisel özgürlüğümüzü korumaya ihtiyacımız olmasına rağmen, o kadar birbirimize bağımlı olduk ki sonuçta birbirimizi anlamaya ve daha yakın olmaya ihtiyacımız var.

Esas problemimiz birbirimizi anlamamızdır. Aynı aile içinde sürekli olan şikâyetler gibi: "Beni anlamıyor" veya "Nasıl hissettiğimi bilmiyor". Bunun nedeni insanlar arasındaki uyuşmazlık. Yaşamın üzerindeki başkalarını anlama tercihi sunan değerleri, sezgileri, görüş tarzlarını almadılar. Bu da başkası ve yabancının o kadar da başka gözükmemesini sağlayan eğitim gerektirir.

Eğer her sistemde bu kadar yakın ve birbirimize bağımlıysak bu kültür, eğitim veya ekonomi olabilir, uluslararası kuruluşlar aracılığıyla küresel ve uluslararası bir eğitimi geliştirmemiz şarttır. Dünyadaki her bireyin bir diğeriyle ortak bir şeyi olmasını sağlar – bakış açısı, hayata karşı tavır, kültür ve eğitim. Bu yolla insanlar bir diğerini kabul ve takdir etmeyi öğrenecekler.

Bu kabul hissi herkesin hayatını daha güvenli yapacak ve politika, ekonomi ve güvenlik gibi uluslararası sorunlar üzerinde fikir birliği yapılmasını sağlayacak. Bunların hepsi herkes için standart bir eğitim taslağı yapma şeklimize bağlıdır.

Çevremizin tüm sorunlarımızın problemi veya çözümü olabileceğini anlamamız gerek çünkü bu Doğa'da böyledir. Bu yüzden insanlar kendilerine ve topluma zarar verdikleri zaman, hapishaneye atılmak yerine, topluma yarar sağlamayı öğrenecekleri bir özel topluluğun içine yerleştirilmelidir. Bu, çevrenin kişiyi ne kadar etkilediğini incelememize yarayan tek ölçüdür ve buna göre gerekli düzeltme yapıldıktan sonra kişi tekrar topluma döner.

Çocuklar için her seviye, yaş, grup, karakter ve eğilim için uygun çevreyi eşleştirmeli ve gözden geçirmeli, sınıflandırmalıyız. Farklı çevrelerin farklı bireyleri nasıl etkilediklerinin değerlendirmesini yaparak, potansiyelimizin farkına varabiliriz. Kullanımımız için çok yönlü gereçlerimiz var, sayısız tür çevre ve toplum. İnsanları en efektif şekilde

büyüyebilecekleri belirli çevrelere yerleştirme yollarını araştırmamız lazım.

Bu süreç bir meyvenin ağaçta büyümesi gibidir. Isı ve soğuk, gündüz ve gece, nem ve kuruluk ve çeşitli mineraller gibi belli koşullara ihtiyaç duyar. Bir ağacın meyve verebilmesi için 39 farklı işi uygulaması gereklidir. Aynı prensip insan için de geçerlidir. Bireyi herkes için tatlı iyi bir meyve olabilmesi adına çeşitli yollarla etkilememiz gereklidir.

İnsanlığın ve insanın içindeki şeytanın ıslah olmasında kullanacağımız tek unsurun çevre olması bu yüzdendir. Bir tek bu aracı elimize alıp, düzeltmek istediğimiz her ülke ve medeniyetin kültür, eğitim ve geleneklerine göre çevreyi çeşitli biçimler ve olasılıklarla kurmamız gerek. Bu her ülkedeki insan topluluğunun her bölümüne nasıl yaklaşmamız gerektiği bilgisidir.

Yakın gelecekte, makul şartlardaki ihtiyaçlarının sağlanması dışında insanlık tüm gereksiz uğraşlardan kendini kurtaracaktır. İnsanlar ihtiyaçları için 2-3 saat çalışacak, günün geri kalanı boş zaman olarak kalacaktır.

Bu boş zaman bizi ve diğer herkesi etkileyecek olan çevremizi yeniden şekillendirmek için kullanılacaktır. Her birimiz diğerlerine etki edeceğimiz için, eğitimlere gireceğiz ve böylece her birimizin etrafında bizim en iyi şekilde büyümemizi sağlayacak çevrelerden ve toplumlardan oluşan etkiler olacak.

Serada meyve ve sebze büyütürken, iyi büyüsünler diye ihtiyaçları olan tüm koşulları doğru biçimlerde sağlarız.

Sonuç düzgün, tatlı bir meyve olur. Bu benzer süreci kendimize ve çocuklarımıza uygulamalıyız. Bu, yeni çağda insanın ana uğraşı olacaktır.

Bu nedenle kriz negatif değil pozitiftir. Bu yeni bir toplumun ve insanlığın doğuşudur. İçinde, kendimizi içimizdeki tam potansiyeli kullanarak yeni bir bağlanmışlık seviyesinde yeniden şekillendirmeye başlıyoruz.

İnsanlığı tek bir birey gibi şekillendirerek, bütün organların bu kolektif kanıda birbirini tamamladığı karşılıklı anlayışa ve bağlılığa doğru gidiyoruz. Bir noktada, tüm insanlığın tek bir varlık gibi olduğu safhaya ulaşacağız.

Bu safhaya ulaştığımızda, her birimizin içsel ve kişisel algılarında değil, kendimizi kolektif algının dışında yaşadığımızı hissettirecek bir kuvveti keşfedeceğiz. Bu durumda, başkalarının yaşamlarını da tecrübe edeceğiz, herkes bize daha yakın olacak ve onları anlayıp hissedeceğiz. Onlarla entegre olacağız.

Ve yaşam tek bir kişinin tecrübesi olmayacak. Tam tersine, sanki tüm insanlıkla beraber nefes alıp yaşıyor gibi olacağız. Bu nedenle, Doğa'da küçük ve güçsüz olmaktan büyük ve muazzam olmaya yükseleceğiz. Sanki yeni bir türmüşüz gibi yaşamı "konuşan seviye" diye adlandırılan yeni bir boyuttan hissedeceğiz.

Konuşan seviyede, dünyanın algılanması dar, kişisel ve kendi odaklı olmaktan geniş ve küresel olmaya doğru değişir. Yeni gözlüklerimizle dünyayı tüm insanlığın lensinden görmeye başlayacağız. Bu şekilde bakarak ve hayatın yalnızca

Dr. Michael Laitman

> Doğanın Kanunlarıyla
> Bütünleşmek

kendimize bağlı değil ama tüm insanlara bağlı olduğunu keşfederek, bedenimizin dışındaki yaşam hissine doğru geçiş yapacağız.

Bu yükselişle, çok özel bir şeye ulaşırız. Şu an bile bedenlerimizin dışında yaşıyoruz. Kendimize ait olmayan ve çevreden aldığımız duygu, arzular ve düşüncelerin içinde yaşıyoruz. İçimizde olsalar bile, onları bedenimizin dışında farz ederiz çünkü nasıl düşünüp, nasıl hissedip, nasıl yaşayıp ve ne olacağımızı bize anlatıldığı şekilde yaşıyoruz. Farklı bir çevrede yaşamış olsaydık, orman gibi, dünya algımızın ne kadar farklı olacağının farkında değiliz.

Büyürken ve gelişirken toplumun bizi içine koyduğu kalıplar içinde yaşıyoruz, bu nedenle dünyayı bu şekilde görüyoruz. Çevre bize dünya hakkında belirli bir görüş verir, bu şekilde görmemizi sağlar. Bugün, bunu fark etmek zor çünkü dünya çapında bir hayli karıştık. Hâlâ, birinin değerlerinin nerede yaşadığına bağlı olarak değiştiğini görebiliyoruz. İnsanlar değişik düşünür ve yaşama farklı bakarlar. Bizim gördüğümüzü görmezler ama realiteyi bizden farklı algılarlar.

Problem birbirimizi anlamamamızdır. Çiftler genelde diğerinin onu anlamadığından şikâyet ederler. Bu doğru, eşimizi anlamıyoruz çünkü uygun bir eğitim almadık, hiçbir zaman bir aile nasıl idare edilir, bize öğretilmedi.

Genç olarak, örnek vermek gerekirse, bir kadın olmanın ne anlama geldiği öğretilmedi. Onun da ihtiyaçları var mı? Kendi karakteri var mı? Yaşam görüşü erkeğinden farklı mı? Onu anlayabiliyor muyum? Onu anlamak istiyor muyum? Ona karşı anlayışlı mıyım? Anlayışlı olabiliyor muyum? Sonuç olarak, bir kadının dünyası erkeğin tersidir. Kendi dünyasında yaşar.

Erkekler kadınları anlamak için içsel kalıplar almadığı için, onlara karşı anlayışlı olamazlar. Karşılaşmaları genelde çarpışmayla sonuçlanır: Herkes karşısındakine rağmen yaşamaya alışır, ama her ikisi de birbirini anlamaz ve birbiriyle kaynaşmaz. Bu eğitimimizdeki büyük bozukluktur, boşanma oranlarında ve evlilikten kaçınan insanların sayılarında görüldüğü gibi.

Aynı problem çocuk yetiştirmede de vardır. Onlara karşı nasıl bir ilgi içerisinde olacağımızı bilmiyoruz. Ebeveynlerin çocuklarına karşı ne kadar kaba olduklarını görüyoruz çünkü onları anlamıyorlar. Ebeveynin çocuğun hayatı boyunca sürdüreceği psikolojisini şekillendiren bir eğitmen olması gerek. Bu nedenle bunların öğretilmesi şarttır.

On binlerce senedir, şans eseri evrim geçiriyoruz. Bu onu yönlendirmek için hiç bir şey yapmadık anlamına gelir. Psikoloji, insan doğasının, insanın iç dünyasının bilimi, yaklaşık yüzyıl önce öne çıkmaya başladı. Ondan önce, nasıl geliştiğimiz konusunda bir şey yapma veya öğrenme fikri aklımıza gelmedi. Hayvanların evrim geçirdiği gibi evrim geçirdik - şans eseri. Yalnızca bugün insan doğası, toplum, çevre, insanı şekillendirmek ve yaşamlarımızla ne yapmamız gerektiğini çalışmaktan başka bir tercihimizin olmadığı bir duruma geldik.

Bu nedenle, bedenimiz dışında bir hayattan bahsediyorken, herhangi bir mistik şeyden bahsetmiyoruz, başkalarından aldığımız değer ve görüşlerden bahsediyoruz.

Dünyaya başkalarının gözüyle bakarsak, onları anlarız. Bunu öğrenmeye ihtiyacımız var.

Bir erkeğin hayata bir kadının gözüyle bakması çok zordur, ama eğer aile yaşamını idare ediyorsak, iyi bir aile yaşamı idare etmemiz şarttır. Çocuklarımızı hayata iyi hazırlamalıyız ve karşı cinsin psikolojisini anlamalarına yardımcı olmalıyız, yalnızca birlikte nasıl yaşanacağını değil, ama bu tecrübeden nasıl haz alınacağını da öğretmeliyiz.

Bu kaynaşmayla, dünyanın diğer bir yarısını elde ederiz. Bedenimiz dışında ek bir şey elde etmek bedenin dışında yaşamak demektir. Kendimizi bu şekilde inşa ederiz.

Bugüne kadar, mümkün olduğunca kendi odaklı bir yaşamın içinde, kendimizi mümkün olduğunca tatmin ederek ve diğerlerinin görüşlerini, düşüncelerini ve görüşlerini görmezden gelerek kendi bedenimiz içinde evrim geçirdik. Bugün, hepimizin yaşadığı kriz sanki kendimizin dışını çıkıyor ve diğerleriyle kaynaşıyormuşuz gibi bizi başkalarıyla kaynaşmaya ve onların bakış açılarını edinmeye zorluyor.

Bunu yaparak, Dünya'nın tamamının becerilerini, arzularını ve düşüncelerini algılarız. Kendi bedenimden çıkıp ve tüm realiteyi anlama kabiliyetini elde ederek Dünya'nın geri kalanı gibi olabilirim.

Burada yeni bir boyut için yer açılıyor, tamamıyla yeni bir his için bir yer – realiteyi yalnızca kendi kişisel, dar algımla görüp hissetmek yerine, kolektif bir hisle ve algıyla görmek: tüm insanların biriktiği.

Doğanın Kanunlarıyla Bütünleşmek

Dr. Michael Laitman

Kendimi diğer insanlara yaklaştırırsam, kendimi bu zengin toplumla eğitmeye başlarım. Yaşamı yalnızca kendimin değil, kendi içimdeki başkalarının çok yönlü hisleri ve akıllarıyla görme kabiliyetini edinirim. Bu gruba kendimi dâhil eder ve şimdi gördüğümden çok daha zengin bir dünya görürüm. Buna bedenimin dışındaki dünya denir, şu anki egomun dışında.

Burada kendi duygusal ve zekâsal algımızın dışına çıkma fırsatı vardır. Eğer başkalarının bir parçasıysam, ne hissettiklerini hisseder ve ne düşündüklerini düşünürsem, kendi kabiliyetlerimi katlayarak genişletirim.

Her şeyi algılayışımız tümüyle her şey hakkında yaptığımız muhakemeye ve kararlılığa bağlıdır. Yaptığımız muhakemeler meydana geldiğimiz zıtlıklara, bir şeylerin içinde bulduğumuz kontrastlara ve yapı taşı olarak kullanma yollarımıza bağlıdır, Lego taşları gibi.

Bu nedenle, her şeyin neden yapıldığını ve bu zorluğun diğer zorluklardan farkını inceleriz. Başkalarından hisler aldığım ve bu hisler bana dâhil olduğu zaman, daha da güçlenirim. Karşıtlıkların toplamı olurum, önceki yüzeysel algıya kıyasla, dünyayı çok amaçlı bir yönden algılamaya başlayarak bir başka boyuta geçmiş gibi olurum.

Bu gerçek anlamda yeni bir algının, yeni bir dünyanın psikolojisidir. Bununla, bedenimizin limitlerini, zamanın, hareketin ve mekânın sınırlarını aşarız çünkü tüm insanlığın içine dâhil olmaya başlarız, tüm insanlığın içinde işleyen tek bir zekâya, tüm insanlığın kolektif hislerini ve algılarını elde ederek.

Dr. Michael Laitman

> Doğanın Kanunlarıyla Bütünleşmek

Başkalarıyla eklenerek aslında bize Doğa'dan gelen, onların kolektif hislerini ve algılarını keşfederek başladık. Doğa'nın içinde bizden saklı olana, dünyadaki tüm gelişimin yükseldiği bu "kalp ve zekâ"ya ulaşma kabiliyetimiz var. Gelişerek, aynı yere geri döneriz, tüm cansız, bitkisel hayvansal ve konuşan zincirinin kökünün oluştuğu yere. Evrimin başına döner ve döngüyü tamamlarız.

Doğa'nın bizi karşılıklı bağlanmaya zorladığı ve kişiselliğimizin neredeyse kaybolduğu bir noktaya getirmesinin iyi bir nedeni vardır. Gerçekte, bunu kaybetmeyiz, onun üzerine çıkarız. Kişiselliğimiz dünyevidir, hayvansaldır ve yalnızca mümkün olan en rahat şekilde var olmak için endişe duyar. Ancak evrimimizin amacı kişisel bedenimizin üzerine çıkmak ve genel endişenin içine ilerlemektir. Bu genel endişe bedenimizin dışında yaşamamız için bize tamamıyla farklı araçlar verir. Bu nedenle buna "kendi bedenimden çıkış" denir.

Egonun üzerinden genel endişeye geçişte, Yaradılışın amacını ve fikrini, Doğa'nın niyetini keşfederim. Burada, hiçbir şey şans eseri gelişmez, her şey bir plana göre gerçekleşir. Bu planı integral bir vizyona yükseldiğim ve kendimi başkalarına bağladığım zaman görmeye başlarım. Bu integral vizyonu algılamaya başladığım zaman olur. Tüm Doğa'yı görebileceğim gözlüklerimi sanki yuvarlak olanıyla değiştirmişim gibi, integral olanıyla.

Bu kendi bedenim için yiyecek ve dinlenme gibi Doğa'dan bir şey almayacağım demek değildir. Bu safhayı geçtim. Şimdi, hayata bedenime aldırmadan bakıyorum. Doğa'ya sanki bedenimde değilmişim gibi bakıyorum. Yaşamı tüm insanlığın zekâsı ve kalbiyle yargılıyor, inceliyor ve dikkatlice tetkik ediyorum. Bu şu an bulunduğum durumdan tamamıyla farklı bir derece.

Şu an, herhangi bir hayvan gibiyim. Biraz daha fazla gelişmiş olabilirim ama bu daha iyi veya daha kötü için olduğu belli değil. Ancak Doğa'yla kaynaştığım zaman, yeni bir boyuta ulaşırım, bulunduğum dünyanın algısını nitelik olarak değiştiririm ve bu değişim benim dünyam olur. Hayata kendi bencil dar yarığımdan kendi menfaatime ne uygunsa duvardaki çatlağa onu sıkıştırayım diye bakmam – biraz yemek, biraz dinlenme ve diğer hazlar ve hepsi bu kadar.

Onun yerine, bu çatlaktan dışarı çıkıp dışarıda, dünyanın içinde yaşarım. Ve orada, dışarıdaki dünyada, görüş tamamıyla farklıdır. Bu artık, tüm gördüklerimin benim için iyi veya kötü şeylerden ibaret olduğu, "benim için iyi olan ne" egoistik filtresiyle olmayacaktır. Bundan ziyade, dünyayı kendime rağmen görürüm. Buna "yeni boyut", "konuşan boyut" denir. Vücudumun dışında, bu duvarın dışında, bu aydınlık safhada var olan zekâ ve kalbi keşfederim. Bu yarıktan çıkar ve tüm süreci keşfederim; Yaradılışın esas amacını.

Şu an, yalnızca duvarın arkasındaki bir parçayı keşfediyoruz, evrendeki kara madde gibi. Genelde algılayamasak da, kara madde evrendeki tüm maddelerin %90'ını kapsar. Aynı şekilde, evrenin her şeyin dâhil olduğu zekâ ve kalbini keşfedemedik.

Ancak bilim insanları çoğu kez bunun hakkında konuşur. Kozmolojistler bu zekâ ve kalbin muazzam büyük bir şey olduğunu söylerler ama bunu hissedemiyoruz. Bu doğal duyularımızla algılayamadığımız sesler gibidir çünkü bizim boyutumuzun üzerinden gelir. Yeni, küresel hislerimizle, bu boyutu keşfedeceğiz.

Özet olarak, içinden geçtiğimiz süreci iki safhaya ayırabiliriz: Birincisi çevreyi büyümemizi gözlemlemek için kullanmadan rastgele bir şekilde geliştiğimiz ve bugüne kadar içinden geçtiğimiz safhadır. Ama şimdi, bir sonraki safhaya geçtik, yeni bir yöne ve tutuma doğru gelişmekten başka çaremiz olmadığını hissediyoruz. İntegral (bütüne ait) ve küresel olmamızın, insanlığın geri kalanıyla tek vücut ve tek kalbe bağlanmamız gerektiğinin şart olduğunu hissediyoruz.

Bu, aslında, "konuşan seviyedir". Bu seviyeye doğru çevreyi kullanarak, hayvansal seviyeyi - içgüdüsel yaşamlarımızı- aşarak, kendimizi mükemmel olgunluğa ulaşana kadar bir serada beslenmiş lezzetli bir meyve olma yoluna adayarak ulaşırız.

Bu nedenle, her şeyin çevreye bağlı olduğunu görüyoruz ve tek problemimiz herkes için uygun olacak çok yönlü bir çevreyi nasıl kuracağımız ve bu sayede herkes bu yolla nasıl eğitilsin, kendilerini en iyi şekilde nasıl ifade etsin ve integral sistemde diğerleriyle nasıl bağlanabilsin problemidir.

İnsanları yalnızca iyi bir topluma dâhil etme ve kendilerini şekillendirmeye olan isteklilikleriyle inceleyememiz gerek. Amacımız şu an nasıl tip bir insan olduğumuza aldırmadan, ama bundan böyle iyi bir çevre kurmaya odaklanarak her birimiz için nasıl iyi bir çevre temin ederiz, onu görmektir.

Dr. Michael Laitman

Çevreyi inşa ederken, birbirimizi nasıl etkilediğimizi, birbirimizi nasıl anlayıp anlamadığımızı, toplumu ne kadar değiştirip değiştiremeyeceğimizi ve başkalarıyla olan ilişkilerimizin onların davranışları ve ruh hallerini ne kadar değiştirdiğini göreceğiz.

Bu yeni integral eğitimle, bize birliği getirecek olan çevreyi nasıl kuracağımızı bileceğiz, herkesin kendi mükemmel ifadesini bulabileceği bir yer. Bu nedenle çevreye iyi bir geleceğin sebebi olarak önem gösteriyoruz ve bu fikrin tüm insanlığın iyiliği için tüm dünyada kabul görmesini umuyoruz.

BÖLÜM 4

HERKESİ ETKİLEYEN TEK KANUN

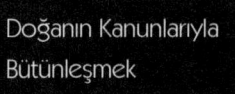

Doğanın Kanunlarıyla
Bütünleşmek

Dr. Michael Laitman

HERKESİ ETKİLEYEN TEK KANUN

Doğaya uygun olmak için ne yapmamız şart?

Zaman geçtikçe, cansız, bitkisel, hayvansal ve insan seviyeleri yaratıldı ve gitgide evrim geçirdi. Nesilsen nesile, seneden seneye, hatta günden güne ilerledik. Eğer yaşamda nasıl ilerlediğimizi incelersek, orada bir kanunun var olduğunu gözlemleriz, tüm Doğa'yı daha karışık ve parçaları arasında birbirine bağlı olmaya ilerleten bir mekanizma. Realitenin tüm parçaları, Dünyada gördüğümüz her şey, aynı yönde ilerlemeye devam ediyor. İçimizdeki tek bir kuvvetin bizi idare ettiği ve bizi aynı yöne doğru ilerletmek için zorladığı gibi geliyor. Ve sevsek veya sevmesek de, onun emirlerine uymak için zorlanıyoruz. Bu nedenle, bizi kapsayan ve etkileyen, tüm Doğa'da bulunan bu genel kanunu çalışmamız şarttır.

Bilimsel araştırmada, Doğa'nın kanunlarını çalışırız ve onları bilmek bizi başarıya ulaştırır. Kötü durumlardan nasıl korunacağımızı, iyi olanlara doğru nasıl ilerleyeceğimizi ve hatalardan nasıl sakınacağımızı öğreniriz. Bu nedenle, fizik, kimya, biyoloji, zooloji, botanik, astronomi ve insan bedenini ve psikolojisini etkileyen tüm bilim dallarını içeren bu genel kuralı bilmemiz gerek. Şu an için çok az bildiğimiz bu kuralı, ne kadar iyi anlarsak o kadar pozitif şekilde etkileniriz.

Bilim, yaşamlarımızı geliştirmek ve elverişli hale getirmek için bize yardım eder. Önceden, insan şafaktan gün batımına hayatta kalabilmek için didinirdi. Bugün, gelişmiş teknoloji sayesinde, bir insan binlerce insan için yiyecek üretebiliyor. Ve bu yalnızca yemek üretimi için geçerli değil, aynı zamanda inşaat, tekstil, yüksek teknoloji, eğitim, kültür ve

tüm alanlarda böyledir. İnsanlık o kadar gelişti ki, günümüzde kısmen çok az bir insan insanlığın tümünde problemsiz ve makul bir hayat sağlıyor.

Ancak, bir problem var: İnsan doğuştan egoisttir. Bu yüzden Doğa'nın kanunlarını bilmekten elde ettiğimiz kabiliyetlerden ve potansiyelimizden yararlanamıyoruz. Bereket ve bolluk varken, çok küçük bir grup güç, para ve diğer araçları kontrol eder. Bunun sonucunda, çoğumuz hayatta kalabilmemiz için gerekli olan temel ihtiyaçlara bile sahip olamaz. Başka bir deyişle, barışçıl, iyi, rahat, güvenli ve mutlu bir yaşam inşa edemememizin tek nedeni insan doğasının kendi odaklı olmasıdır.

Bu nedenle insan doğasını incelememiz ve onunla doğru bir şekilde çalışmayı bulmamız gerek. Yaşamlarımızı nasıl iyi bir şekle getiririz ve yaşamı kendimiz ve başkaları için ne şekilde iyi ve uygun bir hale getiririz öğrenmemiz şarttır.

Tüm problemin insanın kendi odaklı doğasından geldiğini yeni yeni anlamaya başlıyoruz. Bu farkındalık bize bugünlerde kendini ifşa eden genel kuralı keşfetmemizden gelir: tüm kuvvetleri içinde bulunduran Küresel Kuvvetin Kanunu. İsteriz veya istemeyiz – ve genelde istemeyiz- bu kuvvet bizi daha çok birlikteliğe ve birbirimize daha çok bağımlı olmaya doğru ilerletiyor.

Bilim insanları bizi geliştiren kanun olan Evrimin Kanunu'nun yönünün, her bir bireyin tüm insanlığa ve tüm insanlığın her bir bireye bağımlı olduğu tek bir forma getirmek olduğunu yazarlar. Bu realite çok uzakta gözükebilir, ancak bu yönde ilerlediğimiz aşikârdır.

Hâlâ, şu an bile bu kanun doğamızla çatışır. Bunu kabul etmek için yaratılmadık çünkü birbirimize bağımlı olduğumuzu kavramadan her birimiz kendini düşünür. Eğer bunu anlayıp hissetseydik, her birimizin bir diğeriyle bağlı ve bağımlı olduğunu, ilkin herkesin mutlu olduğundan emin olmak ve herkesin bizimle hoş bir şekilde ilişkilenmesini isterdik.

Problem dünyanın nasıl yuvarlak ve bağlı olduğunu görmememizdir. Bu yüzden geçen yüzyıllarda alışık olduğumuz yaşamdan bizi zorla koparan bu krizlerin içerisindeyiz. Uzun saatler çalışmak, para kazanmak, onu çarçur etmek ve ihtiyacımız olmayan şeyleri üretmek ve onları satmaya alışık olarak büyüdük. Mal, mülk ve para biriktirerek güvenlik ağı inşa ediyoruz ki – sağlık, ev, emeklilik, tasarruf – hayatımızın sonlarında biz ve çocuklarımız hiçbir şeyden yoksun kalmasınlar.

Nereye gitmek istediğimiz açıktır, ancak bulunduğumuz istikamet yanlış gibi geliyor. Doğa planlarımızı parçalıyor. İçimizdeki zenginler dâhil, az çok orta direk ve aşağısı, çoğunluğu oluşturan kesim bu rüyasını gerçekleştiremeyecek. Aslında, Doğa bizi ters bir yöne, aramızdaki güven, bereket ve gelişimi bulmaya doğru itiyor.

Aramızdaki iyi ilişkilere biçim verme kanalıyla, istediğimiz her şeye sahip olacağız, her birimizin kendi özel hayatına tutunmasıyla değil. Açıkça değişimin, tüm önceki kuralları parçalayarak her şeyi içine alan ve şu an meydana gelen bu krizden geldiğini görebiliriz.

Bu kriz bize yeni bir dünyada olduğumuzu gösteriyor. İlk defa, Doğa'nın birbirinden kopuk ve tamamen farklı gibi

gözüken kuralları yerine, üzerimizde yeni bir kuralın işlediğini hissediyoruz. Ansızın onun şemsiyesi altına girdik ve hepimiz aynı yöne doğru çekiliyoruz.

İnsanlık tarihinde hiç bu kadar çok ülke benzer bir durumla karşı karşıya kalmadı. Her yer – Kuzey Amerika, Güney Amerika, Avrupa, Afrika, Asya, Sibirya ve hatta Avusturalya ve Yeni Zelanda – herkes bu düşüş sürecinin içinde. Hangi toplum, medeniyet, din veya çevrede olursak olalım, büyük bir bulut hepimizi sararak üzerimize indi.

Bilim insanlarının keşfettiği gibi ve bizim de kriz ve aramızdaki bağlantı vasıtasıyla hissettiğimiz şeyin hepimizin birbirine bağımlı olduğu gerçeğidir. Altı kişinin birbirine bağlanmasıyla kelebek etkisi öyle bir çalışıyor ki, her insan dünyadaki bir diğer insanı biliyor. Bugün çalışmalar gösteriyor ki düşüncelerimiz dahi iklimleri etkiliyor – depremler ve tsunamiler insan ilişkilerine ve insanların yaşam şekillerine bağlı. Hepimizi birleştirmeye zorlayan tek bir kural ile baş başayız.

Bu nedenle, iyi bir hayat için, bu kuvvetten uzaklaşacağımız yere bu kuvvete doğru nasıl ilerleyeceğimizi düşünüp taşınmamız gerek. İyi, bütün ve rahat bir yöne, Doğa'nın kanunlarıyla ahenk içinde, ona karşı değil. Aksi takdirde, Doğa'nın yolu her zaman kazanacak ve hiç şüphesiz bizi kıracak.

Doğa'nın kanunları değişmezdir. Bunlar istediğimiz gibi eğebileceğimiz politik kanunlar değildir. Doğa'nın kanunları bizim üstümüzdedir. Fizik, kimya ve biyoloji kurallarını yalnızca düzgün olarak ne şekilde kullanacağımızı bilmek için çalıştığımız gibi, Doğa kanunları mutlaktır. Bu

Doğanın Kanunlarıyla Bütünleşmek

Dr. Michael Laitman

eşsiz kurala alışmamız gerekiyor, Geniş Kapsamlı Bütünlük Kuralı'nı ve ona becerebildiğimiz kadar katılmayı, çünkü bu Genel Birlik Kuralı tüm Doğa'nın genel kuralıdır.

Dolayısıyla, Doğa'yla uyumlu olmak için içimizde neleri değiştirmeliyiz? Bu safhada olduğumuz zaman Doğa'dan herhangi bir baskı hissetmeyiz. Bu baskı birçok şekilde kendini gösterir, iklim, depremler, hastalıklar, savaşlar ve boşanmalar.

Bir önceki paragraftaki sorunun cevabını araştırmamız bizi insan doğasını araştırmaya itiyor. İnsan doğası yaşamak, iyi hissetmek ve haz duymak arzusudur. Bu nedenle içimizde "arzu" diye adlandırılan şeyi tatmin için uğraşırız. Uyuduğumuz zaman, dinlenme arzusunu tatmin ederiz. Yemek yediğimiz zaman, yiyeceğe olan arzumuzu tatmin ederiz ve bu böyle gider.

İnsan arzusu temel kategorilere ayrılır: yiyecek, seks, aile, para, saygı, güç ve bilgi. Diğer arzular bu arzuların "alt kategorisidir". Tüm arzularımızın genel adı, tatmin olması gerekli arzu, "haz alma arzusudur". Eğer bu arzularla başkalarına bağlanmamın benim çıkarlarıma en uygun ve iyi olacağını anlarsam, Doğa'nın kuvvetiyle uyum içinde olmam için, bu eşsiz kuvvetle, içimdeki tüm arzuları başkalarına bağlanmamı sağlasınlar diye düzeltmek zorundayım.

Bu nedenle, herkesin yararına olacak şekilde doğrultmalıyım. Yalnızca kendi arzularımı tatmin edersem, bu "egoistik arzu" olarak adlandırılır. Her bir arzumu başkalarının çıkarları için kullanacaksam, herkesi işin içine almam ve herkesi bir olarak düşünmem şarttır, beni zorlayan bu tek

kural gibi. Bu nedenle içimdeki her bir arzumu başkalarının çıkarları için yönlendirmem şarttır.

Soru: "Bu nasıl yapılabilir?"

Bilim insanları, ekonomistler, sosyologlar ve kendi tecrübelerimiz bize başkalarını düşünmekten ve tek bir organizma gibi davranmaktan başka bir çare olmadığını söyler. Yine de, kendi doğam bunun tam tersini söyler. İlk önce kendim için almam gerektiğini, kendi isteklerimi tatmin etmem gerektiğini düşünür. Ve eğer başkalarını düşünmeye karar verirse, bu ise benim kendi çıkarım içindir.

Bu tatmin olmak için yeterli değildir. Düzgün bir ailede, bu şekilde düşünmem. Aileyi tek gibi düşünürüm, kendi davranışlarımı kendi çıkarlarıma koşullandırmam. Ve dahası, Küresel Gücün Kanunu bizi herkesi tek bir öğe gibi, tüm dünyayı tek bir aile gibi düşünmemiz alışkanlığına itiyor.

Bunu yapmak için, herkesin birbirine yardım etmesi gerekir, bizi birbirimize bağlayan ve başka bir tercihimiz olmadığını gösteren yeni bir sistem inşa etmemiz gerek, integral eğitim.

Peki, nasıl birlik olacağız?

Doğa'da birbirimize daha çok yaklaşacağımız ve egomuzun üstesinden gelebileceğimiz özel bir kuvvet daha var. Bu, "Alışkanlıklar İkinci Doğa Haline Gelir" diye adlandırılır. Biliyoruz ki, başarılı sonuçlar almamız için, belirli eylemleri tekrarlamamız gereklidir. Bu eylemi tekrar ederek bizim için bir alışkanlık haline gelmesini sağlarız. Ancak, bunun alışkanlık hale gelebilmesi, çevrenin bizi bu yöne ne kadar ittiğine, başkalarının da aynı şeyi yapmasına ve yaptığımız şeylerin başkaları tarafından desteklenmesine bağlıdır.

Bu nedenle, her birimiz için eğitimde destekleyici bir çevre kurarsak, insanların başkalarını düşünmesinden etkilenecek bireylerin olduğu gelişmiş bir safhaya doğru yol alabiliriz. Bunu insanların fikrini medya yoluyla veya açıklamalarla etkileyerek yaparız.

Maksatlı olarak başkalarının iyiliğini istemeli, onları düşünmeli ve onları kendimiz kadar düşünüyor gibi görünmek zorundayız. Bu davranışı düzeltilmiş bir toplumda yaşıyormuşuz gibi her zaman sürdürmeliyiz.

Zamanla, bu tür egzersizleri yaparak, toplum fikriyle ve çevrenin etkisiyle, bu yönde düşünmeye başlarız. Bu nedenle, bu alışkanlığı dışardan edinmemize rağmen, kendi üzerimize almaya zorlamamız, doğuştan sahip olduğumuz doğa gibi kendi doğamız olmaya başlayacaktır.

Bu nedenle "Alışkanlık İkinci Bir Doğa Olur" kuralı hayati önem taşır. Bu kendimizin ve toplumun oyununu hatırlamamıza ve ilerlememiz için bize ne denli baskı yapacağına bağlıdır.

Çocuklar gibi davrandığımızı söyleyebilirsiniz. Bizim buna gerek olmadığını ve bunun bir oyun olduğunu bilmemize rağmen, çocuklar da önemli bir şey yaptıklarını hayal ediyorlar, bir şeyler inşa ediyorlar. Çocuklar oyunlar oynarken yanlışlık

yapar, yeniden inşa eder ve parçalayıp yeniden yapar. Ama kesinlikle bu oyunlar sayesinde öğrenir ve anlarlar.

Oyunlar olmadan, bir çocuk yabani gibi büyür, genç bir hayvanın yetişkin bir hayvan olması gibi. Bu nedenle psikologlar çocukların gelişimi için özel sistemler geliştirmişlerdir, türlü araçlardan, değişik şekillere kadar. Bu gelişmemiz için tek yoldur.

Oyunlar olmadan fiziksel gelişimimiz imkânsızdır. Bunlara "spor" deriz. Spor çeşitli egzersizlerle pratik yapmadan yapamayacağımız şeylere kendimizi alıştırdığımız oyunlardır, aynı şeyi birçok kez tekrar etmek anlamına gelir. Aslında, alışkanlıklarla birçok şeyi başarabiliriz.

Bir arada yaşayan insanların birbirlerini bir tek kelime dahi etmeden hissedip anladıklarını görüyoruz. Bu sanki bir içsel konuşma gibidir, alışkanlığın sonucu olarak, çünkü aynı çatı altında yaşayarak birbirlerini hissederler ve birbiriyle kaynaşarak "dâhil olmaya" başlarlar. Eskiden, tüm ülkeler ve medeniyetler bu şekilde, yabancı olan insanların bir ülkenin karakterine sahip olana dek kaynaşmasıyla kurulurdu.

Başka bir deyişle, bu kural, "Alışkanlık ikinci doğa olmaya başlar" kuralı özellikle bizim için yapıldı. Bu kanunla, en uygunsuz ve doğal olmayan davranışlarımızdan bile, kendi doğamıza karşı gelen formları farz ettiğimiz ve zaten içimizde olan yeni bir forma çevirdiğimiz bir safhaya geliriz. Bu şekilde gelişir ve kendimizi inşa ederiz.

Kendimiz haricinde kimseyle ilgilenmediğimiz, yalnızca kendini hisseden ve düşünen yeni doğmuş bir bebek

gibi egoistik haz alma arzusuyla doğduk. Bir bebeğin dışardaki dünyayı hissetmesi gerçekten de görüp duyması, duyularını çalıştırması birçok haftayı bulur; bu, yaşamdan ve çevresinden istediği ihtiyaçlarının karşılanmasıdır, özellikle annesinden. Bu şekilde büyürüz.

Doğduğumuz anda almış olduğumuz egoistik arzu onun yerine orijinal arzumuzdan farklı bir form inşa edelim diye verilmiştir, "Alışkanlık İkinci Doğa Haline Gelir" kanununu kullanan, vermenin ve bağlılığın özgecilik formu.

Hâlâ buna tersiz. Bireyseliz. Her birimiz başkalarını düşünmeyerek bir diğerinden bir şeyler elde etmek istiyor. Bu nedenle, her an birbirimizle çatışıp, çarpışıyoruz.

Doğa içimizdeki bu negatif formu bilerek yarattı, bu negatif formdan bir pozitif form, iyi form, herkesi birleştiren bir form inşa edelim diye. Elimizde olan tüm gücü kullanacağız ve bilinçli bir şekilde ve tamamıyla idrakli bu formu inşa edeceğiz. Doğa'nın genel Kanunu'na benzer bir bağlılık safhasına geleceğiz, tamamen ihsan etme, iyilik ve sevgi olan bir safhaya.

Daha sonra bu kuvvetin kötü olmadığını, bize darbe vuran tüm kuvvetlerin aslında kötü kuvvetler olmadığını anlayacağız. Kopuk aileler, uyuşturucular, terörizm, nükleer savaş korkusu, ekolojik ve finansal krizler ve bize negatif gibi gözüken benzer kuvvetler bize sevgi, vermek ve bağlılık kuvvetini inşa etmek için tasarlanmıştır. Şu anda bize negatif gibi gözüken kuvvetleri negatif olarak hissetmemizin nedeni bu eşsiz kuvvete ters olmamızdır.

Dr. Michael Laitman

Doğanın Kanunlarıyla Bütünleşmek

Mesela, kalp sıkışması veya hipodermi ile karşılaştığımız zaman, ateşimizi ne şekilde dengeye getireceğimiz ve normale döndüreceğimizi bilmek isteriz. Beden baskı altındayken, mesela dalarken veya oksijenin az olduğu yerlere tırmanırken, bizi tekrar Doğa'yla uyum içine döndüren bir çeşit "telafi" oluştururuz.

Bugün, her yönden darbeler yaşıyoruz. İnsanlık her gün her yerini saran darbelerin altında sıkışmış durumda. Doğa'yla uyum içinde olmamızı sağlayacak bir enstrüman var mı?

Başımıza gelen her şey Doğa'ya olan karşıtlığımızı gösterir. Bu nedenle, bu karşıtlığı telafi etmeliyiz. Doğa bunu bize aksi olaylarla sunuyor, Doğa'ya mümkün olduğunca benzer olarak, kendimizi aşarak ve düzelterek, bu kuvvetleri pozitif olarak tecrübe ederiz çünkü onlarla bir uyum içinde olmuş oluruz. Bu noktada, tüm krizler – iklim, aile ilişkiler, uluslararası ilişkiler ve ekonomik krizler – düzelmeye başlayacak ve her alanda iyi ve düzgün bir yaşamı keşfedeceğiz.

Bu oyunu nasıl oynayacağız? Doğa'nın bizi yöneten tek kuvvet olduğunu ve bizden tüm realiteyi kapsamaya başlamamız için kendimizi nasıl dengeleyeceğimizi öğrenmemizi "istediğini" öğrendik. Birleşerek, gerçekten nerede olduğumuzu anlarız. İyi ilişkilerimizi geliştirerek bu bağlılığa sahip olabiliriz. Bu ilişkileri hâlâ istemesek de, bunları oyunlar yoluyla oluşturabiliriz, "Alışkanlık ikinci doğa olur" kanununu kullanarak.

Aramızdaki birliği gerçek anlamda fark etmek için, toplum içinde birliği ona olan tavrımız aracılığıyla

Doğanın Kanunlarıyla Bütünleşmek

Dr. Michael Laitman

oluşturmaya ihtiyacımız var. Her insanın topluma düzgün bir şekilde katkıda bulunması gerektiğini hissettiği, kendi iyiliği ve toplumun iyiliğinin kişinin topluma olan tavrına bağlı olduğu sosyal sistemler inşa etmeliyiz.

Eğer insanın topluma olan tavrını yeniden şekillendireceksek – çünkü birbirimize bağımlıyız ve toplum bizden ona düzgün bir şekilde muamele etmemizi talep eder – toplumun fiilen ne yapması gerektiğini anlamamız gerek. Bunun için toplumun bize, doğru davranışlar hakkında örnekler vermesi şarttır, bir annenin çocuğuna verdiği gibi. Eğitim sistemini ve medyayı değiştirerek toplumun bize olan etkisinin değiştirilmesi şarttır. Bunların her birimize, birbirimize karşı olan tavrımızı bir an önce değiştirme hissini sunması şarttır.

İyi toplum kuvöz gibidir, gencini sararak ve sıcak tutarak, düzgün bir şekilde gelişeceğimiz bir yerdir. Yavrunun yumurtanın içindeki gelişimi için tüm koşulların, sıcaklık, nem ve diğer koşullar, ideal olması gibi, çevremize bizim ideal kuvözümüz olacak toplumu inşa etmemiz gerek. Böyle bir toplumun içinde, sıcak, rahat, konforlu olacağız ve onu hiç terk etmek istemeyeceğiz. Fetüsün anne rahminde en güvenli şekilde gelişmesi gibi çünkü rahim onun için mükemmel derecede uygun bir yerdir, herkesin ideal bir şekilde gelişeceği toplumlar kurmamız şarttır.

Böyle bir kuvözde, her insan toplumu kendi ve başkalarının iyiliği için inşa eder. Herkes bu şekilde başkası için çalışırsa, büyük ailemizi kuracağız ve hepimiz birer akraba olacağız.

Doğa'ya, birlik olmamızı gerektiren bu tek kuvvete olan tavrımız toplum içinde fark ediliyor. Aslında, topluma karşı olan tavrımız ve içindeki o tek kuvveti fark etmemiz Doğa'nın kendisine olan tavrımızdan daha önemlidir. Yapacağımız en önemli şey kendimize bir insan çevresi oluşturmaktır. Bu nedenle, herkes bu yeni çalışmaları öğrenmelidir ve yeni bir kariyer temin etmelidir: yeni toplumda İnsan Olmak.

Bu yeni meslekte usta olmak, "insan olmak" için, her birimizin Doğa'da neler olduğunu, bizim içimizde neler olduğunu ve başkalarıyla olan ilgimizi tamamıyla anlayacağı bir seviyeye yükselmesi şarttır. Çalışmalar, bu farkındalığın toplumdaki herkesi etkilemeye başladığı andan itibaren, kimsenin kaçmasına imkân olmadığını gösterir. Bu her insana iyi bir beslenme sağlar ve istesek veya istemesek de değişiriz. Çocukların toplum vasıtasıyla basitçe başkalarının örneklerini izleyerek değişmesi gibi toplumdaki örnekleri inceleyerek eğitiliriz ve yeni davranış şekli, tavır ve değerleri ediniriz.

Artık arzulara bağlı olmayız, ister yiyecek olsun ister seks, aile, saygınlık, güç ve bilgi veya onlardan oluşan yüzlerce arzu. Bu arzuların kendisiyle değil ama onları nasıl kullanacağımızla ve onları kullanırken topluma karşı olan niyetimizle kendimizi yoracağız. Önemli olan arzularımızı, "ben"i, kullanırken sahip olduğumuz niyettir. Kendi kabiliyetlerimizi toplumun çıkarına olacak şekilde dönüştürmeliyiz.

Bunu yaptığımız zaman, kişisel hissimiz olan "ben", biz" olmaya başlayacak ve birçok insandan oluşan gibi gözüken, "biz", "bir" olacak – bağlanmanın, bizi yöneten tek kuvvetle olan uyum ve birbirimiz arasındaki pozitif bağın içinde olan "bir".

Doğanın Kanunlarıyla Bütünleşmek

Dr. Michael Laitman

Bu sayede insan gerçek anlamda insan olmaya başlar, kendi doğasını tümüyle anlar. Buna giden yolda, birçok psikolojik kanunu ve realitenin tüm kanunlarını öğrenir. Bu nedenle, kişi Doğa'da var olan her şeyin içine dâhil olur ve en yüksek dereceyi elde eder – bizi yöneten ve bize şu an kriz olarak görünecek şekilde kendine çeken tek kuvvete.

Doğrusu, bizi değişmeye zorlayan baloncuğun tam ortasındayız. Her taraftan sarıldık ve kaçacak bir yerimiz yok. Bugün anlıyoruz ki her seviyedeki tüm elementleri tek bir kuvvet yönetiyor - küresel integral sistemdeki tüm Denge Kanunu. Bu "Doğa" olarak adlandırılıyor.

Doğa konsepti tüm seviyelerdeki kanunlarla ilgilidir – cansız, bitkisel, hayvansal ve insan seviyeleri. Tüm küresel integral sistemlere bağlı kanunlar bir tek kanun altındadır, Denge Kanunu, başka bir adla "homeostasis" ve tüm Doğa buna doğru çekilir.

Bu kanun fizikte de vardır. Her şey sakin, hareketsiz, rahat, statik bir safhaya, minimum entropi ve minimum enerji harcamasına çekilir. Bir şey sıcak ve diğer bir şey soğuksa, arasındaki açık eşitlenene kadar zamanla yok olur. Bu "basınç eşitliğidir". Bu Doğa'da da bu şekilde çalışır – bu Doğa'daki genel kanundur ve insanlar bu kanunu takip etmelidir. Bu bizim de Doğa gibi dengede olmaya başlamamız gerektiğinin ifadesidir.

Bu nedenle, bugün tecrübe ettiğimiz kriz insan seviyesindedir. Hepimiz tek bir sistem içinde bağlıyız, hepimiz insan seviyesindeki Doğa'nın bir parçasıyız. Birçok bilim insanı ve akademisyen şimdiden gördüler ki dünya küresel ve integraldir ve holistik bir dünyada yaşıyoruz. Bir tek Doğa var. Buna uygun olarak, tüm bilimler – fizik, kimya, biyoloji ve zooloji birbirine bağlıdır.

Her madde atomlardan meydana gelen elementlerden oluşur. Atomların değişik şekilde bağlantıları değişik maddeler yaratır. Birçok madde olmasına rağmen, tüm seviyeleri – cansız, bitkisel, hayvansal ve insan- yöneten tek bir kanun vardır. Atomlar ve moleküllerde, bu kuvvet çeken veya iten olarak görev yapar. İnsanlarda, bu kuvvet ciğer ve kalpteki genişleme ve daralma veya gerçek veya uydurma arasındaki çelişkiyi yaratır. Hâlâ, tüm Doğa'nın dengeyi sağlamak üzere çaba göstermesi için dengelerini sağlayan tek bir kuvvet altında yönetilirler.

İnsan dünyanın yuvarlak olduğunu, herkesin herkese bağımlı olduğunu, herkesin tek bir etkiye maruz kaldığını ve tek bir kuvvete uymaları gerektiğini görebilmesi için aletlere ihtiyaç duyar. Bu hayat görüşüdür, felsefe, psikoloji ve hayatımız boyunca edinmemiz gereken bilgidir. Bu kuralı çalışmaya ve kavramaya başladığımız ana kadar, hayatımız çekilmez gibi gözükür bize: çocuklarımıza veya torunlarımıza ne tür bir hayat hazırladığımızı ve en başta neden burada olduğumuzu bilemeyiz.

Birbirimize olan bağımlılığımızı algılamak için, bizi etkileyecek iyi bir çevreye ihtiyacımız var. Toplumun etkisini yaşamda, eğitimde ve yaptığımız her şeyde görebiliyoruz. İyi bir çevre vasıtasıyla, hastalık başlamadan çaresini bulabiliriz, çünkü çevreyle ve Doğa'yla uyum içinde olmadığımız için Doğa'dan negatif etkiler gelir. Tecrübe ettiğimiz her darbe denge olmayan bir safhaya tanıklık eder.

Doğanın Kanunlarıyla Bütünleşmek

Dr. Michael Laitman

Bundan dolayı, üşüdüğüm zaman beni sıcak tutacak bir şeyler giyeceğim gibi, herhangi bir dengesizliğe de karşılık vermem şarttır. Eğer çevre bizi etkiliyorsa, birbirimizi pozitif şekilde etkileyecek bir çevre yaratmalıyız. Herkesi birbirine karşı şefkatli davranmaya mecbur edeceğiz ve bu davranışa karşı koyanları kovacağız. Nihayetinde, iyi bir yaşam idame ettirmek isteriz. Herkesin yiyeceğe, eve, aileye, sağlık hizmetine, yaşlılık için birikime, tatillere ve istediği her şeye sahip olmasını isteriz.

Bu şekilde olmasını istiyorsak, herkesin herkese ilgi gösterdiği bir toplum yaratmak için şansımız vardır. Hâlâ, bu yalnızca herkese iyi davrandığımız bir çevrede olabilir. Bu şefkat zorunlu olabilir fakat iyi ilişkiler içinde olmayı alışkanlık haline getirerek ve bu davranışı bir kural gibi kabul ederek, ona alışacağız ve bizim doğamız haline gelecek.

Bugüne kadar birbirimizi tüketmeye çalışan birer yabaniydik. Bundan dolayı, birbirimize düzgün davranırsak, kendimizi tersine çevirebiliriz. Zamanla, daha çok insan oluruz ve insanlık tamamıyla farklı olur.

Doğa'yla denge içinde olduğumuzda, yeni fırsatlar açılacak önümüze: Doğa'yı hissedeceğiz, yeni şeyler keşfedeceğiz, yeni kabiliyetler geliştireceğiz, yeni aletler inşa edeceğiz ve dünyada devrim yapacağız çünkü Doğa'nın kanunlarını ona benzer olarak bileceğiz. Bu şekilde davranacağız ve başkalarıyla güzel ilişkiler kuracağız çünkü başka bir şansımız yok.

Doğa her yaratılmışı çevresiyle en iyi yolla denge kuracak şekilde geliştireceğini tam olarak bilir. Bu evrimin kanunudur ve şu an insanlığı etkilemektedir. Bu kuralın

bir planı, evrim kanunu tarafından etkinleştirilmiş gelişim formülü var. Doğa'nın her arzuyu her safhada çevresiyle denge kurması için ideal gelişimine getirme planı vardır.

Özet olarak, Doğa'nın içinde saklı plana göre, safha safha yükselip gelişiriz. Ek olarak, her safhanın bir öncekinden daha gelişmiş olması şarttır. Bu nedenle, insan toplumu olarak, mutlu ve çevreyle uyumlu bir şekilde kendimizi şu anki safhamızdan bir sonrakine nasıl yükseltiriz?

Bildiğimiz evrim bir sona geliyor ve gelecekteki en iyi halimizi seçmemiz ve daha sonra kendimizi buraya getirmemiz şarttır. Bu nedenle yaşadığımız kriz insan müdahalesi gerektirdiği için kendine hastır. Büyümeli, Doğa'yı algılamalı – kanunlarını ve yönünü- ve çevreyi kullanarak gelişimimizi kendimiz inşa etmeliyiz. Doğa içimizdeki arzuları canlandırıyor ve bu nedenle vazgeçemeyiz veya gelişimden kaçınamayız.

Bir başka deyişle, krizi çözmek için bir sonraki safhamızı bilmemiz gerek, çalışmamız, kavramamız, hissetmemiz ve kendi içimizde bizi doğru forma doğru geliştirmeye zorlayacak bir doğa inşa etmemiz gerekiyor. Bu mümkün çünkü şimdi bizim harekete geçmemiz gerek, Doğa'nın değil. Kendimizi arkadan dürtülerek, Doğa'nın planı ve mantığına göre bizi ilerleterek geliştirmeye izin vermemeliyiz. Bugün planı kendi elimize almalı, bilgi edinmeli, gelişimin kuvvetlerini ve sistemini inşa etmeli ve büyümeliyiz.

Nasıl "insan" olacağımızı öğrenirsek, en iyi, en rahat, en güvenli ve en sağlıklı safhaya ulaşırız. Bu nedenle bulunduğumuz zamana ve duruma minnettar olmalıyız.

Doğanın Kanunlarıyla Bütünleşmek

Dr. Michael Laitman

Eğer içimizdeki tek kanunu gerçekleştirirsek, birkaç hafta içinde nasıl işlediğini hissederiz, alışkanlığın nasıl ikinci doğa olduğunu ve kötü ilişkiler içinde yaşamaya son veririz.

Hadi hep beraber umalım ki karşılıklı destekle alışkanlığı "davranışlarla" dışa vurmak hepimizi iyi bir doğaya ve sevgiye götürsün.

BÖLÜM 5

HER ŞEY BİRBİRİNE BAĞLI

Doğanın Kanunlarıyla
Bütünleşmek

Dr. Michael Laitman

HER ŞEY BİRBİRİNE BAĞLI

Birbirine bağımlılık bir gerçek mi?

Tüm sistemler – Doğa'nın içinde, insan toplumunda ve kişisel yaşamlarımızda – karşılıklı etkileşim çatısı altında var olur. Aslında, tüm Doğa tek bir mekanizma gibi hareket eder. Evreni daha çok çalıştıkça, tüm sistemlerin birbirine bağımlı olduğunu keşfederiz. Gezegenler güneşin etrafında döner ve çoğunun yörüngesinde uyduları vardır. Bu çok geniş bir sistemdir ve bu sitemi çalıştıkça, elementlerin karşılıklı şekilde hareket ettiğini görürüz. Bunlar o kadar birbirine bağımlıdır ki, mesela, ay dünyada olan her şeyi etkiler – sağlığımız, hislerimiz, okyanustaki su hareketleri ve diğer birçok şey. Güneş de bizi etkiler. Her bir güneş ışını bizi etkiler ve bazı ışınlar elektronik ve komünikasyon sistemlerine hasar verir.

Dünyanın kendisi kendi içinde yanan ateş topudur. Pratik olarak ince, hassas volkanik bir kabuğun üzerinde yaşıyoruz. Hâlâ, her şey çok zekice bir dengeye sahiptir. Biyoloji, zooloji ve botanik, dünyada sahip olduğumuz bu yaşam, evrenin başka bir yerinde bulunmayan çok özel şartları gerektirir. Yaşamın var olması yerçekimi, doğru miktarda su, basınçlar, sıcaklık ve diğer tüm elementler ve hepsinin ahenk içinde davrandığı çok özel durumları gerektirir. Hayatı devam ettiren biyosferi yaratmak için bu şartlar karışık bir formülün içinde toplanır.

İklim, yaşamımızı etkileyen dış etkenlerden biridir. Hava durumunu bir hafta öncesine kadar makul bir hatayla tahmin edebiliriz. Sıcaklığı, nemi, hava basıncını, rüzgârı ve

diğer elementleri göz önünde bulunduran karışık formüller çok etkili bilgisayarlar gerektirir çünkü meteorolojistler tüm dünyadaki hava durumunu göz önünde bulundurmak zorundadır. Basitçe yarının sıcaklığını, rüzgâr hızını ve sıcak hava dalgalarını tahmin etmek için çok büyük miktarda bilgi gerektirir.

Hâlâ bu bilgi bir ihtiyaçtır çünkü artık hareketsiz kalamıyoruz. Değişik araçlar kullanarak yer değiştiriyoruz ve gideceğimiz yollardaki hava durumunu önceden bilme ihtiyacını duyuyoruz.

Hava durumu, cansız seviye ile etkilediği bitkisel seviye ve onun etkilediği hayvansal seviye ve onun etkilediği insan seviyesi arasındaki sıkı ilişkinin iyi bir örneğidir. İnsanın bu zincirdeki elementleri nasıl etkilediğini de görürüz. Hayatlarımız cansız seviyeye bağlıdır çünkü toprak parçası üzerinde yaşarız. Bitkisel seviyeye bağımlıyızdır çünkü tarımımızı oluştururlar ve bize oksijen üretirler. Aynı şekilde, hayvan seviyesine bağımlıyız çünkü yiyecek ihtiyacı olan varlıklarız ve onlar olmadan hayatta kalamayız.

Biz insanlar toplum içinde ayakta kalabiliriz, her birimizin belirli bir rol oynar ve bu rolle insan mozaiğinde belirli bir yer alırız. Daha fazlası, her gün daha fazla birbirimize bağımlı olmaya başladığımız daha karışık bir toplum oluyoruz. Birikimlerimizi bankadan bankaya, kıtadan kıtaya transfer ediyoruz, gemilerimizi dünyanın her köşesine yolluyoruz.

Sözgelimi, giydiğim atleti örnek vereyim. Bunun yapımında yer almış birçok ülke bulabilirim – ham maddesi, üreteni, dikeni, yollayanı vs.

Doğanın Kanunlarıyla Bütünleşmek

Dr. Michael Laitman

Bu bağımlılığa zaten alıştık ve olmuş farz ediyoruz ama bu bağımlılık şimdilik birincil olarak ticaret için ve bizden duygusal bir katılım gerektirmiyor. Ancak, son zamanlarda aramızdaki ilişkiler öyle derine ulaştı ki bizim tarafımızdan katılım gerektiriyor.

Öylesine birbirimize bağlandık ki bir ülkede olan herhangi bir şey bir diğer ülkeyi etkiliyor. Bu nedenle ülkeler bir diğer ülkenin iç işlerine müdahale ediyor ve hükümetin değişmesi talebinde bulunuyor, sanki başka bir ülke değilmiş gibi.

Aramızdaki bağlantılar o kadar sıkı ki, onlar olmadan hayatta kalamayacağımız etkili uluslararası ticaret, bilim ve kültür mekanizmaları gerektiriyor. İyi bir yaşam istiyorsak, tüm dünya boyunca benzer kültürler, eğitimler ve hayata bakış açıları geliştirmeliyiz.

Örnek olarak, uzun zaman önce, turizm muazzam şekilde gelişti ve bugün çok ücra bir ülkeden bir diğerine yolculuk yapıyoruz. Ülkeler dünya görüşleri ve yaşayış biçimlerinin birbirine çok yaklaşması rastlantı değildir. Aynı televizyon ağları ve haber kanalları tarafından besleniyoruz ve 20 yılı aşkın bir süre internet üzerinden sanal bağlantıya sahibiz. Çok yakında simultane çeviri programlarını kullanarak hiçbir dil bariyeri olmaksızın iletişim sağlayabileceğiz. Bu nedenle, İngilizce anlamayanlar bile herkesle iletişim sağlayabilecek.

Çalışmalar gösteriyor ki günümüzde o kadar bağlandık ki altı kişi vasıtasıyla, her insan dünyadaki bir diğer insanla bağlanıyor. Tüm dünyayı onaylıyor gibiyiz.

Dr. Michael Laitman

Doğanın Kanunlarıyla Bütünleşmek

Bugün, ülkeler kendi sınırlarında dahi istedikleri her şeyi yapamıyor çünkü dünyanın iç dengelerini değiştirebilirler, komşularını etkilemekle kalmaz uzaktaki bir ülkeyi bile etkilerler. Bu nedenle ülkeler çeşitli konular üzerinde antlaşmalar yapar, sera gazlarının salınımına belirlenen kota, Kyoto Protokolü, gibi.

Bugün, hemen hemen her ülke balıkçılık, sera gazlarının salınımı için ve diğer kullandığımız tüm doğal kaynaklar için kendi kotasını koymuştur. Başka bir deyişle, yaşamak için başka bir dünya olmadığını, dünyanın bizim ortak evimiz olduğunu ve içinde birbirimize bağlantılı olduğumuzu anlamaya başlıyoruz. Bu nedenle, bu gezegende her istediğimizi yapamayız.

Hâlâ üzücü bir şekilde evrim geçiriyoruz. Hâlâ birbirimize anlayış göstermediğimiz egoist bir safhadayız. Kendi odaklı oluşumuza bir örnek, uzaya hükmetmekteki yarışımız. Uzaya birçok uzay mekiği yolladık ve orada önemli ölçüde karışıklık yarattık bile. Orada sayısız değişik boyutlarda "atık birikintileri" var, uzay çöpü diye adlandırılan, ölü bir şekilde uzayda yüzen. Bu parçalar düşebilir ve zarar verebilir veya Dünya'ya geri dönüş yolunda bir uzay mekiğiyle çarpışabilir

Son günlerde hoş olmayan doğal afetler meydana gelmiştir, Sibirya'ya kadar tüm Avrupa'yı etkileyen ve kıtada önemli havayollarının kapanmasına neden olan İzlanda'daki volkanik patlama gibi. Bunun gibi, 2011 yılı Mart ayında, Japonya'nın Fukuşima şehrindeki bir nükleer santrali vuran tsunami, tüm dünyayı etkiledi, herkesin nükleer santrallerin yapılmasını yeniden düşünmesine ve şu anda faaliyette olanların kapatılması için kafa yormasını sağladı.

Doğanın Kanunlarıyla Bütünleşmek

Dr. Michael Laitman

Açıkça, bugün hiçbir ülke kendi iç politikasını, az çok dış politikasını onlarca hatta yüzerce dış etkiyi göze almadan kuramaz. Her ülkenin, bir potansiyel hareketinin tüm dünyaya olacak etkisini göz önünde bulundurması şarttır. Bu, en güçlü ülkelerde dahi böyledir, hareketlerinin ölçüsünü hesaplamak zorundadırlar çünkü hepimiz birbirimize bağımlıyız ve bir ülkede değişiklik diğerlerini etkileyebilir.

Her gün, daha canlı bir biçimde hissediyoruz ki artan bir şekilde karışık ve birbirine bağımlı bir dünyada yaşıyoruz. Bu nedenle herkesi etkileyen ortak bir kuraldan bahsetmek mümkündür: "Karşılıklı Güvence Kuralı". Bu kural yalnızca ülkeleri, uluslararası kuruluşları ve ilişkileri etkilemez aynı zamanda etkisine her birey maruz kalır.

Bu etki her yıl açık bir şekilde artar. Bu nedenle, Amerika veya Avrupa'daki bir banka iflas ettiğinde, her ülke bunu hissedecektir, özellikle bu kıtalar için mal tedarik eden ve satan Hindistan ve Çin. Aynı şekilde, Çin'deki bir problem dünyanın yarısını etkileyecektir. Ekonomi, finans ve ticaret bizi öyle bir noktaya getirdi ki, kontak halinde olmak hayatta kalabilmemiz için çok önemli oldu çünkü yiyeceğimiz, giyim, ısıtma, ilaç, elektronik ve diğer endüstriler buna bağımlıdır.

Bugün dünyada kendi ihtiyaçlarını tek başına karşılayacak bir ülke yoktur. Yüzyıl önce, her bir ülke neredeyse kendi kendini idare edebiliyordu. İngiltere'nin Hindistan'ı işgal etmesinden ve meyve ve sebzeleri kendi ülkesinde yetiştirmektense Hindistan'dan ithal etmenin daha kolay olduğuna karar vermesinden sonra çok önemli bir değişim cereyan etti. Tarım yerine, İngilizler endüstriyi geliştirdi ve yiyeceklerini Hindistan'dan ithal etti.

Dr. Michael Laitman

> Doğanın Kanunlarıyla
> Bütünleşmek

İnsanlar farklılaştırmanın kayda değer olduğunu anlamaya başladı, kendileri yaptıklarında üretemedikleri daha düşük maliyetli ve daha kaliteli malları birbirinden almalarına izin vererek. Başlangıçta, her bir fabrika hemen hemen her şeyi üretiyordu, somun ve cıvatadan tamamlanmış makineye kadar. Fabrikanın çalışmasını sağlayan elektrik bile "kurum içinde" üretiliyordu.

Daha sonra, endüstri üretimi birçok fabrika arasında böldü: biri somun ve cıvata yaptı, diğeri metal parçaları, bir diğeri elektrik parçaları ve bu şekilde devam etti. Bugün, araba üretimi binlerce yer ve sayısız ülkeyi kapsayan bir tedarik zinciri gerektirir.

Son yıllarda bu konu daha da genişlemeye başladı. Bu nedenle, bugün Japon arabası Japonların uzak mesafeden operasyonlarını yönettikleri Amerika'dan Hindistan'a her yerde üretiliyor. Bazen Japon arabaları bile değiller çünkü yöneticileri bile Japon değil ve geriye kalan tek şey arabanın markası.

Bunun sonucunda, her alanda öyle bir karışıklık oluyor ki, çoğu zaman, hangi üreticinin ne veya nerede ürettiğini bile söyleyemiyoruz. Birçok ülkede birçok farklı tesis görüyoruz, bazen başka ülkelerin fast food restoranları ve gaz istasyonlarını. Bugün, her endüstride iş alanına dâhil olan yabancı sahipler vardır. Hükümetler bu sürece müdahale etmezler çünkü bundan kâr elde ederler: vatandaşlar iş sahibi olur, hükümet vergisini alır ve herkes kazançlı çıkar.

Gelişmiş ülkeler yeterince geliştiği zaman, üçüncü dünya ülkelerini de kalkındırmaya başladılar. Yerel halkın eğitilmesi gereken tesisler ve fabrikalar kurdular, bu şekilde

Doğanın Kanunlarıyla Bütünleşmek

Dr. Michael Laitman

bu ülkelerde okullar kurulmuştur. Batı ülkeleri bu ülkelerden öğrencilerini Avrupa üniversitelerine almaya başladılar.

Bu yolla, dünya eğitim, kültür, bilim ve endüstri yoluyla birbirine bağlı olmaya başladı. Küresel bağlantı o kadar güçlü oldu ki Amerikalılar bu şakayı yapar oldular: "New York'tan Boston'a telefon konuşması yapman için Hindistan'daki iletişim merkezinden geçmen gerek." Bu nedenle, iletişim ağları tüm dünya boyunca mesafe ve güzergâhı önemsiz yaparak bağlandı.

Daha derine inersek tüm gezegenimizin geniş, farklı ve çok katmanlı bir ağla bağlanmış olduğunu göreceğiz. Bugün ekipmanını, bilgisini ve insan kaynağını tüm dünyadan temin etmeden herhangi bir şey yapmak imkânsızdır.

Ve hâlâ, küresel ağ gerektiği gibi çalışmamaktadır. Bunun için birçok neden vardır ve sosyologlar, politik bilim uzmanları ve ekonomistlerin hepsinin konu hakkında kendi fikirleri vardır. Ama günün sonunda sosyal fonksiyon bozukluğumuz için bir tek sebep vardır: bağlantımız öyle güçlü oldu ki, birbirimizle olan bağlantımızı daha da güçlendirmemizi istiyorlar.

Gelişimimizi devam ettirmek için, daha yakından bağlanmamız şarttır, bu sayede "karşılıklı güvence" konseptini anlayabilelim. Hepimizin birbirimize bağımlı olduğunu fark etmemiz şarttır çünkü hepimiz aynı gezegende yaşıyoruz ve tek bir aile gibi hissetmekten başka bir çaremiz yok.

Gelişimimiz birbirimize makinalar, yiyecek ve giyecek ticareti yaptığımız zaman başladı. Daha sonra, üretim alanında

bir bütünlük oluşturduk ve son olarak Dünya Bankası ve diğer finansal kuruluşları kurduk. Borsalar, bilgisayar ve internet kullanmaya başladı ve bugün insanlar Tokyo, Almanya, Moskova ve New York'la masalarından kıpırdamadan ticaret yapabiliyor çünkü tüm borsalar aynı şekilde çalışıyor. Herkesin yapması gereken tek şey, nereye ve ne kadar yatırım yapacağına karar vermek.

Daha ötesi, paranın aslında bir yere transfer olmasına gerek yok. Elektronik şekilde bağlı. Paranın kendisi de dünyadaki her ülkeye yerleştirilebiliyor: geçerli olan şey dünya çapında E-mail ve kablo yoluyla yapılan para transfer emirleri.

Söylediğimiz gibi, son günlerde aramızdaki bağ eskisi gibi devam edemiyor. Bunu Avrupa'da açıkça görebiliyoruz: Bir taraftan, gelişmiş bir kıta ve diğer bir taraftan her yönüyle ayrılmış bir kıta. Ülkeler arasında kendilerini yanlış anlaşmalarla ve güvensizlikle dolduran mutabakat eksikliği var, çünkü insanlar aynı sisteme ait olduklarını tam olarak kavrayamıyorlar.

Yalnızca ekonomik ihtiyaçlar için bir ortak pazarın sürdürülmesinin yeterli olmadığını fark etmeleri şarttır. Onun yerine, ülkeleri daha yakın bir bağ ile birleştirmek önemlidir. Bu birleşme olmadan bir şey yapamayacaklarını fark ederek ruhen ve kendi durumlarını algılamada yakın olmalılar.

Burada bir zorluk vardır. Şimdi, tüm 27 Avrupa Birliği ülkesinin birbirine olan bağımlılığın bir gereksinim olduğunu öğrenmeleri gerek. Problem karar vericilerin, politikacıların, bilim insanlarının ve sıradan insanların durumu anlamasına rağmen, milli gururlarından vazgeçme konusunda ısrarcı olmalarıdır.

Bununla birlikte, kendi alışkanlıklarından, kültürlerinden veya folklorlarından vazgeçmeleri gerekmiyor. Tam tersine, bu farklılıkları aşmalarına ve karşılıklı güvence ile birbirlerine bağlanmalarına ihtiyaç vardır. Farklı olmamıza rağmen bir aile gibi davranmalıyız.

Kuşkusuz, bu basit değildir. Mesela, benim ve eşimin anne ve babaları varsa ve anne ve babamın başka çocukları ve ben ve eşimin kız kardeşleri ve erkek kardeşleri ve çocuklarımız, bir şekilde birbirimize anlayışlı davranmamız gerekir çünkü iyi veya kötü, birbirimize bağımlıyız. Birbirimizi değiştirme niyetimiz yok, hatta herhangi birini zorla değiştirme niyetimiz de. Hepimizin farklı olduğunu, kendi öncelikleri olduğunu anlıyoruz, lakin birlikte yaşamayı kararlaştırdık.

Sözle olmasa dahi anlaşma olarak kabul ettiğimiz bu ortak kararla, birlikte yaşamlarımızı kurmak her zaman gül bahçesi gibi olmayabilir. Ayrıcalık ve fedakârlık yapmamız gerekeceğini fark ediyoruz ama ailelerimizi inşa etmek için bağlanıyoruz, gelecek nesli ve bunun için birbirimizi desteklememiz şarttır.

Bu eğitim birlikte yaşamaya hazırlanan bugünün genç çiftlerinde eksiktir. Farklılık ve anlaşmazlıklara rağmen nasıl geçineceklerini bilmiyorlar. Eşlerimizi seçerken özgürüz ama bu özgürlüğümüz genelde sınıfta kalır.

Birlikte nasıl yaşanacağı ile ilgili eğitimdeki eksiklik ailelerin dağılması ve boşanmayı ciddi bir problem haline

getiriyor. Dünya nüfusunun yarısı, özellikle gençler, geç yaşa kadar bekâr kalıyor veya hiç evlenmemeyi veya çocuk yapmamayı seçiyor. Başkalarının sorumluluklarını almak bir yana kendilerini bile idame ettiremeyeceklerini görüyorlar. 30 sene önce başlayan bu kriz gitgide kötüleşiyor.

Şu an ailelerdeki problemleri ülkeler arasındaki problemlerle karşılaştırabiliriz. Her ülke diğer ülkelerle olan ilişkilerinde hem alıcı hem de vericidir. Bu nedenle, diplomaside de, fedakârlık yapmayı ve farklılıklar ve ihtilaflara rağmen birleşmeyi öğrenmemiz şarttır. Hiçbir zaman nasıl fedakârlık yapacağımız öğretilmedi ama yalnızca fedakârlık yaparak iyi bir şeyi ortaya çıkarabiliriz.

Şu anda her birimizin kefil olacağı, bize karşılıklı güvencenin gerekliliğini öğreten bir krizin tam ortasındayız. Hepimizin ümidi bu ihtiyacın tüm insanlık tarafından hissedilmesi ve boşanmayla sonuçlanmamasıdır çünkü ülkeler arasındaki boşanma savaş demektir. Birbirimizle bağ kurmaktan başka bir şansımız olmadığını anlamamız gerek. Birleşmiş Milletler'in kurulma nedeni budur –ülkelerin birleşebileceği ve barışı tartışabilecekleri bir yer.

Başka organizasyonların da kuruluş nedeni eğitim ve sağlık gibi başlıkları ele almaktır. Bir dizi ders vermek amacıyla gittiğim Cenevre'de muazzam sayıda organizasyon olduğunu fark ettim. Tüm caddeler kuruluşların merkezleriyle dolmuştu, bazılarının adını hiç duymamıştım bile. Bir organizasyon televizyon ve radyo frekanslarını tüm dünyaya bölüştürüyordu birbirlerinin yayınlarına karışmasınlar diye. Bir diğer kuruluş ilaçlar için standartlar oluşturuyordu. Bir başka organizasyon sağlık standartlarını belirliyordu ve ülkeler arasındaki işbirliğini destekliyordu hastaların yararına.

> **Doğanın Kanunlarıyla Bütünleşmek**
>
> Dr. Michael Laitman

Hatta ülkelerin bayraklarındaki rengi belirleyen bir kuruluş vardı aynı renklerin birçok ülke tarafından kullanılmasını engelliyordu.

Bu organizasyonlar hayal edebileceğiniz her konu hakkında standartlar oluşturuyordu çünkü ülkeler birbiriyle öylesine yakın ve bağlıydı ki, hepsi için ortak kuralların oluşturulması gerekliydi. Her ülkenin parlamentosu tüm ülkenin çıkarları için kuralları belirliyorsa, modern yaşamın devamı ve tüm dünya için kuralların oluşturulması şarttır.

Bugün önemli olan husus ise her ülkenin sınırını tanımlamak değildir, eskiden olduğu gibi. Şimdi tüm ülkeler için "ortak bir çatı" kurmamız şarttır. "Çatı" herkesin birlikte, aynı odadaymışız gibi hep beraber olduğumuzu hissetmeye başlamamızın şart olması anlamına gelir. Bu odada, iyi bir bağ ve bağlantı kuramazsak birlikte bulunmamız çok zordur. Bu bağlantı içinde, birbirimize yakın hissetmeyi anlamamız şarttır. Öylesine bir bağımlılık hissetmeliyiz ki, bu bizim birbirimize olan tavrımızı değiştirmeli.

Şimdiden önümüzde görebildiğimiz bu resim, sevsek veya sevmesek de, ne kadar birbirimize bağımlı olduğumuzu gösterir. Yiyecek, giyim, eğitim, kültür, teknoloji, endüstri, su ve enerjide birbirimize bağımlıyız. Hava için bile birbirimize bağımlıyız çünkü eğer birileri hava kirliliği yönetmeliğini yerine getirmezse, tüm dünyanın havasını kirletir.

Uluslararası toplulukların kuruluşları çok önemlidir çünkü bize bir aile üyelerininkinden daha eksiksiz bir karşılıklı bağımlılık hissi verir. Aile içinde, biri bir diğerine kızgın olabilir ve hatta konuşmayı kesip bütün bağlarını koparabilir. Ülkeler arasında, bu tür bir imtiyaz yoktur. Tüm dünyadaki

yüzlerce ülke kimsenin kaçamayacağı bir mozaik oluşturur. Ne zaman bir ülkenin bağımsız bir şekilde hareket ettiğini izlesek, başarısız olduğunu görürüz ve bir süre sonra ülke bu fikrinden vazgeçer.

Bazen ülkeler bu tür ayrılık eylemleri uygularlar ama bu fiiliyattan çok sözde olur. Bugün küresel sisteme karşı işleyiş basitçe imkânsızdır.

Aramızdaki bağlar bizi duygusal olarak da birbirimize bağlanmaya zorlar ve yalnızca iklim, endüstri, küresel bankacılık sistemi veya eğitim yüzünden değil. Bugün ülkeler gibi biz de kendi aramızda iyi ilişkiler kurmak zorundayız. Teknolojik ve kültürel gelişimimiz ve aslında tüm evrimimiz bu safhaya gelmiştir. Doğa'nın cansız, bitkisel, hayvansal seviyeleri ve de insan seviyesi, tek bir varlık olmaya başladığımız bir noktaya geldi, görünüşte tek bir insan.

Bu bizi şu soruya getirir; aramızdaki bağlantılardaki bu değişimleri nasıl yapacağız, çünkü bu anlamlı bağlantı olmasa, hayatta kalamayacağız? Bugün, aramızdaki içten gelen iyi ilişkilerin gerekliliği insanlığın evrim safhasının sonucudur. İyi ilişkiler olmadan, günümüzün ekonomisi, endüstrisi ve ticareti için gereken doğru kanunları düzenleyemeyiz.

Aslında dünya şaşkın ve yolunu kaybetmiştir. Bir sonraki an ne yapacağımızı bilmiyoruz. İnsanlar kendi aralarındaki iletişimi kaybetmiş gibiler çünkü şimdi daha derin, daha duygusal ve aralarında hiçbir zaman var olmayan bir bağ kurmaları gerekmektedir. Önceden birbirimizi ya küçük düşürürdük veya şans eseri bir irtibat kurardık. Hatta endüstri, ticaret, eğitim, kültür ve sağlık gibi ortak ilgilerimizden dolayı bir başka insana çok yakın olurduk. Ama insanlar ve ülkeler birbirine şefkatle davranmak zorunluluğunda olmadılar.

Bugün ilişkilerimizde duygusal çabalar sarf etmemiz gereklidir çünkü gelişimimiz buna ihtiyaç duyar. Bu tür ilişkiler olmadan, ortak evimizde birlikte var olmaya devam edemeyeceğiz. Başka bir şansımız olmadığı için aynı evde yaşamak zorunda kalsaydık ve her sakin kendi küçük köşesine sahip olsaydı, bu güzel olurdu. Ama bugün kendi köşelerimiz yok. Bunun yerine, hepimiz oda arkadaşıyız, birbirimize öyle bağımlıyız ki birbirimize karşı doğru tavır alamaz isek, hayatlarımız çok korkunç olabilir.

Şimdiki noktada, iç uzlaşma haricinde başka bir şansımız yoktur, aslında bunun adı "karşılıklı güvencedir". İlişkilerimizle karşılıklılığı kurmamız şarttır, yaşamlarımızın birbirine bağlı olduğuna hepimizin ikna olduğu bir bağ. Orduda her askerin hayatının bir başka askere bağlı olduğu özel bir birlik gibi. Her asker bir diğerini kollamasa, hepsi bunu hayatlarıyla ödeyebilirler.

Bu tür sistemler Doğa'da vardır ve karşılıklı güvencede teknolojik sistemler bulunur. Bunlara tüm parçaların birbirine bağımlı olduğu "integral sistemler" veya "analog sistemler" denir. Eğer bir parçayı çıkartırsak, tüm makine durur. Öyle gözüküyor ki tüm bu insan evriminden sonra, biz de tamamıyla karşılıklı bağımlılık safhasına geldik.

Kendimizi iyi ve güvenli şekilde yaşamak için nasıl düzeltebiliriz? Bunu yerel uzlaşma yoluyla dış bir kuvvet aracılığıyla yapabiliriz. Mesela, bir çift ilişkilerinde bir zorluk yaşarsa, genellikle bir üçüncü şahsa, onları birbiriyle uzlaştıracak profesyonel bir danışman, terapist veya bir

arkadaşa dönerler. Bu kişi her biriyle tek tek konuşur ve daha sonra ikisiyle birden konuşur. Bu kişi onlara soru sorabilir ve cevaplar sunar ama sonunda çiftleri açar ve iletişim kurmalarını sağlar, kendilerini ve birbirlerini anlamalarını ister.

Bu nedenle, her bir taraf kendi çıkarları için en iyi olanın fedakârlık ve birbirine karşı tuttuklarını bırakmamaları olduğunu keşfeder. Bu yolla, insanlar eşleri hakkında sevmedikleri şeyleri affetmeyi ve kabul etmeyi öğrenir. Konuyla ilgili eski bir vecize vardır: "Sevgi tüm günahları örter."

Birbirimize karşı olan "günahlarımızın" artmasının nedeni hepimizin birer egoist olması ve aileye, çocuklarımıza, ticarete ve hayatımızın her alanına karşı duyarsız olmamızdır. Doğa tarafından bu şekilde yaratıldığımız için, birbirimize bağlanmamızda bize ne yardımcı olur, onu keşfetmekten başka bir şansımız yok.

Bu, kendimizi birbirimize açmamız ve birbirimizin doğasıyla ilişki kurmamızın gerekli olduğunu söyleyen bir psikolojik metottur.

Kimseyi kendi oldukları için bastırmaya veya azarlamaya gerek yoktur. Doğrusu, her birimizin hataları var, ama bu hataların üzerinde bir bağlantı yapabiliriz çünkü "sevgi tüm günahları örter." Günahlar her birimizin içindedir, azar azar, sevgiyle, onları görmeyi durdurabiliriz.

Bu, annenin çocuğunun en iyi ve en güzel çocuk olduğuna inanmasıdır. Yanlış bir şey bulamaz çünkü sevgi körü

olmuştur ve çocuğunun yalnızca iyiliklerini görür, yanlışlarını değil.

Ama aynı anneye komşunun çocuğunu sorsanız, size tam tersini söyleyebilir. Kötü yanlarını görür, iyi yanlarını değil çünkü komşunun çocuğuna karşı bir sevgisi yoktur. O çocuğu sevmiş olsa, sadece iyi yanlarını görürdü.

Çocuğa kötü bir davranışını veya negatif bir karakterini göstersek de, onu kabul etmeyecektir. Ya çocuğunu tamamen savunacak ve bu davranışı haklı bulacak veya bu negatif karakterin çocuğunda bulunduğu konusunda hemfikir olmayacaktır. Bunu göremeyecektir. Bu, "Sevgi tüm günahları örter" sözünde kastedilen şeydir.

Bu nedenle, karşılıklı güvenceye öyle bir şekilde ulaşmalıyız ki daha yakınlaşmadan birbirimiz arasındaki bağlantıları öğrenmeye başlayalım. Çalışma en başından başlamalı, yalnızca daha iyi bağlantılar, tüm günahları aşan bir sevgi bağı, inşa etmek maksadıyla. Bu, gecikmeden ödün vermek için hazırlanmaya başlamalıyız çünkü bu duygusal seviyede birlik olacağımız ve birbirimize yakın hissedeceğimiz tek yoldur. Böylece, dünya kesinlikle daha güvenli ve sakin olacaktır.

Bu safhada çocuklarımızın gece yalnız başlarına sokağa çıkmalarına izin vermeye korkmayacağız,- her yabancı kendi aileleri kadar onlarla ilgilenecektir ve biz de başkalarına aynı şekilde bakacağız. Karşılıklı güvence kuralını uygulayan samimi, iyi bir topluma sahip olacağız.

Dr. Michael Laitman

Doğanın Kanunlarıyla Bütünleşmek

Bugünlerde, kendimizi daha derin bir krizin içinde buluyoruz. Krizler sadece ekonomide değil. Onlarca yıldır çözülememiş krizleri tecrübe ediyoruz, uyuşturucu kullanımı problemleri, depresyon, ekolojik kriz, eğitim ve dağılan aileler gibi.

Tüm problemlerin çözümünün kendi aramızdaki doğru bağlantılarda yattığını nihayetinde anlamamız şarttır. Bu tür bağlantılar yaşamlarımızdaki her şeyi etkiler – aile ilişkilerinden ulusal ve uluslararası ilişkilere kadar.

Bu nedenle, aramızda doğru ilişki kurmanın önemini bilmek bir zorunluluktur. Bu, kendi aramızda mukavele ve kontratlar imzalayacağız anlamına gelmez, barış anlaşmaları, ticari anlaşmalar gibi. Bir çift evlendiği zaman, bir anlaşma yapar ve onu imzalar ama bu yalnızca kâğıt üzerindedir, kalplerinde değil. Birlikte yaşamaya başlayınca, kendi aralarında bir bağ oluşturmamışlarsa, bir süre sonra ilişkiyi sürdüremezler ve ilişki bozulmak zorunda kalır.

Bir diğer egonun patlak vermesiyle dünyayı savaşa sürüklemekten kaçınmak için, her bireyi aramızdaki ilişkiyi olduğu gibi görmesi için bir araya getirmemiz şarttır. Her birimizin kendi aramızda samimi, candan bağlar kurmanın ne kadar önemli olduğunu kavramamız şarttır.

Doğa'da, her şey çok güzel şekilde bir araya getirilmiştir. Tüm doğal kaynaklar, Doğa'nın tüm parçaları, en büyük galaksilerden en küçük partiküllere kadar, bir sistem içinde birbirine bağlanmıştır. Bilim ilerledikçe, Doğa'da var olan bağlantıyı, bütünselliği ve karşılıklı ilişkiyi daha çok keşfederiz. Biliyoruz ki bir türe zarar verdiğimizde, bu zararın dünyamızda ve yaşamlarımızda binlerce yan etkisi olacaktır.

Doğanın Kanunlarıyla Bütünleşmek

Dr. Michael Laitman

Birbirine bağlanmışlık insan toplumunda da vardır ve bu bugün çok barizdir. Bundan dolayı, başarımız aramızda kuracağımız karşılıklı güvence adı verilen doğru bağlantıya bağlıdır. Bu bağlantıda, her birey herkese bağımlı ve herkesin herkese bağımlı olduğunu olduğunu hissetmek zorundadır.

Bu nedenle, yeni sosyal ve uluslararası kanunlar yapmalıyız. Çiftler ve akrabalar, iş arkadaşları ve toplumdaki insanların arasındaki ilişkilerin hepsi bu kurala göre olmalıdır. Her bir insanın, aynı dairede yaşayan akrabalardan daha fazla birbirimizle bağlandığımız için yalnız kaldığı zaman dahi, "büyük ailemizi", insanlık ailesini gözetmesi şarttır.

Bu karşılıklı bağımlılık herkese güven, bereket ve bolluk hissi verir. İnsanlar etraflarında onlar için en iyisini isteyen iyi insanlar olduğunu hisseder ve tüm dünya bir aile olur. Bu yolla insanlar korkmayacak, utanmayacak ve hiçbir şey için endişe duymayacaktır. İnsanlar bunu hissedecek; "Tüm dünya bana ait, derin bir nefes alabilir ve her nerede olursam olayım kendimi evimde hissedebilirim – sokakta, evde ve her yerde."

Bu şekilde güven ve emniyet hissi yaratmak için, eğitim anahtar roldedir. Biraz önce anlattığımız şeyleri görmek, başkalarıyla bu şekilde bağlantı kurmaya karar vermek ve bu kararın üzerinde kendi içimizden çalışmak çok büyük çaba gerektirir. Mademki bu çağa insanlığın tümü giriş yapıyor, bu düzeltmeyi kendi içimizde yapmak zorunda kalacağız ve yalnızca insan olmayacağz ama aynı zaman da insaniyetli de olacağız.

İnsaniyetli olmak hepimizin insan türünün birer parçası olduğumuz manasına gelir, hepimizin parçaları

olduğu gerçek tek bir varlığın. Umuyoruz ki İntegral Eğitim ilerledikçe, her birimiz Doğa'nın hepimizin bir olduğunu ispatlayacağını görebileceğiz. Bilimsel araştırma, hayatın kendisi ve bizim gelişimimizin hepsi bizim bu bağlantıdaki düzeltme görevimize işaret ediyor. Herkes bu eğitime katılmak için ikna olursa, yeni bilgi herkesin değişmesine yardımcı olacaktır, böylece daha iyi bir dünya kurabileceğiz.

Bu günlerde, bu yeni dünyanın eşiğindeyiz. Bunun güzelliği birinin başkalarıyla bağlantılı olduğu an, yaşamı başkalarının içinden görmeye başlamasıdır. Çocuğumu sevdiğim zaman, hayatı onunla birlikte tecrübe eder gibi olurum: Onunla birlikte okulda olurum, arkadaşlarıyla ve nereye giderse. Neden hoşlanırsa ondan hoşlanırım ve ne hissederse onu hissederim.

Benzer olarak, tüm dünyaya bağlandığınız zaman, tüm dünyadan izlenimler almaya başlayacaksınız. Birdenbire dünyadaki tüm insanların hissettiğini ve bildiğini bileceksiniz. Bu yolla, hayatınızı öyle bir dereceye genişleteceksiniz ki, kendiniz için yaşamayı bırakıp başkalarının içinde yaşayacaksınız. Ve bu noktada "karşılıklı güvence" sistemi içinde başkalarıyla bütünleştiğiniz kadarıyla içinizdeki sonsuz noktaya dokunabileceksiniz.

Karşılıklı güvence prensiplerinin çalışması aşamalı olmalıdır. İlkin, insanların psikolojisini öğrenmemiz şarttır, daha sonra iki arkadaşın psikolojisini ve daha sonra çiftlerin psikolojisini, ebeveyn ve çocuk ilişkisini, komşulara, akrabalara ve karşılıklı eleştiri sağlayan tüm bağlantılara karşı olan tavrı. Bunlardan kademe kademe daha geniş dairelere ulaşacağız, hatta işyerlerimize bile. Bunu takiben karşılıklı

Doğanın Kanunlarıyla Bütünleşmek
Dr. Michael Laitman

güvencemizi ulusal seviye ve sonunda dünya çapında bir seviyeye genişleteceğiz.

Başka bir deyişle, anlayabileceğimiz ve hissedebileceğimiz yakın ve ulaşılabilir dairelerden başlayan aşamalı bir ilerleme olmalıdır. Daha sonra, tecrübe ve algıya sahip olacağımız için, bu daha geniş dairelere yayılacaktır. Son olarak, hangi ülkelerin birbiriyle birleşeceğini ve hatta hangi parlamentoların ve yöneticilerin bunu yapabileceğini öğreneceğiz. Bunu takiben, dünyada hangi değişimlerin olması gerektiğini anlayacağız.

Bugün, öyle gözüküyor ki dünya liderleri tamamıyla yetersiz olmaya başladı. Entegre sistemleri öğreten karşılıklı güvence için eğitilmediklerinden, dünyayı bu lensle göremezler. İlk başta hisleri, heyecanı, anlayışı ve karşılıklı güvenceyi ve son olarak sevgiyi özümsemeleri şarttır.

Karşılıklı taviz bu eğitim sürecine dâhil edilmelidir. Başlangıçta, birbirimizden kaçamayacağımız iyi ilişkiler ve anlayış kurma amacında olmalıyız. Bir anlaşma veya kontrat imzaladığımız zaman, başından beri onu ihlal etmeyeceğimiz açık olmalıdır. Bütün seviyelerde, problem gerçekten de yalnızca eğitimdir.

Karşılıklı güvenceye ulaşmanın birçok yolu vardır. Bu yollardan biri insanların nasıl başkalarıyla bağlı ve bağımlı olduklarını ve uygun bir şekilde bağlanmanın ne kadar iyi olduğunu birçok örnekle görüp, hissetmesidir. İnsanların bundan ne kazanacaklarını ve aksi durumda ne kaybedeceklerini görmesi ve hissetmesi gerek. Bu insanları değişim için ikna etmenin bir yoludur.

Bir başka yol ise grup aktiviteleridir. Sorular ve cevaplar, oyunlar, müzikler ve filmler yoluyla, insanlar duygusal olarak hareketlenecek, bağlanma ve bağlılığa ve karşılıklı güvence için hazır olmayı veya bunlara karşı olmayı tecrübe edecek ve her olasılığın ne getireceğini açıkça görecektir.

Üçüncü yol ise "Alışkanlık İkinci Bir Doğa Olur" kuralının kullanılmasıdır. Eğer insanlar birbirlerine karşı anlayış içinde olmayı alışkanlık haline getirirse ve küçük gruplar içinde birbirlerine bağlanırsa, aşamalı olarak bunun işe yaradığını öğreneceklerdir. Daha sonra öğrendiklerini daha geniş bir daireye aktarabilirler, ta ki tüm dünyaya olan hisleri kendi dairelerinde duydukları hislerle aynı olana kadar.

Her şey çevrenin etkisi ve kanaatiyle elde edilir; başkalarının iyi örneklerinden, filmlerden, şarkılardan ve insanları etkileyen her şeyden. Çevrenin etkisi bir insana neredeyse her şeyi yaptırabilir. İnsanlar kendilerini komşularının çocuklarını sevip, kendi çocuklarından nefret edecek şekilde yeniden programlayabilir. Çevre kendi doğamızdan daha güçlüdür çünkü bizim doğamız hayvan seviyesinde çalışırken çevre insan seviyesinde çalışır. Bu nedenle, çevrenin etkisini kullanmalıyız çünkü bizi kendi içgüdüsel özelliklerimize karşı hareket ettirir ve çevreye girmeden önceki halimizden tamamıyla tersine çevirir.

1951 yılında, psikolog Solomon Asch bir çalışma yaptı. Asch Uyum Deneyi diye bilinen, insan davranışına, görüşüne ve inancına sosyal baskının ne şekilde etki ettiğini gözler önüne seren bir deney. Asch saf bir katılımcıyı, çizgi çalışması yapmak için nasıl tepki vereceklerini önceden kabul etmiş olan 7 kişiyle birlikte bir odaya soktu. Saf katılımcı bunu bilmemekteydi ve diğer 7 katılımcının kendisi gibi gerçek katılımcı olduğuna inandı

Her bir kişiden hangi mukayese çizgisinin hedef çizgiye benzediğini yüksek bir sesle açıklaması istendi. Cevap her zaman belliydi. Saf katılımcı sıranın en sonuna oturdu ve cevabı en son verdi. Toplamda 18 deneme yapıldı ve sahte katılımcılar 12 denemede yanlış cevabı verdiler.

SONUÇLAR: Ortalamada, saf katılımcıların yaklaşık üçte biri açıkça yanlış olan çoğunluğu takip etti ve uydu. 18 denemede, saf katılımcıların %75'i en az bir kere uyum gösterdi ve %25'i hiç uyum göstermedi.

Bu nedenle, çevrenin etkisi etkilerin en güçlüsüdür, alışkanlıklarımızı ve oluşumumuzu değiştirir. Bu şekilde büyütüldük ve eğitildik. Bir insana her şeyi öğretebilirsiniz ve öğretilen bir şeyi silmek çok zordur. Bu nedenle, çalışmanın amacı bu egoistlik bozulmayı düzeltmek ve bu sayede başkaları ve çevre vasıtasıyla insanların kendilerine yarar sağlamasıdır.

Sonunda, karşılıklı güvence içinde en garantili egoistik kazancı bulacaklardır çünkü herkesin onlarla ilgilendiği ve en iyisini uygun gördüğü bir ortam bulacaklardır. Bunun olması için, yapmamız gereken şey biraz taviz vermektir, ama her şey için her halükârda ödeme yapıyoruz zaten. Aslında, burada verilen bir taviz yoktur çünkü insanlar birbirine iyi ve sevgiyle yaklaştıklarında, vermekten de haz duyacaklardır.

Bu fikir, insanların sürekli hüsrana uğraması, stresli olması ve birbirlerine iyi olmaktan başka çarelerinin olmadığını hissetmeleri demek değildir. Onun yerine, insanları değiştirmek için üzerlerinde dış etkileri kullanmalıyız, medya gibi, bu sayede doğal olarak bu şekilde davranacaklardır. Bu yolla başkalarına olan düzgün davranışlarından zevk alacaklarıdır. Mükemmel bir dünyada olduklarını hissedeceklerdir çünkü tüm taraflardan iyi bir şekilde muamele görüp aynı zamanda başkalarına da bu şekilde davranacaklardır. Her şey zorunlu biçimden gönüllü biçime geçmelidir.

Özet yapacak olursak, şu anki kriz çok başlıdır, içimizde eksik olan şeyi işaret eder – karşılık güvence. Bu kriz değişim istediğimiz için olmuyor. Tam tersine, Doğa tarafından, bizim gelişimiz tarafından talimat altına alınmıştır. İlk basamak karşılıklı özveri ve takiben karşılıklı itibardır.

Karşılık güvence hepimizi birbirimize bağlayan bir ağdır. 1960'lı yıllarda Roma Kulübü bunun hakkında yazılar yazdı. 1990'lı yılların başında bilim insanları "Noosephre" diye bilinen bir kavram yoluyla bağlandığımızı konuşmaya başladı. O günden bugüne bu konu üzerine sayısız çalışmalar olmuştur.

Kendimizi ve dünyayı krizlerden ayırmak için, karşılıklı güvenceyi yaşamımızın tüm sistemlerine monte etmemiz şarttır. Bunun için, bilgiyi telkin eden, etik ve davranışı öğreten bir sistemi bir enformasyon sistemini kurmamız şarttır. Zamanla, hep birlikte hepimiz aynı paradigma tarafından eğitilene kadar bu sistemler insanları, grupları, çevreyi, ülkeyi ve tüm ülkeleri etkileyecek - birbirimizle başarılı şekilde yaşamayı öğreten. İlişkilerimizi kendi odaklı rekabetten karşılıklı güvenceye ve karşılıklı sevgiye değiştirmemiz gereken yeni bir çağa geldik.

BÖLÜM 6

ONU HİSSEDER HİSSETMEZ

Dr. Michael Laitman

Doğanın Kanunlarıyla
Bütünleşmek

ONU HİSSEDER HİSSETMEZ

Aramızdaki iç bağlantıyı keşfetmek.

Eşi görülmemiş bir durum içeresindeyiz. Tarihte ilk defa hayatın tüm alanlarını yutan çok kapsamlı bir kriz tecrübe ediyoruz. Çeşitli alanlardaki birçok uzman krizin kökeninin aramızdaki yanlış bağlantıdan kaynaklandığını iddia ediyor.

Öncekine benzer olmamak, sosyal ve ekonomik örnekleri değiştirmek ne krizin kendisini çözer ne de yeni teknolojiler geliştirir. Önceden gelişimimizde bize her zaman yardımcı olan bu tür hareketler, bu krizde bize yardımcı olmayacaktır. Bugün, her istediğimizi geliştirmemizi ve üretmemizi sağlayan bir teknolojik buluşla bile krizi çözemeyeceğimizi anlıyoruz çünkü bu problemin kalbinde değil.

Onun yerine, arzularımızın ne yöne doğru geliştiğini incelemememiz gereklidir. Doğal olarak arzularımızı takip ederiz. Bu, anlaşamayan ve boşanmak isteyen bir çiftin durumu gibidir. En iyi maddi durumlar bile birbirlerine olan hislerini değiştirmeyecektir. Ancak, birbirlerini sevmişler ve bir arada olmak istemişlerse, bir odada bile mutlu olurlardı. Bir başka deyişle, bugün realite diğer her şeyi onarmadan önce bağlantılarımızı onarmamızı talep ediyor.

Çocuklar da ilginç, iyi ve eğlenceli buldukları şeylere çekilirler. İnsanlar arzularını takip eder ve bugün arzularımızın bizi nereye götürdüğünü incelememiz gerek.

Doğanın Kanunlarıyla Bütünleşmek

Dr. Michael Laitman

Nesilden nesile arzularımız yoluyla evrim geçiyoruz. İnsanlığın erken yıllarında, arzularımız gayet basitti – yiyecek, üreme ve aile. Yaşamlarımız bu konular üzerine odaklanmıştı. Teknoloji geliştikçe, başka uğraşlara ilgi duymaya başladık. Üretmeyi ve satmayı, başkalarının ürettiği ürünleri almayı öğrendik ve endüstri, ticaret ve bilimi geliştirdik. İnsanoğlu ihtiyaç fazlası üretmeye başladı, insanlar yaşamlarının kaynağı olan topraktan aşamalı olarak uzaklaştı.

Başka uğraşlar için daha çok zaman mevcut olmaya başladığında, bilgelik, yazarlık ve kültüre doğru çekildik ve tüm sınıflardan onlara karşı bir talep büyüdü. Gelişmeye devam ettik, ülkelerin içinde politik şekilde organize olmaya başladık, endüstriyi kurduk ve yeni topraklar keşfettik. İnsanoğlu hep daha fazlasını isteyerek gelişti. 20'nci yüzyılda uzaya bile ulaştık ve toprağın ve denizin derinlerine doğru kazıdık, en yükseğe, en derine ve en uzağa ulaşabildiğimiz kadar gittik.

Ve daha sonra bir duraklama baş gösterdi, bazen yaptığımız hiçbir şeyin ilgimizi çekmemesi ve onu bırakıp ondan uzaklaştığımız zamanlardaki gibi.

1960'lı yıllarda yeni bir kuşak yükselmeye başladı. Bu kuşak her şeyi küçümsemeye ve tüm önceki uğraşların manasız olduğunu hissetmeye başladı. Çiçek Çocuklar veya Hippiler olarak adlandırıldılar. Yorumcular, 2. Dünya Savaşı'ndan yeni çıkıldığını, Vietnam Savaşı'nın yeni başladığını ve onların yalnızca yorgun olduğunu düşündü. Veya insanların sadece sıkıldığını, her şeyin en iyisine sahip olduklarını ve bu yüzden ayaklandıklarını düşündüler.

Yine de, sebep bunlar değildi. Bu daha derin bir şeydi. Daha gelişmiş bir arzu yükseldi bu gençliğin içinde. Daha iyi bir

yaşam için yetinmediler, yaşamın ne için olduğunu öğrenmeyi istediler. Toplumda onları bekleyen rollere uymaları için yetiştirilmelerine gücendiler ve politikacıların veya başka birisinin kendi zararları uğruna kendilerinden zenginlik elde edeceği bir robota dönüştürülmelerini protesto ettiler.

Arzularımız hâlâ gelişmektedir. Bugün, durum öyle bir hale geldi ki genel bir depresyon ve umutsuzluk hali var. Ancak bu çaresizliğin ötesinde, Doğa'nın evriminde belirli bir istikamet olduğunu görürüz: her gün daha çok insan hayatın anlamı konusunda kafa yoruyor. Sadece yaşamak için yetinemiyorlar, bunun bir nedeni hayatın artarak zorlaşması ve diğer bir neden ise arzuların evriminin hayatın ne için olduğunu öğrenme ısrarlarını harekete geçirmesidir.

Bugün çoğu insan hayattan çok az zevk alıyor ve hatta umutsuzlar. Bunun yerine, "Ne yapabilirsin? Hayat bu?" ruh hali hüküm sürüyor. Her şeye sahip olan bir nesil olmamıza rağmen, daha çok insan depresyona kurban oluyor.

Yine de, ihtiyacımız olan şey ne? Her türlü ticareti öğrenebilir, artist olabilir, müzisyen olabilir, sayısız hobi sahibi olabilir ve dünyayı gezebiliriz. Ve hâlâ, içimizde gelişen arzu bizi hiçbir yere götürmüyormuş gibi olur. Bildiğimiz hiçbir şeye karşı bir isteğimiz yok ve bu bizim neslimize özel bir durum.

Nitekim, doğru tepkiyi uyguladığımız takdirde kurtulacağımız bir kördüğümün içindeyiz – hayatın anlamını bulmak ve özellikle bunu aramızdaki bağlantıda bulmak. Bu güç bela beklediğimiz bir cevaptır ama etrafımızda kriz ve hayatta sahip olduğumuz her şeyi reddetmemiz açıkça

gösteriyor ki tüm problemimiz bir kaynaktan açığa çıkıyor: aramızdaki pozitif ve sağlam ilişki eksikliğinden.

Tıbbi örnek alalım. İnsanlar doktorlara olan inancını kaybediyorlar çünkü artan egolarımız sağ olsun, tıp bir endüstri haline geldi. Bugün, özel tıp ve pahalı sağlık sigortaları olmadan, hayatta kalmamız kolay değil. İlaçlar ürün olmaya başladı ve ilaç endüstrisi mümkün olan en çok miktarda onları satmaya çalışıyor. Bunun sonucunda, gereksiz birçok kontrole yollanıyoruz, birçoğu bize zarar veriyor ve radyasyon ve toksin maddelerin şırınga edilmesini içeriyor. Önceden olduğu gibi bir aile doktoruna kendimizi adamak yerine, bize şu anda bakanlar herhangi bir sorumluluk almamak ve ayı zamanda diğer doktorların maaşlarını desteklemek için bir sonraki doktora yolluyor.

Kısaca, burada resmettiğimiz durum uç gibi gözükebilir, ama modern tıbbın birçok probleminin kendisinin ticarileşmesinden geldiğine dair hiçbir kuşku yoktur. Bu tür durumlarda, gerçek toplum sağlığında kendini çok az belli ederek, ülkelerin bütçelerinin artan bir şekilde sağlık sistemine yönelmesi bir sürpriz değildir.

Bu, toplumdaki güven eksikliğinin sadece bir örneğidir. Ego ilişkilerimizi kirletti ve aynı şey hayatlarımızın tüm alanlarında yaşanıyor – işte, süpermarket kuyruğunda ve insan kontağının olduğu her yerde. Buna karşı her gün insanların daha çok üstümüze çıkmak niyetinde olduğu bir durumla karşılaşıyoruz, başkalarının acısından zevk alarak.

İnsanlar içlerindeki insanı göz ardı ederek ve bu "objeden" mümkün olan kazanç veya kaybı göz önünde bulundurarak birbirlerini kâr için bir araç olarak görüyorlar.

Dr. Michael Laitman

Doğanın Kanunlarıyla Bütünleşmek

Finansal sistemde, ticarette ve endüstride engellere karşı koşmaya devam ediyoruz çünkü insanlar işin içindeki tüm partilerin çıkarlarıyla ilgilenmek yerine kendi kazançlarını dikkate alıyorlar. Bu nedenle sosyal çıkarlarımızı güvence altına alan birçok düzenleme yapmaya ihtiyacımız var.

Kuruluşlar milyarlar değilse milyonlar harcayarak rakiplerinin kârlarını engelliyor, iflas etmelerini sağlayarak başkalarının zararı pahasına kazanmayı umut ediyor.

Aramızdaki ilişkiler tüm sistemlerin işlevselliklerini engelliyor. Bu özellikle çocukların eğitiminde belirgindir. Çocuk eğitimindeki tarafların arasında hiçbir koordinasyon yoktur – ebeveynler, öğretmenler ve çocuklarımızı eğitmekle zorunlu otoriteler. Sistemdeki her unsur kendi çıkarlarını desteklemeye çalışır ve sonuç olarak bir sonraki neslin düzgün bir şekilde yetişmesinde başarısız oluyoruz.

Bu üzücü durum insanların bu dünyada yalnızca acı çekeceklerse neden çocuk sahibi olmaları gerektiğini düşünüp taşınmasına neden oluyor. Nihayetinde, bu durum her gün kötüye gidiyor. Kişisel güven hızlı bir şekilde azalıyor ve kısa bir süre sonra bildiğimiz bu dünyanın bir nükleer savaşla, doğal afetlerle, yiyecek, içecek ve enerji sıkıntısıyla son bulacağı tahminleri bile var. Bu durumda neden çocuk sahibi olalım?

Ebeveynler ve çocuklar arasındaki ilişkiler ve ebeveynler ve büyük anne ve büyük baba arasındaki ilişkiler de değişiyor. Nesiller arasında bir bağlantı yok ve aile birimleri basitçe parçalanıyor.

Dr. Michael Laitman

Ve dahası, doğduğumuz yerlere karşı olan tavrımız önemli bir şekilde değişti. Bugün bir başka ülkeye veya şehre çok kolay taşınabiliyoruz. Dil sorununu aşabilirsek, istediğimiz her yerde yaşayabiliriz. Yine de, bu aramızdaki bağı koparmayı artırır. Hayatları boyunca yolculuk etmiş insanlar var ve bu insanlar belirli bir yere ait olduklarını hissetmiyorlar. Ancak içimizde içtenliğe karşı bir talep var, güvenli bir limana. Bunu istemek doğamız.

Görüyoruz ki şu anki rotamızda kalırsak, hiçbir problemi çözemeyeceğiz. Birbirimize olan güvensizlik ve iyi niyetteki eksiklik tüm krizlerin özündedir. Her zaman teknik bir şekilde düşünmemiz öğretildi – kârı, ham maddeleri ve ürünleri hesaplamak. Bu hesaplamaların arkasındaki insanları göz ardı ettik.

Ama şimdi bu tavır işlemiyor. Şefkat, ilgi ve güveni ilişkilerimize sokmamız gerektiğini keşfediyoruz veya her şey çökecektir.

Bu nedenle, "kuru" hesaplamalarımızın ötesinde, düzgün bir tavır eklemeliyiz – ilişkilerimizin içine çaba koyarak, taviz vermeyi öğrenerek ve ilişkilerimize bizden bir şeyler katarak. Bu şekilde bir tavır değişikliği olmadan işlevimizi yerine getiremeyiz çünkü hareket etmemizi sağlayan arzularımız tatmin olmak ve karşılanmak ister.

Ve dahası, tatmin olmak için bir fiyat etiketi koyamazsınız. Oğlumun gülümsemesinden haz alıyorum çünkü onu seviyorum. Onu herhangi bir servet için satmazdım. Aynı zamanda, benimle elinden geldiği kadar ilgilenen ve yakın olan insanlara güveniyorum ve bu tür hisleri parayla satın alamazsınız.

Bir başka deyişle, ailelerin günlük yaşamlarından, sağlık sistemine, eğitime, kültüre, ekonomi, ticaret ve güvenliğe, bunların hepsi birbirimizle olan bağlantıyı kopardığımız gerçeğine varır.

Eskiden, insanlar arasındaki bu tür bağlantılar daha doğaldı ama bugün bu bağlantıyı kaçınmayı tercih ettiğimiz bir görev olarak algılıyoruz. Birisi bize iyi davrandığı zaman bile, bu tavrın bize bir yük getirdiğini hissediyoruz. Ve aslında, birbirimize olan sevgi olmadan yaşayamayız.

Önceden, insanlar topraklarına, şehirlerine ve ülkelerine daha bağlıydı. Çiftçilerdi, vatansever, topraklarına ve memleketlerine bağlıydılar. Bugün, bu özellikler bulanık olmaya başladı ve bizim için önemli olan kökenimizi, evimizi kaybettiğimiz zaman, bir anlamsızlık hissine kapılırız.

Şu anda tecrübe ettiğimiz krizin yaşamın tüm alanlarını kapsaması bir tesadüf değildir. Aslında, kriz çok önceden insanların özel yaşamlarında başladı, aile bağlarını ve daha sonra eğitimi, kültürü, sağlığı ve güvenliği ve yakın geçmişte ekonomiyi de içine alacak şekilde genişledi. Ekonominin patlak vermesine kadar, buna dikkat etmedik. Senelerce, duygularımızdan vazgeçmeyi önemsemedik. Ama şimdi bu durumu göz ardı edemeyiz çünkü ipimizin en sonundayız. Finansal açıdan bakmayı bırakır ve kalplerimizin içine bakarsak, güvenimizi yeniden inşa etmediğimiz takdirde, hayatta kalmaya devam edemeyeceğimizi göreceğiz.

Toplumumuz daha yakın, sıkı ve bağlantılı bir şekilde büyüyor. Bu, gelişimdeki doğal süreç. Bunu inceleyebiliriz, eleştirebiliriz, irdeleyebiliriz ama bu bir gerçektir ve gerçekle münakaşa edemezsiniz. İstiyor olsak veya olmasak da, bu Doğa'nın şekillenmesi için gerekli bir iç süreçtir.

Bu nedenle, kendimizi daha bağlantılı, birbirine karşı sıcak ve birbirine karşı düşünceli bir toplumda inşa etmemiz şarttır. Birçok tarihi kaynakta insanlığın nihayetinde birbirine olan sevgiye gelmesinin şart olduğu yazar.

Doğa'ya yakın yaşayanlar da bunu doğrular. Tüm Doğa'yla birlikte akan aşkı ve Doğa'nın içinde var olan her şeye karşı "ilgisini" hissederler. Ama Doğa'ya kendi odaklı bakış açımızdan bakarsak, bunu görmek bizim için zordur.

Bir keresinde ünlü bir primatolog ve antropolog olan, uzun seneler önce şempanzelerin davranışlarını incelemiş olan Jane Goodall'a, onlarla ormanda birlikte yaşarken maymunların onu kendilerinden biri olarak kabul etmesinden neler hissettiğini sordum. Bana "Sevgi, onların arasında hissettiğim şey buydu" dedi. Aynı zamanda ağaçlar arasındaki, ormandaki, gökyüzündeki ve dünyadaki sevgiyi de keşfetti.

Başlangıçta, Doğa'dan tamamıyla kopuktu, bu yüzden geçtiği süreci ve neleri keşfettiğini dinlemek ilginçti. Uzun bir süre yabanda yaşayan birisi ve ormandan şehir ormanına gelen, yavaş yavaş Doğa'nın sevgi olduğunu keşfeder.

İnsanlığının geçtiği uzun sürecin niyeti, içimizde aramızdaki sevgi ihtiyacının farkındalığını geliştirmek ve böylece sevgiye kucak açıp ona sarılmamız olabilir mi? Buna rağmen, sevgi zorlanamaz. İnsanların birbirlerine daha nazik ve içten davranmasını sağlayabiliriz ve hemen her şeyi parayla elde edebiliriz ama sevgiyi satın alamayız.

Sevgi çok özel bir histir, diğer insan hislerinin üstündedir. Karşılıklı güven geliştirebiliriz, birbirimize ihtiyacımız olduğu sürece bunu koruruz. Ama üçüncü bir şahıs bize daha büyük bir haz ve iyi bir anlaşma sunduğu an, aramızdaki güven ve karşılıklı destek azalır. Bu nedenle, birbirimizi birbirimizden aldığımız kadarıyla önemseriz.

Şu an çok özel bir durumdayız. Evrim bizi, birbirimize bağımlı olduğumuzu ve kendi aramızda iyi bağlantılara ihtiyacımız olduğunu açıkça hissetme pozisyonuna getirdi. Gerçekten de birbirimizi sevmeye ihtiyacımız var veya iyi bir yaşam kurmak için gerekli olan karşılıklı güveni sağlayamayız.

Arkamızda atom bombaları taşıyormuş noktasına şans eseri gelmedik. Bunun sebebi yaşamlarımızın kabalık, kötülük ve hüsranla dolu olmasıdır. Bunların hepsi ilişkilerimizi tamamıyla bir diğer uca doğru değiştirmekten başka bir seçeneğimiz olmadığını anlayalım diye oluyor.

Ortasında birbirimize olan sevgi ve nefretin bulunduğu, eğer nefreti sevgiye dönüştürmezsek ve birbirimizin içine samimi bir güven inşa edemezsek, hayatta kalamayacağımız sinyalini veren bir kriz vardır. Finansal kriz, atom bombaları ve diğer tüm buluşların ötesinde, kapalı, dairesel ve bağlantılı bir sistemde yaşadığımızı görmemiz gerek. Sevsek veya sevmesek de bu böyledir fakat şimdiki sistem silahlarla ve nefretle doludur. Bu nedenle, kendimizi değiştirmekten başka bir seçeneğimiz yoktur. Kriz bize gösteriyor ki, bağlantılı bir sistemin içinde nefreti sevgiye dönüştürmemiz şarttır veya hiçbir şey yiyemeyeceğimiz bir noktaya geleceğiz.

Doğanın Kanunlarıyla
Bütünleşmek

Dr. Michael Laitman

Bunlar eğitimde olduğu gibi görmezlikten geleceğimiz problemler değildir. Ekonomik kriz bize etlerimizden dokunacaktır. Birçok aile kendilerine veya ailelerine yaşamın temel ihtiyaçlarını sağlayamıyor. Ve ülke insanlarına yardım etmeyi kestiği zaman, insanlar sokağa dökülüyor.

Karşılıklı anlayışsızlık bizi hiçbir ülkenin kendi problemlerini çözemeyeceği bir duruma getirecektir, Almanya kadar zengin ülkeleri bile. Hazinelerindeki depolar altın külçeleriyle dolu olsa bile, birbirimize olan anlayışsızlığımız yüzünden insanlara saygın bir yaşama koşulu sağlayamayacaklardır. Bugün bile, dünyanın yarısı pratikte açlık çekiyor, bir diğer kısmı ise dünyada tüm ihtiyacı olan insanlara yetecek kadar üretim fazlası yiyeceği sokağa atıyor.

Neden bu tür bir dünyada yaşayalım? Neden terörizm, savaşlar, enerji israfı ve kirlenme var? Bunların hepsi birbirimize olan anlayışsızlığımızdan mı geliyor?

Anlayışın ne demek olduğunu öğrenmemiz ve daha dengeli yaşam standartları olan sistemler kurmaya başlamamız şarttır. Birbirimiz arasında sevgi inşa etmeden, hiçbir şeyde başarılı olamayız. Birbirimize olan tam anlayışa birbirimizin ihtiyaçlarını anlamaya ve onların tatmin edildiğini görmeye çalışmalıyız. Yoksa, dünya üzerinde bildiğimiz yaşam sona erecektir.

Eğer Sevgi Kanunu insanlığın genel kuralıysa, bunu nasıl uygulayabiliriz? İçimizdeki tüm arzuları – çok olsa bile – kendimiz için değil ama başkaları için kullanacağımız şekilde düzenlememiz şarttır. Her zaman egolarımızı geliştirerek ilerledik, kendi kabiliyetlerimiz doğrultusunda dünyayı kirleterek. Şimdi, ilk defa, kendimize anaokulundaki iyi

Dr. Michael Laitman

> Doğanın Kanunlarıyla
> Bütünleşmek

çocuklar gibi bizi başkalarına karşı anlayışlı yapacak küresel ve İntegral Eğitim sağlamalıyız. Bu tavır olmadan, bizim büyük mavi misketimiz artık var olmayacaktır.

Sosyologlar ve psikologlara sorduğumuz zaman, bu çeşit eğitim süreci için düzgün yapının grup olduğunu söylerler. Bu nedenle etrafımızdaki anlayışlı insanların bize ne kadar yarar sağladığını ve bütünlük ve karşılıklı destek içinde çalışırken ne kadar güzel ve mutluluk verici şeyler yapabileceğimizi gösteren gruplar kurmalıyız.

Geliştikçe, ticaret, endüstri ve bilimle uğraşmaya başladık. Ama eğer kendimizi egoizmi esas almayan bir büyümenin içinde yeniden eğitirsek, karşılıklı anlayış ve bağlılık esası ile kendimizi problemlerimizden ve endişelerimizden kurtaracağız ve yeni bir endüstri kurabileceğiz. Bu sefer, çok farklı bir endüstri olacak – teknolojiyi değil ama kalbi esas alan. Bu "manevi teknoloji" olacak.

Bugüne kadar, teknolojiyi bizi ilerletmek için harekete geçiren

egoyla geliştirdik. İç dünyamıza eğilim gösterirsek, duygularla, anlayışla, düşüncelerle ve yeni ilerlemeler ve muhakemelerle dolu yeni bir iç dünya geliştireceğiz. Bunlar aramızdaki iyi ilişkilerle ortaya çıkar. Bu meydana geldiğinde bugün kullandığımız internet veya iletişim hatlarına ihtiyacımız olmayacak. Birbirimizle duygusal şekilde bağlanacağız.

Zaten var olan bağımıza karşılıklı bağlantımızın farkındalığını eklersek, kendimizi çok özel bir gelişimi tecrübe etmek için serbest bırakmış oluruz, nitelikli bir gelişime. Birbirimizi bir annenin çocuğunu hissettiği gibi hissederiz.

> Doğanın Kanunlarıyla
> Bütünleşmek

Dr. Michael Laitman

Bu durumda, herkes duygusal şekilde kaynaşmış gibi olacaktır. Başka insanların içinde neler olduğunu hissetmeye başlayacağız ve onlar da bizim içimizdekileri hissedecek. Böylece, aramızdaki karşılıklı anlayış ve çok kapsamlı ve integral bağlılığa ulaşacağız. Jane Goodall ve diğerlerinin, "sevgi realitenin genel kanunudur, bu sevgi Doğa'nın içinde var olandır" sözlerinin ne anlama geldiğini hissetmeye başlayacağız.

Sosyologlar ve psikologlar küçük gruplar içinde çalışarak, öylesine derin ilerlemelerde bulunabileceğimizi ve her birimizin içsel kuvvetlerini gerçek anlamda hissedebileceğini söyler. Bunu yaparak, Doğa'da var olan kapsamlı sevgiyi hissedebileceğiz.

Eğer ilişkilerimizi ilerletirsek başarılı bir Ortak Pazar'dan daha ötesine ulaşırız. Yaşamın her alanında başarıyı yakalarız.

Bugün Amerika'nın bütçesinin üçte biri halk sağlığı için ayrılıyor. Ancak çok küçük bir bölümü halkın çıkarları için kullanılıyor. Bütçenin diğer geniş parçaları askeri, güvenlik ve diğer bürokratik meselelere harcanıyor. Eğer karşılıklı anlayışı hayata geçirirsek bize hiçbir şekilde yarar getirmeyecek şeylere harcadığımız zamanın %90'ını boşa çıkaracağız. Birdenbire çok çalışmanın manasız olduğunu hissedeceğiz.

Şimdiki krizin hayata olan bakışımızı yeniden düşünmemizi zorlaması gibi, insanın özgür olması gerektiğini anlamamız ve başkaları için daha anlayışlı olmamız şarttır. Böylece insanlar işlerine başkalarını düşünmeden koşacaklar. İnşa edecek, yiyecek ve giyecek ve gereken makinaları üretecekler. Bununla birlikte, herkesin eşit derecede mutlu

olacağını görecekler. Daha sonra, belki de, nükleer enerji ve diğer lüzumsuz şeylere ihtiyacımız olmayacak. Kısaca, her şey başkalarını önemsediğimiz oranla yoluna girecek, şimdiki durumun tam tersi olarak.

Fikirleri komünizmin temelini oluşturan Karl Marx, insan ilişiklerindeki sapmayı ekonomik açıdan gördü. Hesaplamalarıyla, Kapital kitabında da sunduğu üzere, maddelerin oldukları gibi kaldıkları sürece, metodun kendini imha edeceğini gösterdi. Haklıydı. Marx'la aynı fikirde olabiliriz veya olmayabiliriz, ama ego kendi gelişimini tüketir ve gelişiminin sonunda onun ne kadar fani olduğunu keşfederiz, şimdi olduğu gibi.

Bu nedenle, ne kadar erken küresel ve integral bir dünyanın bizden hürmetkâr, anlayışlı olmamızı ve birbirimizi sevmemizi talep ettiğini algılarsak – bu realitenin genel kanunudur – krizin sonuna ve iyi bir yaşamın başlangıcına daha erken ulaşılırız.

Ona doğru hareket etmemiz gerek, belki de başlangıçta küçük adımlarla, küçük çocuklarımız için, yeni nesil için. Eğer onları birbirlerine karşı daha düşünceli olmaları için eğitirsek, bizden daha mutlu olacaklardır.

Daha şimdiden insan toplumundaki değişimleri etkilemesi için inşa etmeye ihtiyacımız olan sistemi resmetmeye başlayabiliriz. Yeni sistemler kurmalıyız, gruplar oluşturmalıyız ve onları eğitmeliyiz. Tabii ki, öncelikle bunları anlayan öğretmenleri ve eğitimcileri hazırlamalıyız. Öğretmenlerin önce onları hissetmesi şarttır, öğrenmeye başlamadan başkalarına öğretemezsiniz. Değişik aktivitelerle, insanlar birbirlerine karşı anlayışı olacaklar ve bu karşılıktan

Doğanın Kanunlarıyla Bütünleşmek

Dr. Michael Laitman

yarar bulacaklar, hem içsel sakinlik açısından ve hem de banka hesaplarında.

Protesto için sokaklara inen insanlar birlikte oldukları, bir şeye ait olduklarını hissettikleri ve ortak bir şeye sahip oldukları için mutlu olduklarını ifade eder. Bunu sokağa çıkıp bağırdıklarında hissederler, bu doğrudur, ama bu şekilde dolaşmak doğru mudur? Protestoların amacına ulaşmasını insanların akın edeceği festivaller, çok geniş piknikler düzenleyerek sağlayamaz mıyız? Neden yaşamın pozitif yönünü sunmayalım bunun yerine? Neden insanlar ortaklık, anlayış, bağlılık ve birliktelik hissetmesin?

Derslerdeki eğitimler bizi birliktelikle neler kazanacağımızı hissetmemizi sağlar. Birbirimize yakın olduğumuz zaman neler kazandığımızı göreceğiz, dünyanın ne kadar güvenli ve sağlıklı olacağını. Kabadayılar çocuklarımızı okullarda tehdit etmeyecekler ve çocuklarımız uyuşturucuya alışmayacak veya sokağa çıktıklarında korkmayacaklar. Araba kullanırken anlayışlı olacağız böylece yüzlerce insan kazalarda yaşamını yitirmeyecek. Savaş yarışını durduracağız ve sağlık sistemini iyileştireceğiz. Genel olarak, kendimize tüm farklılıkların ve problemlerin ötesinde tek bir samimi aile inşa edeceğiz.

Ve bunu egolarımızla yapacağız. Onları bastırmayacağız ama onlarla birlikte çalışacağız, her bir üyesinin kendine has ve farklı olduğunu anlayan bir aile gibi. Herkese karşı anlayışlı olmamız şarttır. Sevgi bir başkasını sevmem anlamına gelir, arzu ettiğim gibi biri olmasa bile. Bu şekilde, her bireyin başkasını tamamladığı, onu sevebilmesi için başkasında görmek istediği değişimleri onlara hatırlattığı – sevgi yoluyla- böylece barış ve bütünlüğe ulaşacağı "dairesel" bir dünyaya sahip olacağız. Bu, bütünlüğü elde etmek için ilk adımdır.

Buna ulaşmak için, insanları eğitecek sistemler kurmalıyız. Bir insan aşamalı olarak değişimden geçtiği zaman öğrencilerin egzersiz yoluyla kavradığı derslere katılımını takiben, toplumun daha dengeli olmasını isteyecek duruma gelir ve nispeten değişmeyen, standart bir yaşama sahip olur.

İlk olarak, her birimizin temel ihtiyaçlarını karşıladığı bir duruma gelmemiz şarttır. Beş yıl içinde, herkesin başının üzerinde bir çatısı, yeterince giyecek ve yiyeceği ve her bireyin kendi "ev halkı ihtiyaçları" tanımlamasına göre ihtiyacı olan her şeye sahip olduğu bir duruma ulaşmamız şarttır.

İhtiyaçların koşulu fazlalıklara bağlıdır. Hesapladığımız zaman, sahip olduğumuz her şeyin %90'ının ihtiyacımızdan fazla olduğunu bulacağız. İnsanlar birbirlerini sevdiklerinde, birbirlerine bir şeyler kaybettiklerini hissetmeden verirler. Dahası, insanlar maaşlarının %10'unu bir başkasının yararı için verirse, sonunda, bunu hissetmeyeceklerdir.

Değişim küresel çapta ülkeler seviyesinde cereyan etmelidir ve eğitim yoluyla olmalıdır. Eğitim ilk sırada gelir. Değişim şans eseri meydana gelemez ama bizim irademizle gerçekleşir. Rusya'daki Bolşevikler değişim için zor kullandılar ve nasıl bittiğini gördük. Bu nedenle ilk olarak, eğitime ihtiyacımız var.

Başkalarına bir şeyler yaptığımız zaman, neyi başardığımızı göstermemiz gerek. Varlıklı hayırseverlere fakirlerin ne aldığını ve herkesin uyum hissine ve mutluluğuna neler kattıklarını göstermemiz gerek.

> **Doğanın Kanunlarıyla Bütünleşmek**

> Dr. Michael Laitman

Karşılıklı katılım yoluyla fazlalıklardan kurtulabileceğimizi, tüm insanlığı hasta eden ve zehirleyen binlerce gereksiz ilacı sadece birilerini zengin yapmak için üretmediğimizi göstermemiz gerek. Güvenlik ve orduya yaptığımız harcamaları tekrar gözden geçirmemiz ve gereksiz silah satın alımına servet harcamaktan kaçınmamız gerek.

Doğa bizi, inşa ettiğimiz egoistik sistemleri onarmaya ihtiyacımızın olduğu yeni bir çağa getirdi. Kriz çözüm için harekete geçmediğimiz takdirde, nüfusun azalacağı ve kurduğumuz gereksiz egoistik sistemleri sürdüremeyeceğimiz bir safhaya ulaştı. Yozlaşmış tavırlarımızın tüm musibetlere neden olduğunu ve iyi tavırların hazineleri açığa çıkardığını görmemiz gerek.

Ve küresel krizi çözerken, ilk eğitime ihtiyacımız var. Ekonomik durumlar, kıtlık ve fazlalıkların bölüşümü hakkında konuşmak yerine, insan gelişimimizin bir parçası olan birleşmeye başlamak zorunda olduğumuz bir noktaya geldik çünkü aramızda bir ilişkiler ağı oluşmaya başlıyor, bizi birbirimizle iyi ilişki kurmaya iterek.

İnsanlar arasındaki yanlış ilişkiler – ailelerde, eğitimde, kültürde ve ekonomide- tüm krizlerin sebebidir. Bu krizler karşılıklı içten anlayış ve güvenle çözülene kadar dinmeyecek. Ancak bundan sonra onarılması gerekli şeyleri düzeltecek sistemleri geliştirmeye başlayabileceğiz.

Dünyada ve içimizde, küresel, integral bir durum ortaya çıkıyor. Gidecek hiçbir yer yok. Doğa'nın şimdiye kadar yaptığı gibi bizi ilerletmesini durdurması tesadüf değildir.

Bir insan kötüyü keşfetmediği müddetçe, değişmekten başka bir seçeneğinin olmadığını anlayamaz çünkü hayatını tehdit eden bir durumun içinde olduğunu fark etmediği müddetçe, yeni bir eğitime gelmeyecektir. Kendimizi yeniden eğitmek ve yeni yaşam sistemleri oluşturmaktan başka bir seçeneğimizin olmadığını görmemiz şarttır.

Psikologlar bu sistemleri kurmak için, grubun gücünü kullanabileceğimizi söylerler. Sosyologlar da başka sistemlerden bahsederler, politikacılar, okul öğretmenleri, eğitimciler ve spor takım koçları gibi. Bulabildiğimiz herkesten veya her şeyden yardım almalıyız. İnsanların neden değişime ihtiyacımız olduğunu ve bunu nasıl uygulayacağımızı anlamasını sağlayacak sistemler inşa etmeliyiz. Bu sistemler insanların bir şeyler öğreneceği yerler olacaktır.

Doğa bizi evrimimizdeki bir sonraki adıma karar vermeye doğru itiyor. Her zaman körü körüne evrim geçirdik ama şimdi kendi başımıza ilerlememiz gerek. Geliştirebileceğimiz her şeyi geliştirmek için yarıştık adeta, sayısız insanın birbirlerine ürünlerini sattığı şeyleri keşfettik ve ilerlettik.

Şimdi ani bir duraksama meydana geliyor. İlk defa durmak ve nereye ulaştığımızı ve ne olduğunu yansıtmak zorundayız. Çocuklarımız artık bize örnek alabilecekleri biri olarak bakmıyor; sanki bize "Bu dünyaya bizi neden getirdiniz? Neden bizi doğurdunuz?" der gibi bakıyorlar.

İleri gidiyoruz ama şimdi durduk ve nereye ve neden gideceğimizi merak ediyoruz. Aslında, bu koşturma bizi boş ve virane bir çölden başka nereye getirdi?

Doğanın Kanunlarıyla Bütünleşmek

Dr. Michael Laitman

Bu nedenle ilk önce, gelişmemizde oluşan durumu fark etmemiz gerek. Bunun farkında olmamız ve anlamamız gerek yoksa herkesin bir diğerine anlayış gösterdiği bir duruma ulaşamayız. Eskiden politika bilim insanları, politikacılar, hocalar veya kral tarafından belirlenirdi. Bu değişti. Herkesin uymak zorunda olduğu yeni bir kanun oluşuyor. Bu sebeple eğitime ihtiyacımız var.

İnsanları bu kanunu takip etmeleri için zorlamak veya uygulamayanlara ceza vermek veya hapse atmak imkânsızdır. Bu kanunu başkalarıyla olan ilişkilerimizin içine aşılamalıyız, insanların kalbine. Bu sefer, bu, birbirimizden almak veya birbirimize satmak değil, bu yeni ve özel bir durum.

Bugün birçok insan yeni başlayan ve gelişimin bir başka seviyesinde olan süreç hakkında konuşuyor. Bu süreç "insanın evrimi" diye tanımlanır. Kendi aramızda "insan" diye tanımlanan tek bir kanıyı, iki taraflı bir sistemi, karşılıklı bağlılığı inşa ediyoruz. Dünyanın herhangi bir yerinde bunun içinde yer almak istemeyen biri olmayacaktır. Başka bir seçeneğimiz yok, herkese ulaşmak zorundayız çünkü birbirimize bağımlıyız.

Ama önce, yeni nesil çocukların eğitiminde samimi bir devrimin olması şarttır. Bu yolla yeni neslin en azından anlayış ve güven içinde iyi ve dengeli bir hayata başladıklarını görebileceğiz, kimsenin kimseye vurmadığı, çocukların uyuşturucu satmadığı veya fahişeliğe zorlanmadıkları bir hayata.

Çocuklarımız bizim yansımamızdır. Kendimizi değiştirmediğimiz için, çocuklarımızı bizden farklı davranmaları için alıkoyamayız. Onlara kötü örnekler verdiğimiz zaman, onlardan nasıl iyi davranmalarını

bekleyebiliriz? Bu nedenle çocuklarımız bizi reddeder. Bizden daha kötü olabilirler ama yalnızca bizim başlattığımız bir eğilime devam ederler. Onların kötü olduğu söylenemez, ama yokuş aşağı koşuyoruz ve çocuklarımız bizden biraz daha önde koşuyorlar çünkü onlar bir sonraki nesil.

İç gözlem yapmak için bir fırsatımız var. İçsel köklü değişikliğin tüm safhalarını tecrübe edebiliriz ve yepyeni bir yöne kayabiliriz. Bunu yapmamız gerek, bir "bilge" insan bize bunu tavsiye ettiğinden dolayı değil ama yaşam bize bunu vaat ettiğinden dolayı. Sosyoloji ve psikolojiden gelen tüm bilimsel verileri incelememiz ve hep birlikte nasıl yeni bir dünya inşa edebileceğimizi görmemiz gerek.

Sevgi dolu insan ilişkileri olan bir dünyada egoist bir insan, toplumun gücü sayesinde, topluma yardımcı olan davranış örneklerini görerek ve onları taklit ederek egosunu ters bir şekilde kullanmaktan haz duyacaktır. Bu nedenle, kendimizi, toplum tarafından desteklenen, topluma yardımcı olan bir durumda keşfedebilmeyi öğreneceğiz. Bu bizi akrabalarımız tarafından cezalandırma ve ödüllendirme yoluyla etkileyecektir çünkü onların takdirini önemseriz.

Egomuzla birçok yolla oynayabiliriz, etrafımızda kurduğumuz çevreye bağlı olarak. Dört çeşit gelişim vardır – cansız, bitkisel, hayvansal ve konuşan (insan). Bu seviyelerin uzlaşmasıyla, birçok seviyeyi içinde bulunduran bir çevre inşa etmemiz gereklidir.

Mesela, insanları tanıdıkları yoluyla etkileyebiliriz. Eğer çocuklarım bana bakıp toplum için ne kadar yararlı olduğumu değerlendirse, bu beni gerçekten silkeler.

Komşularımızın, iş arkadaşlarımızın ve diğer tanıdıklarımızın etkisine de ihtiyacımız var.

İnsanlara kaçışı olmayan bir hapishane gibi bir çevre inşa etmemiz gerek. Bu çevre egomuzu da göz önünde bulundurmalıdır çünkü doğamız bunu gerektirir. İnsanlara egolarını bastırmadan ama doğru bir şekilde kullandıklarında neler kazanabileceklerini öğretmemiz gerek, bu sayede onu toplum için kullanmaktan zevk alacaklar.

Eğer çocuklarım varsa ve egomu onların geleceğini güven altına almak için kullanıyorsam, egomu kullanmak kötü mü? Problemimiz egolarımızı kullandığımız için değil: egolarımız büyük bir değer olabilir. Tek sorumuz "bunu nasıl kullanabiliriz? Eğer toplum bizi bunu pozitif bir şekilde kullanmaya zorluyorsa, bunun hepsini açığa çıkartıp düzgün bir şekilde kullanabiliriz. Düzgün bir şekilde kullanamazsak, toplum beni bunu kullanmak için sıkıştırmalıdır. Her şey toplumun yapısına bağlıdır. İnsan bu çevrenin bir ürünüdür, bu yüzden baskı ve eziyet olmaksızın hareket etmeliyiz.

Hepimizin yeni dünya hakkında dersler alması gerek, insan psikolojisi, insan ilişkileri, ebeveyn çocuk ilişkisi, çiftler arasındaki ilişki, çocukların eğitimi, toplumun yapısı gibi ve egoistik evrimin tarihi ve insan vücudu ve tüm evrenin işlevselliği yoluyla küresel ve entegre sistemleri çalışmamız gerek. Dünyada neler olduğundan biraz daha fazla haberdar olmamız gerek. Ancak, bunu güzel bir şekilde öğrenmeye ihtiyacımız var – testler olmadan, karşılıklı tartışmalarla ve anlayışla, çalışma grupları içinde.

Bu, çalışmaya gelip daha sonra evlerinize dağılacağınız bir ders olmayacaktır. Bunu yerine, özel bir atmosferde

olacaksınız çünkü kendinizi ve nasıl bir dünyada yaşadığınızı bilmeniz gerek. Bu çocukların öğrenim şekline benzer çünkü onların da nasıl bir dünyada yaşadığını öğrenmelerini isteriz ve etraflarındaki her şeyi en iyi nasıl kullanabileceklerini.

Şimdi, bu eğitimi kendimize vermemiz gerek, "yetişkin çocuklar olarak" çünkü çocukken bunlar bize verilmedi. Aslında, şimdi nasıl "ben ve dünyanın", "biz ve dünyaya" ve daha sonra "biz ve dünyanın" tek entegre "bir"e dönüşeceğini öğreniyoruz.

İnsanlarımızı bu gerçeğe doğru eğitmemiz gerek çünkü Doğa'nın genel kanunu dengedir. Bu yüzden, en rahat koşulda olmaya çaba sarf etmemiz şarttır. Her şey dengeye doğru hareket eder. İnsanlara fizik, kimya, biyoloji ve zoolojideki denge kanunlarını göstermemiz gerek. Bu yüzden, insan toplumu bu kanuna göre düzenlenmelidir.

Bu mistisizm değil, bilimdir. Doğa küresel krizi kullanarak bu kanuna uymaya bizi mecbur ediyor. Bunu yapmak için, birçok alandaki uzmanlara başvuruyoruz, bilim insanları ve psikologlar gibi, gelecekteki toplumumuzu inşa etmeye yardım etmeleri için.

Özetleyecek olursak, değişimin şimdi başlaması şarttır. İnsanlar kötüye iyiye oranla daha çok alıştı. Büyükbabam, örnek olarak, çok mütevazı bir insandı. Ortasında oyuk olan bir yatağı vardı. Zaman boyunca, vücudu oyuğun şeklini aldı. Ona bu "taşın" içinde uyumak yerine yeni bir yatak alma teklifinde bulunduğum zaman reddetti ve "iyiyim, bu şekilde yatmaya alıştım bile" demişti.

Doğanın Kanunlarıyla Bütünleşmek

Dr. Michael Laitman

Bu iyi bir hayat değil, bu bir alışkanlık. İnsanlar birçok şeye alışırlar, birbirleriyle kavga etmeye dahi ve alışkanlık daha sonra ikinci doğaları olur. Alışkanlık her negatif duyguyu siler ve onu sıradan yapar. Alışkanlık aşinalıklarıyla bizi sakinleştirir.

Bir keresinde Sibirya'da işçi kampı hapishanesinde 25 yıl geçirmiş bir adamla konuştum. Serbest bırakıldığı zaman ayrılmak istemedi. Dışarıyla ne şekilde baş edeceğini bilmiyordu çünkü tüm dünyası hapishaneydi. Hapishane yakınındaki bir şehirde ikamet eden insanların hepsi eski mahkûmlardı. Onun gibi, onlar da hiçbir yere gitmek istemiyorlardı, bu yüzden hayatları boyunca bu şehirde kaldılar. Şehir ıssız bir yerdeydi ve şehirde hiçbir şey yoktu ama serbest kalmış mahkûmlar dünya ile nasıl başa çıkacaklarını hayal edemiyordu, Sibirya'da her şey aşina ve berraktı onlar için.

Birbirimizi hissetimiz an, birbirimizin arasındaki bağlılık ağını keşfedebileceğiz, kalpten kalbe ve beyinden beyine olan içsel bir bağlılığı. Bilim insanları insan seviyesinde birbirimize tek bir alan içinde bağlı olduğumuzu belirtirler. Elektriksel kuvvet alanları, manyetik kuvvet alanları ve yerçekimsel kuvvet alanları olduğu gibi başka kuvvet alanları da vardır. Düşüncenin kuvvet alanları olduğunu biliyoruz, birinin bir şey düşündüğünde başka birinin birden onu hissetmesi veya birinin bir şeyi istemesi ve bir başka kişinin hemen aynı şeyi istemesi gibi.

Çalıştıkça, başkalarına karşı hassasiyetimiz ilerler böylece kelimeler olmadan birbirimizi hisseder ve anlamaya başlarız. Tüm insanlığı hissetmek için kendi benliğimizden dışarı çıkarız, kendi akrabalarımızlarmış gibi, dostlarımız,

kalplerimizin içine iner ve biz de daha sonra onların kalplerinin derinliklerine ineriz.

Birbirimizin arasında bir bağlılık oluşur, bu bağlılık internet, kelimeler veya başka bir şey gerektirmez. Bu "kalpten kalbe dil" ihtiyacımız olan her şeydir. Bu konuşmayan fakat birbirlerinin gözlerine bakıp, komik gülücükler atan âşıklardaki gibidir. Bu duygu, birbirlerinin kalplerinde olmaları, ihtiyaçları olan her şeydir.

Ama burada bundan daha fazlasını konuşuyoruz. Bu sadece delicesine âşık olma hissi değildir. Bundan ziyade, bunların hepsi bu yeni "içsel teknolojide" tecrübe edilmeye başlanan internetin tüm kablolarıdır, tüm iletişim biçimleridir, tüm ticaret, kültür ve eğitimidir. İçsel bağlantımızla aniden yeni bir insanlığı kurabileceğimiz, ortak hisslerle ve düşüncelerle dolu olan yeni bir yer keşfederiz. Ve orada, içimizde, bu hissin içerisinde, yepyeni bir dünya kurabiliriz.

Müzik, edebiyat, tiyatro ve filmler yerine bizi bu ilişkiler dolduracaktır. Her şeyi onların içinde bulacağız ve içsel durumumuz tarafından motive olmak için fiziksel bir hareket yapma zorunluluğunda olmayacağız. Teknolojiyi ihtiyacımız için ilerletip geri kalan zamanımızı yaşamdan zevk alarak geçireceğiz.

Aslında, haz soyut bir kavramdır. Yaşamdan, etrafımda dağlar kadar beton ve çelik üretmeden de haz alabilirim. En önemli faktör içsel doyumdur, bu, yaşama amacımızdır.

Banka hesabında on haneli parası olan zengin bir insan ne elde eder? Bir hisse sahip olur. Önemli olan bu histir.

Doğanın Kanunlarıyla Bütünleşmek
Dr. Michael Laitman

Eğer bu para çalınsa ve zengin adamın bundan haberi olmasa hâlâ mükemmel hissedebilir. Başka bir deyişle, insanlara bu gibi hisleri temin edebiliriz, insan olarak gelişimleri devam ederken fiziksel bedenlerinin hayatta kalabilmesinden fazla bir şeye ihtiyaçları olmayacaktır.

Bu nedenle, gördüğümüz her şey bize, kendi kendimize ilerlemek zorunda olduğumuzu, kendimizin gelecekteki safhaya doğru bir sonraki adımımızı inşa etmemizin şart olduğunu kanıtlar. Bunu inşa ediyoruz, bir kuvvetle arkadan itilmiyoruz. Bunun yerine, ilk bulunduğumuz durumun içler acısı olduğunu keşfediyoruz ve daha sonra istekli olarak daha iyi bir geleceği inşa ediyoruz. Ancak, bu iyi geleceğe ulaşmamız onu anlamak, farkında olmak, istemek ve kendimiz tarafından inşa edilmesiyle olur.

Bir sonraki adım mükemmel bir safhada, hepimizin birlikte olduğu ve tüm Doğa'yla bütünleştiği mutlu bir insanlığın inşasıdır.

BÖLÜM 7

YENİ DÜNYADA İŞ VE İSTİHDAM

Doğanın Kanunlarıyla
Bütünleşmek

Dr. Michael Laitman

YENİ DÜNYADA İŞ VE İSTİHDAM

Günlük Rutinlerimiz Değişmek Üzere

Bugün birçok insan gelecek hakkında kararsız ve kaygılıdır. Ekonomistler, finansçılar ve sosyologlar çok yakında yüzlerce milyon insanın işsiz kalacağını tahmin ediyorlar. Gelirleri ve bunun için umutları bile olmayacak. İstatistiklere göre, Amerika'da her 6 kişiden biri yemek karnelerine bağlı yaşamaktadır. Milyonlarca kişi ise farklı tip yardımlar almaktadır, aş ocağı, yiyecek bağışları, Sosyal Sigorta yardımı gibi.

Lakin, geliri olmamak ve işi olmamak iki farklı problemdir. Birinci problem, gelir yoksunluğu, bir insanın kendisinin ve ailesinin ihtiyaçlarını karşılayamadığı, faturaları ödeyemediği, yaşlılık için para biriktiremediği ve çocukların gelecekteki ihtiyaçlarını karşılayamadığı zaman meydana gelir. Gelir olmadan, baskı artar ve sinirlilik baş gösterir.

İkinci problem ise işsizliktir. İşlerini kaybeden insanlar genelde yeni bir iş arar. Bir iş buluna kadar – aylar veya yıllarca sürebilen bir süreç – kayda değer biçimde harcamaları gereken bir sürü zamanları olur. Dahası, işsiz insanların bölgesi genelde suç alanlarına döner, fahişelik, uyuşturucu ve diğer negatif sosyal aktiviteler tavan yapar. Problem durumun düzeltilmesi için toplumun bu insanları yararlı bir iş için işe almasından daha fazla ödeme yapmak zorunda kalmasıdır.

Senelerdir işsiz kalmış bir insan sonradan bulduğu işte kalmayı genelde başaramaz. Eğitimli bir insan dahi bir işte tutunamayabilir çünkü uzun süre işsiz kalan kişi çalışma ve

Dr. Michael Laitman

Doğanın Kanunlarıyla Bütünleşmek

işi sürdürme kabiliyetini yitirir. Bu bir işi üstlenmek, katma değeri olan bir iş üretmek, mesuliyet almak ve işe 5 gün gitmek demektir.

Bu, toplumun kaldıramayacağı büyük bir problem yaratır. Sonuç olarak, kızgınlık ve öfke milyonlarca insanın çalışamayacağı bir duruma geldiğinde devrim ve yağmalar patlak verir. Bu tüm gezegenini yıkayan bir tsunami gibidir, bir ülkede başlayan sosyal bir bulaşıcı hastalık, tedirginliğe, protestolara neden olur ve bir ülkeden bir diğerine bir virüs gibi yayılır. Bu durumdan hiç kimse muaf olmaz.

Bir başka deyişle, insanları işlerinden atmanın problemi zamanla gelişen boşluk ve kötü alışkanlıklarıdır. Bugün, toplum onları kendi başlarına hayatta kalabilmeleri için bırakmadan önce, işsizlere zor şartlarda verebildiği bir veya iki senelik ödemeler yapabiliyor.

Bundan daha kötüsü, iş bulamayan insanların sayısı buna nazaran az. Ama milyonların işlerini kaybetmelerinden bahsediyorsak, bu bir finansal problem olmaktan çıkmıştır. Mahrum olanlara karneler temin etmekten bahsetmiyoruz çünkü karnelerle yetinmeyeceklerdir. Bunların sayısı milyonlar olunca, güçleri olacak, anketlerde ve protestolarda yer bulacaklardır. Bu eğilimin nereye gittiğine dair örneklerimiz bulunmakta. Bu Arap Baharı'ndan daha kötü olacaktır. Doğrusu, bu Avrupa Baharı veya Amerika Baharı olabilir.

Problem şudur ki, hiçbir zaman insanlara işlerinin yaşamlarındaki rolünü öğretmedik. Kişinin elde edebileceği yaşama olan tavrını onlara geçiremedik – "İşten dışarda kalmak" kavramının yeniden tanımlanması. O zaman önce "iş" kelimesinin arkasında yatan kavramı tanımlayalım.

145

> Doğanın Kanunlarıyla
> Bütünleşmek

Dr. Michael Laitman

Tarihi incelersek, geliştikçe artan bir şekilde ihtiyaçlarımızı temin etmekten çok uzağa çekildik. Bunun yerine ticaret, endüstri, kültür, eğitim, sanat, muhasebe, hukuk, moda, medya – hiçbiri varoluş için bir ihtiyaç alanı olmayan – bir yöne doğru hareket ettik. İhtiyaçlarımıza yardımcı olmaktan daha çok şey ifade ederler, yine de meşguliyetlerimizin %90'ını oluştururlar.

Büyük şehirlerde yaşayan insanlar tarımla uğraşmıyor. Çiftlik hayvanları üretmiyor ve endüstride çalışmıyor. Hayatlarını birbirlerine çeşitli yollarla hizmet ederek yaşıyorlar.

Aslında, şehirlerde yaşayan insanlar potansiyel bir şekilde işsiz kalabilir ve kendi ihtiyaçlarını karşılayamaz duruma gelebilirler. Kendi yiyeceklerini üretemezler ve bir ekonomik erime ve ağır işten çıkışlar olması halinde, büyük şehirlerde yaşayan milyarlarca insan ihtiyaçlarını nasıl karşılayabilir?

Yaklaşık 200 yıl öncesine kadar, insanlar nispeten daha uzun saatler çalıştılar ama makineler yoktu, modern teknoloji de yoktu. Bu nedenle, insanların ürettikleri, kişisel varlıklarını sürdürmeleri içindi. O günlerde kişisel ihtiyaçlar için gereksiz olan iş kollarında çok az hizmet sağlayıcıları vardı.

Daha sonra endüstri ve teknoloji gelişti ve bugün tek bir endüstri santrali her gün binlerce araba ve makine üretebiliyor. Marketler o kadar bol yiyecek tedarikine sahip ki, evde hazırlamaya bile ihtiyacımız yok. Mikrodalga gibi aletlerle, yiyecekleri kolayca ve zahmetsiz hazırlayabiliyoruz, uzun saatlerin ve işçiliğin gerekli olduğu eski günlerin tam tersine.

Sürekli kendimizi iterek, yeni ve modern bir yaşam tarzı geliştirdik. Etrafımızdaki her şeyi oluşturmamızı sağlayan teknoloji geliştirdik. Bunun sonucunda, gelişimle birlikte, çok bol boş zaman kazandık ve bunları ihtiyaçlarımızla ilgisi olmayan sayısız uğraşlarla doldurduk, onları ihtiyaç gibi değerlendirsek dahi.

Örnek olarak, bir genel pratisyen yerine yüzlerce uzmana sahibiz, binlerce alete ve binlerce ilaca. Bunun sonucunda, tamamen şaşkına dönmüş durumdayız. Sayısız danışman, müşavir, ekonomist, finansçı ve banker kullanıyoruz. Tüm bir finans ve bir uluslararası ticaret endüstrisi var. Son 200 yılda, gerçek değeri veya haklı bir nedeni olmayan iş kollarıyla kendimizi çevreledik.

Elverişsiz, şişirilmiş ve çokça gereksiz işletme, sağlık sistemidir. Geçen 50- 60 yılda, ilaç milyar dolarlık bir ticaret haline gelmiştir. Birçok medikal sınav, tedavi, uzman, aletler ve aşı vardır. Ve bu açık kanıtlarla birlikte, sağlık mekanizmaları işletme amacı insanlara hizmet yerine onlardan kâr etme olan kabarmış ve şişmiş bir ticaret haline gelmiştir.

Ulusal bütçenin oldukça büyük bir kısmı sağlık sistemine gider ve hâlâ insanlar özel sağlık sigortasına para vermek zorunda kalır. Doktorlara güvenimiz kaybolmuştur çünkü akılları kendi kârlarındadır, bağlılıkları yalnızca hastaların sağlıklarını maksimum seviyeye getirmek olan geçmişteki doktorların tersine. Bu gün, özel sağlık sigortası olmadan, biri yeterli bakım alamaz.

Doğanın Kanunlarıyla Bütünleşmek

Dr. Michael Laitman

Sağlık sisteminden egoyu yansıtan unsurları yok edersek, vurgunculuk, güç ve başarı gibi, büyük bir çoğunluğunun gereksiz olduğunu keşfederiz.

Bugün, birçok doktor çeşitli dallarda uzmanlaşıyor. Bazı durumlarda bu açıklanabilir olsa da, yaşam değerlerimiz, işlerimiz, korkularımız, baskılarımız ve oluşturduğumuz kirlilikten doğan problemleri temizleseydik bu daha değerli olurdu.

Kişi eğer kazanmak için baskı altında yaşamıyorsa ve bunun yerine, daha sosyal olmak, sağlıklı, mutlu bir topluma girmek ve pozitif ilişkilerden zevk almak için çalışıyorsa, kişinin sinir sisteminin ve geri kalan tüm fiziksel sistemlerinin daha sağlıklı bir destek alacağını göstermek çok basittir. Daha sonra kirlilik, yiyeceklerdeki hormon ve modern yaşamın diğer problemleri ortadan kaybolacaktır. Bu unsurları birbirleriyle bağımlı tek bir mekanizma olarak gördüğümüz zaman, insan vücudu dengedeyken, genel bir iyileşmenin meydana geleceğini göreceğiz – ailelerde, bireylerde ve toplumda.

Bir keresinde televizyonda İsrail'deki tüm hukuk fakültelerinin mezuniyet gecesini izlemiştim, 7 milyon nüfuslu bir ülke. Bir stadyum mezunlar ve akrabalarıyla dolmuştu. Merak ettim, toplumun neden bu kadar avukata ihtiyacı var? Bunun nedeni sürekli olarak birbirimizden korunma ihtiyacı mı?

Neden muhasebecilere ve karışık vergi sistemlerine ihtiyacımız var? Eğer ihtiyaçlarımız ve ailelerimiz için çalışsaydık bu uzmanlıklara ihtiyacımız olmazdı ve diğer zamanlarda sosyal adalet ve karşılıklı güvence üzerine kurulmuş doğru toplumu oluşturmak için harcardık.

Dr. Michael Laitman

Doğanın Kanunlarıyla
Bütünleşmek

Ama esas problem zamanımızı öncelikli olarak dürtülerimizi ve ihtiraslarımızı tatmin etmeye meyilli işlerle dolduruyoruz. Geri kalan zamanda önemli bir iş yapmak yerine yalnızca oynuyoruz. Zamanımızı israf etmek yerine, onu karşılıklı güvene dayanan adil bir toplum kurmamızı sağlayan bir sistemi öğrenmeye harcamalıyız.

Eğer şu anki yaşam şeklimizi incelersek, her gün 10'dan 12 saate kadar çalıştığımızı görürüz. Erken kalkıp, çocuklarla vedalaşıp, onları daha birkaç aylıkken kreşlere bırakıp ve en azından 8 saat harcadığımız işlerimize koşarız.

Akşam olunca, market ve çocukları almak için mola verir ve eve geliriz. Evde olduğumuz an, birçok son dakika işlerimiz olur çocukları beslemek, onları yıkamak ve yataklarına koymak gibi. Sürekli bir baskı altındayızdır.

Çocuklar uyumaya başladığında, işte yetişmeyen şeyleri bitiririz, televizyon izler veya internette sörf yaparız. Tatilimiz varsa, işimiz iyi ödediği içindir. İş hayatımızın merkezi olmaya başlamıştır, bu nedenledir ki onsuz yaşamak zor hale gelmiştir.

Sürekli bir fare avında olmaya alışmışız ve bu nedenle zamanımızı işle doldururuz. Bu yüzden merak ederiz "Emekli oluca ne yapacağım? Bir şeyler yapmadan çıldırabilirim." Bir kişi ilgimizi çekse, o kişinin ne iş yaptığını öğreniriz, insan olarak ne olduğunu ve ilgisi, hobileri ve seçimleri neler olabilir diye merak etmeyiz.

İş tabii ki önemlidir. Kişinin kimliği ve mevkii kişinin iş merdivenindeki yeriyle ve ne kadar para kazandığıyla

Doğanın Kanunlarıyla Bütünleşmek
Dr. Michael Laitman

belirlenir. Başka bir deyişle, insanları değil konumlarını inceleriz.

Endüstri devriminin başlangıcından bugüne insanın içindeki insaniyeti kaybettik. Endüstriyi, ticareti ve iş alanlarını genişletmemize rağmen, kendimizi hâlâ işlerimizin kölesi gibi hissederiz. Bizim için yapılan en önemli şey işyerindeki başarıdır: bu, yaşamlarımızın odak noktası haline gelmiştir.

Başka bir deyişle, iş için doğduk ve hayatlarımızın ilk çeyreğini kendimizi ona hazırlık yapmak için geçirdik. Tıbbi ilerlemeler sayesinde çalışma hayatımızdan sonra 10 veya 20 sene yaşayabiliriz, ancak güçlü ve sağlıklı kaldığımız müddetçe, en önemli şey iştir. Düşünmemiz gereken tek soru şudur: "Varoluşumuzun nedeni bu mu, bunun için mi doğduk?"

Endüstri açığının başlangıcında, Karl Marx endüstrideki gelişimin mevcut şekliyle devam edemeyeceğini söyledi. Krizde sona ermesi şart olan evrimin doğasına odaklandı. Henüz, o günlerde endüstrinin getireceği ekolojik problemlerin farkındalığı yoktu – gezegenin mahvolması, gaz, benzin, kömür, gübre gibi doğal kaynakların tükenmesi ve nükleer santral problemi gibi.

Ayrıca, Doğa'nın sistemlerinin dengesini bozduk, eskiden olduğu gibi davranarak devam edemeyiz. Şu anki kriz değişimi talep eder.

Ailelerimiz de çocukların tüm gün ev dışında olduğu ve günün büyük bölümünü ev dışında geçiren eşlerin bağlantısızlığıyla meydana gelen bozulmuş aile yapısının içinde büyüyor. Bunun sonucunda, insan olarak gelişmiyoruz.

Dr. Michael Laitman

Doğanın Kanunlarıyla Bütünleşmek

Tüm odağımız tamamıyla uzmanlık alanlarında ve gelişim düşüncesi yalnızca işe, eğitimlere ve profesyonel eğitimlere odaklı.

Bugünün krizi son iki yüzyıldaki ilerleyişimizi özetler ve sonuca bağlar. Marx'ın zamanından bugüne, birçok insan bu "iş iş iş" zihniyetinin bir gün çıkmaza gireceğini tahmin etmişti. 1960'lı yıllarda, bazıları insanların mevcut yolda devam ettikleri takdirde, insanoğlunun artık hayatta kalamayacağını tahmin ettiler. Ancak, çoğumuz hayata kendi odaklı perspektiften baktık, kördük ve duyarsızdık. Dünyayı, kendimizi, çocuklarımızı ve geleceğimizi mahvettiğimiz gerçeğini fark etmek istemedik.

Şu anda kriz burada, her şeyi değiştirmekten başka bir seçeneğimiz yok. Hangi yolla buna ulaşabiliriz? Birincisi, kriz tüm insan toplumunu "tertemiz" yapacak. Elbiseyi alıp üzerindeki tozları silkelemek gibi, kriz de insanlığın ihtiyacı olmadığı bu uzmanlık dallarını ve rolleri silecek. Bu uzmanlıklar Doğa'da dengesizliğe neden olur çünkü gereksizdirler ve hayatlarımızı zora sokarlar. Temel ihtiyaçlarımızı karşılamak için çalışmamız gereken saatlerden fazla çalışmak bizi zorlar. Bu uzmanlıklar tüm topluma ve Dünyaya zarar verir.

Kriz insanı değerlendirmek yerine insanların işleri veya çalışma şartlarına göre değerlendirme eğilimini durduracak. Etrafımızdakilerin her birimizin yüceltmek zorunda olduğu insani kısımlarıyla ilgili olacağız.

Yaradılışın amacı, gelişimimiz süresince bize kendini gösteren, bizi tek, tüm Doğa'yla denge içinde olan entegral bir topluma yönlendirir. Şimdi bu küresel krizin bizi bunu yapmaya zorladığını keşfediyoruz. Sevelim veya sevmeyelim

Doğanın Kanunlarıyla Bütünleşmek

Dr. Michael Laitman

yaşamlarımızı tekrar düzene koymak için birbirimize bağlı olmamız gereklidir.

Birbirimize bağlanmak için, tüm toplumu nasıl yeniden düzenleyeceğimizi öğrenmemiz gerek. Yavaş yavaş işlerimizden çıkarılmak zorunda kaldığımız için, işsizlikten var olan zamanı kendimizi nasıl değiştireceğimizi öğrenmeye adamamız gerek. Karşılıklı, entegral bağlılığı ve karşılıklı güvenceyi oluşturmaya başlamamız şarttır. İçimizdeki insanı bulmaya ve değiştirmeye ihtiyacımız var ve yeni, birlik olmuş bir toplumun önemli bir parçası yapmaya.

Bu tür bir toplum kurmak için, herkes için mevcut olacak bir Entegre Eğitime ihtiyacımız var. Eskisi gibi bizi meşgul edecek bir ağ kurmamız şarttır, eskisinden farkı aktiviteler 2 saatlik bir çalışma ve 6 veya 7 saatlik öğrenme ve aktivitelerle bölünecektir.

Bu saatler esnasında, öğrenecek, benimseyecek ve diğerleriyle beraber değişeceğiz, bu sayede entegre bir toplum oluşturabiliriz. Böylece, insanları insancıl olma yolunda harcadıkları çaba ve elde ettikleri başarılarıyla orantılı olarak takdir edeceğiz, işlerine veya pozisyonlarına göre değil.

Bu çok büyük bir görevdir, ancak bunu elde etmeden, krizle meydana çıkan Doğa'nın bizim için hazırladığı bir sonraki seviyeye yükselemeyiz. Kriz bize bir sonraki seviyeyi gösteriyor. Şimdiye kadar yalnızca zarar verdiğimiz ailelerimizi, çocuklarımızın eğitimini, eşlerimizi, komşularımızı, ülkeleri ve daha sonra tüm insanlığı ve Doğa'ya şimdiye kadar yaptığımız her şeyi bir düzene sokmalıyız.

Dr. Michael Laitman

> Doğanın Kanunlarıyla
> Bütünleşmek

Bunların hepsini başarmamız için içten değişmemiz şarttır. Her birimizin bir diğerine nasıl bağımlı olduğumuzu algılamamız ve doğru sonuçları çıkarmamız şattır. Başka bir deyişle, kendimizi insan olarak oluşturmamız gerek, bu hiçbir zaman yapmadığımız bir şeydi çünkü bunun gerekli olduğunu hissetmedik.

Tarih boyunca, yaşamak ve ihtiyaçlarımızı karşılamak için çabaladık. Aslında, 200 sene öncesine kadar, yaşamın gereklilikleriyle ilgilenmek zorunda kaldık. Ama son iki yüzyılda, endüstri ve teknoloji öylesine ilerledi ki, ihtiyaç fazlası üretiyoruz. Endüstrilerimizde aşırı geliştik. Doğrusu, şu an "kötüyü fark etmenin" zamanıdır, egomuzun kabiliyetlerimizi yanlış yönde ilerlettiğinin ve bizi yanlış bir yola doğru götürdüğünün farkına varma zamanıdır.

İhtiyaçlar için dert ettiğimiz ek 6 – 7 saati kendimize vermek yerine bunları gereksiz işlerle doldurduk. Şimdi, krizin de yardımıyla, bu zamanı kendimizi insan gibi inşa etmek için kullanmamız gerektiğini fark etmeye başladık.

Biz ve çocuklarımızın bu eğitime ihtiyacı var. Şimdiye kadar çocuklarımıza onlara iş sağlayacak bir eğitim almaları için çaba sarf ettik. Kendimizi insan olarak inşa etmeye neredeyse hiç aldırış göstermedik. Bunun yerine, iş bulmaya ve başkalarıyla oynayarak onlardan üstün olmaya önem verdik.

Şimdi eğitimimizi, kendimizi ve çocuklarımızı insan olarak inşa etme üzerine odaklamamız gereklidir. Bunu yaparsak, bizi etkileyen tüm krizlerin son bulduğu ve yeni bir dünyanın yükseldiği iyi entegre olmuş bir dünya görürüz.

Doğanın Kanunlarıyla Bütünleşmek

Dr. Michael Laitman

Değişim öyle olacak ki yaşamı artık sabahtan akşama kadar çalışmak, ailemizle 2 saat birlikte olmak ve son saniye işlerinin peşinden koşmak olarak algılamayacağız. Yaşamı tamamıyla farklı bir şeye dönüştürmek zorundayız. Herkesin ihtiyaçlarını karşılaması için gereken saatler dışında, diğer zamanını öğrenerek, eğitim vererek ve eğitim alarak geçireceği sistemler kurmalıyız. Doğrusu, tüm sosyal yapımızı değiştirme zamanıdır. Bu önümüzdeki çözülmesi gerekli sorunlardan biridir.

Büyük bir bölümümüz küresel krizi ticaret, endüstri ve finansla ilişkilendiriyor. Ancak, Dünya'nın atmosferiyle, kopuk aile yapısıyla, eğitimdeki krizle, kültürle ve pratik olarak yaptığımız her şeyle problemimiz var. Bizi etkileyen en önemli iki kriz finansal ve ekolojik krizdir. Bu krizler yaşamlarımızı tehdit eder: finansal sistem strese neden olur, devrimlere, savaşlara ve yağmalara ve ekolojik kriz ise kıtlık ve kötü hava şartlarına.

Doğrusu, 2011'deki doğal afetlerin maliyeti dünya çapındaki en yüksek maliyetti. Maliyet 35 milyar dolara ulaştı. Bugün afetlerin maliyeti yükselen bir eğilimin içindedir. Uzmanlar büyük doğal afetlerin, tsunami ve deprem, hortum ve fırtına gibi, çok büyük hasara yol açacağını ve insanları şimdiye kadar görülmemiş bir şekilde etkileyeceğini tahmin ederler. Japonya'daki 2011 depremi ve tsunamisinin izlerini hâlâ görebiliyoruz.

Ekolojik durumun ekonomik dengeyle ilgili olduğu gerçeği ortaya çıkmıştır. Doğadaki dengesizliğin nedeninin biz olduğu gerçeğini hazmetmek bizim için biraz zordur. Dünyanın yaşamı destekleyen çevresi altında çok büyük hareket eden bir mağmayla çok ince bir kabuktan meydana

gelir. Kıtalar cehennem gibi sıcak kütlelerin üzerine binen küçük kara parçalarıdır. Bu kabuklar Dünya'nın yaşanabilir alanlarıdır ve buna rağmen hâlâ toprağımızdaki tüm mineral, yağ ve gazları talan ediyoruz.

Bilim insanları Dünyadaki ısınma yüzünden kutupsal buzlar eridiği zaman, su seviyesinin 20 metreye kadar yükselebileceğini tahmin ediyorlar. Ne kadar bir toprak parçasının suyla kaplanacağını bir düşünün, kaç tane insanın yok olacağını ve hayatta kalanların nasıl bir yaşam süreceğini.

Korkunç felaketlerle karşı karşıyayız ve egolarımız gözlerimizi bağlıyor. Aslında, finansal kriz için olmasaydı, son dakikaya kadar bir şey fark edemezdik. "Ye, iç ve hayatını yaşa, nasıl olsa öleceğiz!" seviyesinde olurduk. Ama problem bunun yarın gerçekleşmeyeceği. Bugün bile, hükümetleri ve yönetimi çaresiz bırakan huzursuz ve öfkeli vatandaşların tehlikesi altındayız.

Bu nedenle, insanları eğitmeliyiz, aralarındaki ilişkiyi geliştirmeliyiz ve aramızda var olmaya başlaması şart olan seviyeye getirmeliyiz. Kriz sadece bize iki yüzyıl önce başladığımız bu yolda devam edemeyeceğimizi gösteren hatalı bağlantılarımızın bir belirtisidir.

Marx insanlığın bu şekilde devam etmesinin çok akıllıca olmadığını çünkü bunun bir krizle biteceği gerçeğini tartıştı. Devrimlere karşıydı ve değişimin kademeli olarak ilerleme yoluyla olmasının şart olduğunu söyledi. Daha fazla hiçbir işin olmadığı ve insanların sokaklara çıkıp yağma yaptığı, bugün olduğu gibi, bir noktaya geleceğimizi tahmin etti. Bu nedenle, teknolojik gelişmeler yaparken aynı zamanda insanları da geliştirmemiz önerisinde bulundu.

Varisleri bu fikirlerden önemli olanları bırakıp, önemli olmayanları aldılar – yönetimi değiştirerek – ve ilk amacın bir komünist rejim kurulması olduğuna karar verdiler. Ama bu nasıl olurdu, insanların buna hiçbir arzusu yokken ve zengin bundan daha da isteksizken? Çözüm devrim yapmaktı.

İnsanların komünizm algısı Marx ve Engels'den sonra gücü ele geçiren insanlar tarafından çok kötü şekilde bozuldu. Engels iyi veya kötü Marx'ı anladı ama Sovyetler Birliği'nin sonradan gelen hükümdarları ideolojinin çarpıtılmış algısını yarattılar.

Tarihin ilerleyişine ve toplumların ve hareketlerin değişim ve gelişim dalgalarında nasıl ilerlediğine baktığımda, bazı insanların diğerleri üzerinde nasıl yükseldiğini ve tarihi sürece öncülük ettiklerini görürüm. Bu, kendilerinin yaptığı bir şey değildir, bizi kendimizi onunla nasıl benzer bir hale getireceğimizi öğrenmek zorunda olduğumuz çok basit sonuca doğru ilerleten büyük entegre bir sistemden gelir.

Bugün eleştiri yapmaya başlıyoruz ve iki yüzyıldır ilerlediğimiz yolu değiştirmeyi umut ediyoruz. Kendimizi, teknolojiyi ve endüstriyi kullanarak daha özgür yaptık ama boş vakit yerine kendi yaşamlarımızı ve gezegenimizi kirlettiğimiz fazla mesai yarattık; endüstrinin köleleri olduk.

Özellikle bu fazla mesai saatlerini özgürleştirmemiz gerekiyor insan olmayı öğrenmek için. Entegre bir algıyla, en önemli amacımız olan yaşamı yeni bir açıdan incelememiz gerek. İnsan bunun için yaratılmıştır ve bu nedenle bunca senedir evrim geçirdik.

Özet yapacak olursak, uç sağ rejimlere ve üçüncü dünya savaşına doğru gitmek ile bizi dengenin içine yönlendirecek İntegral Eğitim arasında seçim şansımız var. Bugün bir yol ayrımındayız: ya egolarımızın bizi yönlendirmesine izin vereceğiz veya kapsamlı bir dengeye ulaşmak için İntegral Eğitimi Doğa'nın kanununa göre aktif hale getireceğiz.

İntegral Eğitimle algımızı değiştireceğiz bundan dolayı yaşamı artık işe köle olmak olarak görmeyeceğiz. Bunun yerine, kendimizi kendimize ve kendimizle beraber çevremize layık görmeyi öğrenmeliyiz, yeni insanlığı inşa etmeli ve böylece bütünlüğe ulaşmalıyız.

Entegral sistemi tecrübe etmeye başlayınca, Doğa'nın bütünlüğünü ve mükemmelliğini hissetmeye başlayacağız ve bu his bizi dolduracak ve doyuracak. Toplumumuz bize tek bir varlık olmaya başlayacak ve heyecanla, ilhamla, ortak arzuyla ve ortak düşünceyle, yeniden canlanacağımız bir safhaya gireceğiz. Artık yalnız hissetmeyeceğiz çünkü kapsamlı bir sistemin parçası olacağız.

BÖLÜM 8

GELİŞİMİN BİR BAŞKA ŞEKLİ

GELİŞİMİN BİR BAŞKA ŞEKLİ

Egonun Yapıcı Şekilde Kullanılışı

Kendimizi yeni bir nesilde yaşarken görmek isteriz. En azından, çocuklarımızı bunun içinde yaşarken görmek isteriz. Çocuklarımızın sürekli kendilerini korumak zorunda oldukları, ülkelerin sürekli bir karışıklık ve nükleer silahla yok olma korkusu içinde oldukları rekabetçi bir toplumda büyümelerini istemeyiz.

Çocuklarımızın bizim çektiğimiz çileyi çekmelerini istemeyiz. Aynı zamanda güneşin batışından sonra sokaklarda yürümenin imkânsız olduğu, bir sonraki an ne olacağını kimsenin bilmediği veya yaşam koşullarının her sene kötüye gittiği bir toplumda yaşamalarını istemeyiz.

Boşanma oranı artıyor ve intihar oranını artıran depresyon, çaresizlik ve stresten acı çeken insanların sayısı da. İlaca karşı bağışıklık kazanmış hastalıklar bile arttı ve dahası tecavüz ve diğer istismarlar da.

Dünya çapında işsizlik arttı bunun yanında okul terörü ve uyuşturucu ve alkol bağımlılıkları. Aynı anda, dünya çapında yiyecek kıtlığı, güvenlik sorunları ve sosyal huzursuzluk ve devrim gibi potansiyel karışıklıkların sayısı artıyor.

Doğal afetler daha sık olmaya başladı ve tsunami, depremler, volkanik patlamalar, fırtınalar ve hortumlar daha sık meydana geliyor. Teknik hatalar, yağ sızıntısı gibi, çevresel felaketlere yol açıyor ve her sene, bu tür trajediler daha sık şekilde büyüyor.

Gerçekten korkulu bir durumdayız. İnsanların tehlikeyi hissetmemelerinin nedeni orada olmamaları değil, ama onları düşünmeye devam edemiyorlar, bu yüzden hayatlarımızı realiteden koparıp, akıntıya doğru gidiyoruz. Ancak, çocuklarımıza ne tür bir dünya bırakacağımızı durup ve düşünürsek eğer, onlara tatmin, başarı ve samimiyet sunan iyi, barışçıl ve güvenli bir hayat sunamadığımızı fark ederiz.

Tarih boyunca, egolarımız yoluyla geliştik, bizi büyümeye ve yeni sosyal, politik ve ekonomik yaşamlar keşfetmeye zorladı. Bilim ve teknolojiyi geliştirdik, gelişim ve büyüme arzumuzu kullanarak birçok büyük şeyler yaptık. Ama şimdi yolumuzu kaybettik, kendi emrimizde birçok olasılığı doğru bir şekilde kullanamıyoruz.

Bugün, insanlık çölde kaybolmuş bir grup insan gibidir, nereye gideceğini bilmeyen. Dünya liderleri, karar vericiler, düşünürler ve bilim insanları çeşitli kongrelerde toplanır, G7, G6 veya G20 gibi, ama hâlâ ne sonuca varacaklarını bilemezler. Ülkeleri veya dünya için bir kurtuluş planları yoktur.

Egolarımız bizi sürekli itiyor ama önceden olduğu gibi gelişmeye devam edersek ne olacak? Eğer yaparsak, toplu bir yıkımla, açlıkla, yaygın hastalıklarla ve iklim ve ekolojik felaketlerle son bulabiliriz. Seçebileceğimiz başka bir gelişim yolu var mıdır?

Biliyoruz ki insan sosyal çevre ile gelişim sağlar. Bizler harfiyen onun etkisinin ürünleriyiz, o zaman neden

bizi geliştiren bir çevre oluşturmayalım ve bu yolla bizim seçtiğimiz bir yöne doğru kendimizi geliştirmeyelim? Belki de bizim neslimizin yapması gereken tek şey budur.

Doğa'nın bizi ilerletmek için eskisi gibi çaba harcamamasının iyi bir nedeni vardır. Doğa sanki bekliyormuş gibidir. Şu an bilgi ve hassasiyete sahibiz ve belki de imkâna; toplumu öyle bir düzenlememiz gerekir ki, tarihte ilk defa, kendi gelişimimizi tayin edebilelim.

Doğa tarafından bir milenyum boyunca süren mecburi bir gelişimden sonra, şu an bizi ilerletecek çevreyi geliştirmek için yeterli bilgiye, hisse ve analitik kabiliyetlere sahibiz. Şimdi tek seçeneğimiz kendimizi iyi bir çevreye yerleştirmek ve bizi iyi şekillendirmesine izin vermek.

Çevrenin gücünü doğru şekilde kullanırsak, doğamızı düzeltebiliriz. Kendi odaklı olmak yerine, iyi bir çevre inşa etmek için egolarımızı kullanmayı öğrenmeliyiz. Bu zamana kadar egolarımızın bizi nereye doğru ittiğini ve bize neler yaptıklarını göremeyecek kadar kördük, şu an bile bereket, güvenlik ve huzurun olduğu iyi bir yolda ilerlemediğimizi görmemize rağmen.

Eğilimlerimizi ve kabiliyetlerimizi yapıcı bir şekilde kullanan iyi insanlara dönüştürecek iyi bir çevreyi kurmaya ihtiyacımız var. Bu nedenle, yeni bir şey kurmamıza ihtiyacımız yok – yeni bir çevre dışında.

Çocuklarımız için nasıl bir çevre oluşturduysak aynı biçimde kendimize de bir çevre inşa edebiliriz - her çocuğun düzgün bir eğitim aldığı ve çocukların eğilimlerini nasıl yararlı bir şekilde kullanacaklarını bilen eğitmenlerin olduğu bir çevrede.

Teknoloji, ticaret ve ekonomideki ilerlememiz yeni bir çevre kurmak için gereken zamanı bize sağlar. Bunların işe uygun olanlarının %80'ini yeni bir çevreyi inşa etmede ve yalnızca %10-20'sini hayatta kalabilmemiz için gerekli şeylere harcamalıyız.

Araştırmalar, nüfusun %10'nun doğal olarak başkalarına yardım etme dürtüsüne sahip olarak doğduklarını gösterir. Yardım kuruluşlarıyla uğraşır, hasta ve fakire yardım eder, aşevlerinde çalışır ve çaresiz insanlara yardım için uzak yerlere yolculuk eder.

Ancak bu tür idealistler çok azdır. Başkalarına yardım etme arzuları da onları bu tür davranışlara yönelten egolarından doğar. Kendi hayatlarını toplumun iyiliği ve ilerlemesi için feda bile edebilirler, bu doğuştan "egoist-özgeciler" yeni eğitimin odakları değildir. Bundan ziyade, odak noktası çoğunluktur– yalnızca kendi çıkarlarının peşinde koşan normal insanlar. Görüş budur ki, herkes pozitif bir değişime adapte olacak ve böylece dünya değişecek ve dünyayı yönetme gayesindeki tüm kuvvetler insanın menfaatine doğru yönelecektir.

Bu tür değişimin tek yolu, tabii ki, eğitimdir. Eğitim belirli bir öğrenme ve bilgi temin etme ölçüsüne bağlıdır. Kurslar, sanal bir çevre, kültür, tiyatro, müzik, filmler, kitaplar ve inşa edilmesi şart olan yeni dünyadaki çevreyi anlatabilecek her şey.

Her ne kadar bu düzgün değişimi hâlâ hayata geçirememişsek de, kendimizi, çocuklarımıza yapacağımız gibi, yetişkinler için bir çevre kurarak eğitebiliriz. Bu şekilde bizi en etkili şekilde etkileyecek bir sitemin inşasından gelen daha yüksek, daha olgun bir seviyeye yükseliriz.

Bunu yaparsak, insanlar dış dünyanın her şekilde bizi etkilediğini gözler önüne serecek sayısız örneklerle taşacaktır, bu gibi örneklerle alışık olacağımız bir noktaya gelene kadar. O zaman nasıl davranmamızın şart olduğunu anlayacağız. Çevre bizi o şekilde etkilediği için başka bir seçeneğimiz kalmayacak, çünkü çevremizin bizim üzerimizdeki gücünü önceden biliyor olacağız.

Bunu yapay olarak yapsak da, almış olduğumuz örnekler bile bizi etkiyecektir. Bu örnekler farklı kaynaklardan gelse ve bazen arzularımıza karşı olsa da hâlâ etkilidirler, ilkin isteksizce ve daha sonra kendi irademizle çalışacaklardır. Yavaş yavaş bunu kabul ederiz çünkü alışkanlıklar ikinci bir doğa olmaya başlar. Bu yeni değerleri kendi geleceğimiz ve güvenliğimiz adına çocuklarımıza adapte etmeyi isteyeceğiz. Şimdi, bu yeni yaşam tarzına doğru organize olmamız şarttır.

İçinden geçtiğimiz tüm krizler, yaptığımız her şeyde bizi saran tüm safhalar aslında kendi doğamızda düzeltemediğimiz hataların ortaya çıkışıdır. Bu nedenle, ilk olarak yeni yaşamın ne gerektirdiğini anlamamız gerek ve daha sonra bunun hayalini kurabiliriz.

Açıkça, dünya için en iyi ve güvenli durum herkesin birbirine bağımlı olduğu, herkesin iyiliğinin toplumun iyiliğine bağlı olduğu, herkesin bir ve birin herkes için olduğu tek, uyumlu bir aile olmaktır. Bu yüzden, her üye herkesin

Doğanın Kanunlarıyla Bütünleşmek
Dr. Michael Laitman

çıkarı için elinden gelenin en iyisini yapacaktır, bugün kendi ailelerimiz için yaptığımız gibi. Karşılık olarak, herkes toplumun iyiliği için çalışırken yaşamını sürdürebilmesi için gerekeni alacaktır aynı zamanda.

Biliyoruz ki, insanlar çok farklıdır. İnsan toplumu farklı dinler, inançlar ve adetlerle çeşitlenmiştir. Hal böyle iken, insan toplumundaki her kesimi veya segmenti de içine alarak herkese anlayış ve saygıyla davranmak zorundayız. Herkes için bir yer ayırarak insanların uğraşları ve alışkanlıklarına saygı göstermeliyiz. Bu fikir insanları aynı kalıba sokmak veya aradaki farklılıkları silip herkes için aynı kültürü zorlamak değildir. Aksine, herkesin olduğu gibi kalması ve aramızda var olacak olan iyi havayı topluma katmaktır.

İnsanları safha safha değiştiren bir eğitim bizi sosyal yapıda, politik yapıda ve uluslararası ilişkilerdeki değişimler için harekete geçirir. Değişim uluslararası sınırların ve sırasıyla ülkelerin sınırlarının kalkmasını sağlar; tek, "dairesel", küresel bir insanlığı amaçlayarak.

Biz kanunları ve yapıyı belirlemiyoruz, yaptığımız her şeyin entegre insanlığın yararına olması şarttır. Böylece geleceğimizi kuracağız.

Günümüz yaşamının ortaya çıkardığı tehlikelere karşı kendimizi organize etmemiz gerektiğini anlamamız şarttır – yaşam maliyetinin artışı, eğitimde, kültürde ve çocuklarımızın etraflarında maruz kaldığı her şeydeki kriz. Uyuşturucu ve alkol istismarı, fahişelik ve kötü eğitime karşı savaşmamız gereklidir ve böylece çocuklarımız hayatta başarılı olabilirler.

Kendimizi eğitimcilerin, psikologların ve yeni bir toplumun nasıl kurulacağını ve bizi nasıl etkileyebileceğini bilen insanların yardımıyla kuracağımız iyi bir çevre yoluyla "tedavi" etmemiz gerek. Herkesin bu tedaviyi kabul etmesi zorunludur ve biz ve çocuklarımız bundan etkilenmek ister. Herkes bu iyi etkinin altında olana ve değişmeye başlayana kadar bu tür sistemleri kurmaya başlamalıyız.

Doğal olarak, burada bir komünikasyon sistemi kurmamız gerek, bir eğitim sistemi, bilgi sağlayacak bir sistem ve yeni değerler sistemi. Bunun için, mevcut olan her bir yolla tesir edebilecek sayısız uzmana ihtiyacımız var.

Ancak, bunu hükümet ve medyayı kontrol edenlerin insanları kendi çıkarları için ellerindeki tüm imkânları kullanarak manipüle ettiği yolla yapmayacağız. Bunun yerine, bunu herkesle birlikte ve ne yaptığımızı açıkça anlatarak yapacağız. Bizi etkileyen bu çevresel kılıfı kütlelerin ve tüm insanların katılımıyla kuruyoruz, bu sayede kendi inşamızı algılamada ve anlamada herkes ilerleyecek.

Bu nedenle, kendi inşamızla, insanlar kendi otonomi seviyelerinde yükselecek ve kendi eğitimlerine katılabilecekler. Herkes çevrenin inşasının içinde olacak ve bu onlara gelişim olarak geri dönecektir.

Bütün bunların hepsini yaparak kendi geleceğimizi inşa edeceğiz. Bu ütopik veya fantastik değil ama çok gerçek bir gelecek olacak, eğitilme kabiliyetimize göre ilerlediğimiz ve kurduğumuz bu kılıfla karşılıklı bir şekilde değişeceğiz.

Doğanın Kanunlarıyla Bütünleşmek

Dr. Michael Laitman

Çift taraflı bir şekilde, sürekli bu kılıfı – kurduğumuz bu çevreyi- bizi daha fazla eğitmesi için geliştireceğiz. Her seferinde yeni bir eğitim seviyesine ulaştığımızda, bizi yeni muhakemelerle ve taleplerle etkilemeye devam edecek çevreyi yeniden inşa edip ve yeniden tasarlayacağız.

Bu nedenle, kendi kendimize öğrenme ve idrak etme becerimiz sayesinde kendimizi sabit bir akış safhasında bulacağız ve kendimiz için en iyi olanı çıkaracağız ve şimdiki durumdan karşılıklı olma, hayırseverlik, anlayış ve sevgi basamaklarında daha da yükseleceğiz.

Bu sürece katılım sağlayan herkes basitçe herkesin ona iyi davrandığı daha iyi ve barışçıl bir hayata başlamayacak. Tam tersine, bu tür bir insan iyi bir eğitimle, sistemde aktif yer alarak başkalarına karşılık verecek. Bu yolla tüm sistem kendini inşa eder ve şekillendirir.

Tarihte ilk defa, egonun itmesiyle evrim geçirmiyoruz. Tam tersine, çevreyi kullanarak kendi kendimizi eğitme yoluyla gelişiyoruz. Daha az egoistik, nazik ve daha işbirlikçi oluyoruz. Böylece insanlığın yaşadığı bu büyük kriz –bir milenyum boyunca İntegral Eğitim yoksunluğu sonucu ortaya çıkan – onarılacaktır ve insan, Yaradılışın merkezi olan, kendine düzgün, uygun bir çevre inşa etmesine olanak veren bir seviyede olacaktır. Bu yolla, İnsan ve tüm dünya birbirleri vasıtasıyla düzeleceklerdir.

Tüm dünyada sosyal adalet, adaletli paylaşım, şerefli bir yaşam ve barınma talep eden büyük halk kitlelerinin protestolardaki sloganları aslında şunu söylemektedir: "Evet yapabiliriz. Hadi hep beraber kendimize bir toplum inşa

edelim. Gezegenimiz buna hazır, o her şeye sahip, bunu nasıl kullanacağımız bize kalmış."

Bugün insanların gerçekten ihtiyaçları olan şey için birleştiği ve talep ettikleri zaman ve talep ettikleri şey amaca uygun olduğu zaman bir görüşü, bir sesi ve gücü olduğunu görürüz. Bu yalnızca küçük bir topluluğun mutlu olacağı ve geri kalanlarının dışarda kalacağı talepler için geçerli değildir. Bu nedenle, fakirlik sınırının üzerinde, güvenli, iyi eğitimli, saygın bir yaşam umudu, doğru bir çevrenin ve doğru bir toplumun inşa edilmesine bağlıdır.

İnsan egoya sahip, nesilden nesile, seneden seneye ve günden güne evrim geçiren tek canlıdır. Hayvanlar ve bitkilerden farklı bir şekilde gelişiriz. Ve tüm doğa olaylarındaki gibi, bunu iyi bir kuvvetin ortaya çıkışı olarak kabul ederiz.

Ama insan egosunu kendi çıkarı için kullanırsa, endişe duyulacak bir neden vardır ve bunu eğitimle önlememiz şarttır. Sonunda, egolarımızı kendimiz için kullanmaya değmediğini, çevrenin buna tahammül etmeyeceğini çünkü ona zarar verdiğini ve nihayetinde yanlış yapanı da cezalandırdığını görmemiz gerek. Bunu yaparak, gelişim yoluyla, egolarımızı içimizdeki iyi kuvvet ve özellik haline getiririz.

Önceden olduğu gibi gece gündüz ailelerimizi beslemek için didinmek, çiftlik hayvanları yetiştirmek ve toprağı işlemek zorunda kaldık, bugün – egolarımızın sayesinde meydana gelen ilerlemeyle- makineler ve bilimsel teknolojiler günde 2 saat çalışarak ihtiyacımız olan yiyecek, giyim ve barınağı temin etmemizi sağlar.

Doğanın Kanunlarıyla Bütünleşmek

Dr. Michael Laitman

Bugün insan nüfusu yedi milyar barajını aşmıştır, ama hâlâ her insan bir veya iki saat çalışarak kendisinin ve ailesinin ihtiyacını karşılayabilir – provizyonlar, barınak, giyecek, ısınma, sağlık, emeklilik, özgürlük ve eğitim. Bunu gerçekten de bir realiteye dönüştürebiliriz.

Kendimizi olumlu veya olumsuz yönlendirmenin amacı başkalarına yarar sağlama niyetidir. Toplumumuzu, kişinin aracı kendi için kullanmak yerine başkaları için kullanması niyetiyle inşa etmeliyiz. Yalnız eğitim bize başkalarına faydalı olma niyetini sağlar ve çevremiz bizi işimize ve davranışlarımıza doğru bir şekilde odaklanmamızı sağlayarak korur.

Bebeklerimizi acıdan korumak için, etraflarında onlara zarar verecek keskin nesnelerin veya köşelerin olmadığına, oyuncaklarının çok ağır veya kırılgan olmadığına ve oynadıkları şeylerin yutmamaları için yeterli büyüklüğe sahip olduklarına emin oluruz. Bir başka deyişle, kendimizi bebeklerimizi güvenli ve düzgün bir biçimde geliştirebileceğimiz bir çevreyle kuşatırız. Büyüdüklerinde ve oyunları nasıl düzgün bir şekilde oynayabileceklerini öğrendiklerinde, daha çoğuna sahip olmalarına izin veririz çünkü güvensiz bir şekilde oynamayacaklarını biliriz. Bu onlara egonun artık iyi olmadığı bir limit ötesini öğretme şeklidir.

Toplum olarak onlara, elde ettikleri eğitim ve gelişim seviyelerine uyan örnekler göstermeliyiz. Yalnızca bu şekilde egolarını izleyebilir ve düzgün bir şekilde yönlendirebilirler ve bu herkesin iyiliği için olur.

Bugünün insanoğlunu, yolunu kaybetmiş, kendilerine nasıl iyi ve pozitif bir yaşam kuracaklarını bilmeyen egoistler olarak tanımlayabiliriz. Günümüzün insanları nasıl tatmin edeceklerini bilmedikleri birçok talebe sahiptir. Ailelerini nasıl geçindireceklerini bilemezler ve her geçen gün daha kirlenmiş ve kuralsız olan çocukları için endişe duyarlar ve iyi bir gelecek düşünemezler. Bugün insanlar kendileri, aileleri, akrabaları ve dünya için umutlarını kaybediyorlar. Ama bunları düşünmekten kendilerini alıkoyabildikleri için, bu yaşama, bazen ölümden bile kötü gelen, tolerans gösterebiliyorlar.

İnsan parçalanmış, kirlenmiş ve kaybolmuştur. Tüm seviyelerde olan çok kapsamlı krizin bir parçasıdır – evrensel, kişisel, sosyal, Doğa'da ve ekolojide.

Kendimizi adadığımız işlerimiz, köleleştirdiğimiz işverenlerimiz, televizyon ve medya bile krizdedir. Bu bize ters etki yapar, bu nedenle kendimizi işsiz ve amaçsız buluyoruz ve tüm alanlarda gerçekten de ellerimizin boşaltıldığını hissediyoruz. Bundan dolayı, kendimize sormaya başlıyoruz: "Bir sonraki an ne olacak" ve bir sonraki gelişimimizi değerlendirmek için daha açık olmaya başlıyoruz.

Güvenliğe, sağlığa, iyi bir aile hayatına ve çocuklarımız için uygun bir eğitime nasıl ulaşacağımızı görmemiz gerek. İnsanların iş sahibi olması ve güvenli bir atmosferi içine alan hayatın başka doyumlarına sahip olmaları için neler yapılması gerektiğini görmemiz gerek.

Bunların hepsine ulaşmak için, kendimizi ve toplumu değiştirmemiz şarttır – her birimizi ve aramızdaki bağı. Bu sahip olduğumuz tek özgür seçim vasıtasıyla yapılabilinir, kendimizi ve sosyal çevremizi değiştirebileceğimiz tek araçla çevrenin bize olan etkisiyle. Bu nedenle, bu çevreyi bilinçli ve akıllıca inşa etmemiz şarttır.

Şimdiki durumumuz çaresizlik örneğidir ama şanslıyız ki, insan kendini eğitebilen zeki bir varlıktır. Bugünün eğitiminin yanlış bir şekilde yönetildiği açıktır. Ama bunu düzeltebiliriz. Kendimizi eğitmek için ne tür bir toplum inşa edebileceğimizi incelememiz gerek. Bize gelip, "Şunu yap, bunu yapma, kavga etmeyi bırakın, iyi olun" diyebilecek kimse yok. Biz kendimiz bilgece ve olgunlukla kendi çevremizi inşa etmeliyiz.

Doğa "kasıtlı" olarak bizi olduğumuz gibi yarattı, bu nedenle değişebiliriz ve çevre yoluyla kendimizi yükseltebiliriz. Eğer çevre insanı etkileyen tek araçsa, bizi en pozitif şekilde etkileyecek olan çevreyi inşa etmemiz gerek. Bu safhada, kendimizi eğitiyor olacağız. Kimse bizi eğitmek için gelmeyecek, bunun yerine herkes bizi değiştirecek ve hep beraber bu problemi tartışacak.

Gerçek bir eğitmen herkese saygı ile davranır ve yanlışı fark etmek için insanların kabiliyetlerine güvenir. Eğitmen öğrencilerin analitik ve tüm Yaradılışın anlaşıldığı seviyeye ulaşabilme kabiliyetlerine güvenir. Bu nedenle, kimse ortaya çıkıp sanki bizler büyük bir anaokulundaymışız gibi insanlığı eğitmeye başlamayacaktır.

Tarihte ilk defa, insanlığın kendisinin inşa ettiği yeni bir gelişim var. Şimdiki kriz bize içimizdeki insanlığı dışa vurmamız haricinde başka bir seçenek bırakmıyor. Her insan paylaşımcı, anlayışlı ve karşılıklı güvence seviyesine, "Dostunu kendin gibi sev" seviyesine yükselmeli. Bunun adı "Kendimizi insan seviyesine yükseltme eğitimi"dir. Bundan daha fazlasını, anlayarak, fark ederek ve farkındalıkla yapmamız şarttır.

İlk başta, bu değişimin farkında olmayabiliriz, anlaşmaya ve ortak bir anlayışa vardığımız grup aktiviteleri ve tartışmalar yoluyla, bu tür bir çevreye ihtiyaç duyduğumuzu fark edeceğiz. Grup içindeyken, kendimize bu tür bir çevre kurmuş olacağız.

Bu yolla ne yaptığımızı, neden yaptığımızı ve ne tür değişimlere maruz kalacağımızı bileceğiz. Herkes kendi analisti olacak ve grup içindeki diğerleri için de bu göreve hizmet edecek. Her insanın bir insan doğası uzmanı olması şarttır.

Burada bir çelişki var gibi gözüküyor çünkü en başta insanlara bir şey bilmiyorlarmış gibi davranmalıyız. Tabii ki, bu onların suçu değil, bu onların büyütülüş şekli ve onları krize götüren şey. Hal böyle iken, herkesin kendi kabiliyetlerine ve tüm dünyayı değiştirme potansiyellerine göre muamele görmesi şarttır.

Sözümüze çölde yolunu kaybetmiş insanlar gibiyiz diyerek başladık. Şimdi yolumuzu bulmamız şarttır –şu anda irdelediğimiz iyi bir yaşamı. Bu irdeleyiş sırasında ve sonrasında, çölün ortasında bereket dolu bir dünya inşa edeceğiz.

Kendi gelişimimizin hızına bağlı olarak ilk grubun çıkarları için sonra yakın civar için, daha sonra ülke için ve daha sonra dünya için çalışacağız.

Doğanın Kanunlarıyla Bütünleşmek

Dr. Michael Laitman

Bu yolla, insanlarda değişim meydana gelecek ve böylece bu eylemlerin yaşamımızın devam etmesi için gerekli olduğunu görecekler çünkü daha başka bir seçenek yok. Aslında, ya insanlık nükleer savaş ve küresel yıkımla daha kötüye gidecek (savaşlar olmasa dahi bu olabilir) veya düzgün bir yöne doğru kayacağız. Bu şu anda durduğumuz yol ayrımıdır.

Bu ütopik biçim öyle olmalıdır ki hem başkaları için endişe duyarak, hem de tamamıyla saygın bir yaşam için gerekeni alarak sonunda hepimiz aynı seviyede yaşayacağız. Bütünleşmiş bir toplumda yerimizi alabileceğiz. İnsanın hırsı yok olmayacaktır ve rekabet, kıskançlık, onur ve saygı ve hükmetme arzuları yine olacaktır. Ego aynı şekilde kalacaktır ama insanlığın çıkarına hizmet etmesi için ona yeni ifadeler bulacağız.

İşte burada ilginç ve yeni bir yolla çalışmamız şarttır. Herkesi zorlayacak şeyler vardır –kıskançlığı, hükmetmeyi, onur arayışını, bilgi ve doğal kurnazlığı tam tersine kullanmak yerine lehimize kullanmak. Bu yiyecek, aile, barınak, güvenlik, sağlıktan daha fazla bir şeye ihtiyacımız olmayacak anlamına gelmez. Tam tersine yaşam standartlarımızı arttırmaya devam edebiliriz ve hâlâ Doğa'yla olan uyumumuzu koruyabiliriz. Dengeli bir safhada doğal afetlerden zarar görmeyeceğiz ve sonsuza kadar refah düzeyimizi yükselteceğiz.

İnsanların minimum seviyeye razı hayvanlar gibi yaşamasına izin vermeyeceğiz. Onun yerine, fakirlik sınırının üzerinde yaşayacağız.

Bunun için, insanların uygun olan veya olmayan davranışlarını yargılayan yeni mahkemelere ihtiyacımız var.

Başka bir deyişle, çevre hâlâ bir eğitim ortamı olacak ama herkes çevrenin kendilerine karşı olan tepkisiyle davranışlarının doğru olup olmadığını bilecek.

Eğer bir insanın niyeti çevreye yararlı olmaksa, bu kişi ve ailesi onurlandırılarak veya başka yardımlarla ödüllendirilecek. Ama kişi tam tersine davranırsa, sosyal baskı onun bu davranışını değiştirmesi için etkileyecek. Ancak, bu eziyet yoluyla olmayacak ama yalnızca arkadaşları, ailesi ve sosyal çevresinin serzenişleriyle olacak.

İnsanların sağlıklı bir yaşam için talep ettikleri şeyleri kararlaştırmamız gerek. Herkesin ihtiyacının tespit edilmesi ve kişinin karakteri, alışkanlıkları ve koşullarına göre kaydedilmesi şarttır ve bu bilgiye göre herkes için bir hizmet sağlanacaktır.

Sosyal çevreyi ne şekilde yöneteceğimiz hakkında açıklığa kavuşması gerekli birçok şey vardır. Şu anda var olan sistemlere benzer sistemler olacak mı veya yenilerini mi kurmamız gerekiyor? Her görüşü incelememiz ve olabildiğince geliştirmemiz gerek.

Çevremizi kendimiz için bir eğitim merkezi olarak sürekli inşa ediyoruz. Çevre her zaman bir seviye önde ve şu anki konumumuzdan daha ileri olmalıdır bizi pozitif şekilde etkilemesi için. Bu şekilde kendimizi daha ileri bir seviyeye çıkartırız

Sürekli bana düzgün davranışalar sergilemeyi öğreten bir imajı aramalıyım. Bu imaj beni nasıl etkiler? Onu eğitici bir imaj olarak bağlantıyı koparmadan nasıl göz önünde tutabilirim? Aslında bu imaj, benim daha yüksek bir seviyeye ulaşmış halim.

Bu imaj "daha iyi olan kendim" olduğu için, kurduğum bu imaja kendi özelliklerimi getirmek için uğraşırım. Hayal ettiğim bu imajın içinde özellikler vardır ama bunlar fantezi değildir. Tam tersine, benim özelliklerimden biraz daha iyi özelliklerdir. Bunları şu anki özelliklerimi inceleyerek ve hangi kusurlu özelliklere sahip olduğumu belirleyerek inşa edebilirim. Bana şu an gözüken kötü kısımlar benim düzeltmeyi arzu ettiğim şeylerdir.

Daha sonra, bu katmanı tam tersi biçimde, çevrenin eğitici imajında hayal ederim çünkü eğitmenin ve çevrenin imajı aynıdır.

Eğer başkalarına karşı olan negatif özelliklerinizi düzelteckseniz kendinizi nasıl görmek istediğinizi incelemeniz gerek. Bu, çevreye olan ilginizi ve şefkatinizi daha üst seviyede resimlemenizdir. Bunun adı "Eğitimcinin imajı"dır veya "çevrenin imajı", "toplumun imajı"dır. Toplamda, bu her seferinde daha iyi bir çevreyi seçmektir.

Bu formdan etkilenmeye ve ilham almaya başladığınızda, her seferinde daha iyi bir formu hayal edip ve onun tarafından çekilmeye çalışarak bu prensiplere ve değerlere kendinizi yükseltmeye çalışırsınız. Sizden daha iyi formları hayal edersiniz ve ilerlemek istediğiniz bir noktaya gelirsiniz ama nasıl olacağını bilmezsiniz. Daha sonra, bütün yapacağınız çevreye sizi etkilemesini sormak. Daha iyi bir çevrede iseniz, hayal ettiğiniz bir forma gelmek için teşvik edilirsiniz.

Kendimizi kötü biri olarak hissettiğimiz bir safhaya nasıl geliriz? Belirli bir çevrenin içinde yaşıyoruz, bir sosyal daire. Bu çevre, benim gibi, İntegral Eğitimin bir parçası olan başkalarından oluşuyor. Bu sosyal daire içinde nerede hatalı olduğumu ve neyi düzeltmem gerektiğini keşfediyorum. Buna "çevreyle ilgili olarak nerede kötü olduğumu fark etmek" denir. Çevrem bana bir sonraki safhamı gösterir ve bunu görebilirim çünkü çevrenin içerisindeyim. İçinde olmasaydım, kötüyü nasıl fark edebilecektim? Çevreye kendimizi ölçmek için bir standart olarak ihtiyacımız var.

Kötü arzulara sahip olmasaydım, görünüşte içsel özelliklerimle onları sararak, onlarla eşit olarak başkalarıyla birbirimize bağlı olurduk. "Eşitlik" mükemmel formu elde etme noktasına kadar olan içsel bağlanma demek.

Tabii ki, yukardakilerin hiçbirisinin fiziksel kucaklamayla bir ilgisi yoktur, bu onlar bana iyi davranırken benim onlara iyi davranma istediğimdir. Kötüyü fark etme kişinin başkalarına olan tavrıyla, kendimi başkalarıyla nasıl karşılaştırdığımla ölçülür. Belirli bir standardın, ölçünün olması gerekir, bu benim belirlediğim şeydir –onların bana olan iyi tavrına karşı benim onlara olan kötü tavrım. Arasındaki farka "kötülüğün fark edilmesi" denir.

Çevreden özümsenen iyi etkiyle, kendinizi onlara kıyasla çok aşağıda hissedersiniz. Çevrenin size karşı tavrı sizin onlara olan tavrınızdan daha iyi olarak nitelendirilir. Daha aşağı bir seviyede olduğunuz için, bunu egonuzdaki bir hata olarak hissedersiniz. Bu sizi çevreyle olan ilişkinizi geliştirmeniz için iter.

Başka bir deyişle, bir yandan egonuzda bir hata ve diğer bir yandan onlara yaklaşmaktan, benzemekten, eşitlenmekten başka bir şansınız olmadığını hissedersiniz. Bu nedenle, çevre size sürekli bu tür örnekler verir ve buna her geçen gün daha da artacak bir şekilde uymaktan başka bir seçeneğiz olmaz, çocukların anaokulu öğretmenlerinden öğrendiği gibi.

Çevreyle olan bağlılığı kuvvetlendirmek için, kendi çabamızı sarf etmek zorundayız. Birbirimize daha yakın ve bağlı bir şekilde büyüyebilmemiz için etkilememiz gerek. Bu nedenle, doğal bağlılığımızın dışında herkesteki değişimlere tanık olacağız.

Özet yapacak olursak, bizim için en önemli şey çevredeki genel havayı incelemeye devam etmektir, bağlılık, anlayış ve sevgi yolunda kalmak için her zaman uğraş vermektir. Ve daha sonra istesek veya istemesek de değişiriz. Doğal olarak, kimse değişmek istemez. İnsan doğasını biliyoruz. Ama bizi kendi doğamıza karşı değiştirecek bir sisteme girmekten başka bir şansımız olmayacak –kendi egoistik doğamıza.

Çevre içimizdeki her şeyi bozarak bizi değiştirmeyecek. Bunun yerine, egomuzu başkalarının, çevrenin ve insanlığın yararına ne şekilde kullanırız onu değiştirecektir -kendi odaklı kullanımdan yapıcı bir kullanıma.

BÖLÜM 9

EGONUN SONU

Doğanın Kanunlarıyla Bütünleşmek

Dr. Michael Laitman

EGONUN SONU

İlişkilerimizde Neler Değişti?

Yüzlerce yıllık bilimsel gelişimin sonunda, dünyamızda bizi ve yaşam kalitemizi etkileyen temel kurallar olduğunu keşfediyoruz. Bu dünyadaki işimiz etrafımızdaki bu doğal kuralları geliştirmek ve keşfetmektir. Zeki yaratıklar olarak, hayvanlar âleminden ayırt edildik ve Doğa'nın bu kanunlarını test edebiliriz ve inceleyebiliriz –bize ne fayda sağlar, ne zarar verir, yaşamı nasıl geliştiririz ve iyi bir geleceği nasıl güvence altına alırız.

İnsan yalnızca içgüdüleriyle hareket eden, bir tek doğal dürtüleri tarafından yönlendirilen, içten davranışlarını yöneten bir hayvan değildir. Hayvanlardan farklı olarak, insan eylemlerinde özgür seçime sahiptir. Ancak bu özgürlük arzu edilmeyen sonuçlar doğurabilir. İnsanlar bazen kendilerine zarar verir ama hayvanlar vermez. Hayvanlar alkol ve uyuşturucu kullanmaz ve gereksiz yere kendilerini incitmezler. Birbirlerini yerler, yalnızca yaşamlarını sürdürebilmek için, egoları olduğu için veya başkalarına zarar vermek veya egemen olma eğiliminde oldukları için değil.

Başka bir deyişle, insanlarda Doğa'nın değişmeyen kanunlarına bağımlı olmayan bir "ihtiyaç fazlası arzu" vardır. Bundan ziyade, arzumuzu serbestçe kullanabiliriz – daha iyi veya daha kötü için. Arzularımız yemek, üreme ve sığınak veya yuva inşa etmenin ötesindedir. Tatile gitmek, dünyayı görmek, bilimi, kültürü, eğitimi ve yaşamı daha mutlu hale getiren her şeyi isteriz.

Bazı nedenlerden dolayı insanlar yaşamlarını hayvanlardan daha kötü bir yolla idare eder. Bazen kedi ve köpeklere imrenirim çünkü yaşamları iyi ve güvenlidir ve arzuladıkları her şeye sahiptirler. İnsanlar sürekli acı çeker, stres yaşar, rekabet içindedir ve kendilerini harcarlar. Başkalarına baktığımız zaman, kıskanır ve nefret ederiz ve hâlâ onlardan saygı bekleriz. Tarih boyunca, hiçbir zaman üstün insan özelliklerimizi nasıl kullanacağımızı bilemedik. Mutlu ve iyi yaşamlar elde edeceğimize, depresyon ve umutsuzluğun olduğu bir yere vardık.

Bir kişinin yaşamı babasının menisinin düşmesi ile başlar. Doğa ona gelişebileceği güvenli bir yer, onu koruyacak bir rahim hazırlamıştır. Bu koruyucu rahimin içinde büyüdüğümüz an, bu dünyaya doğarız. Annenin ve bizi izleyen babanın sevgi dolu kollarında dinleniriz çünkü onlara bağımlıyızdır ve kendi başımıza üstesinden gelemeyiz.

Toplum da çocukları kollar ve büyüyene kadar onlara anlayışlı bir şekilde davranır. Bu nesiller boyunca böyleydi, ta ki bunun bile bozulduğu şimdiki zamana kadar. Olgunluk çağına gelene kadar, iki ayağımızın üzerinde dururuz ve yaşamımızı idare ettiririz, akrabalarımızın ve gelişimimize yardım edecek olan toplumun desteğini alırız.

Çocuklarımıza hoşgörülü davranırız ve ihtiyaçlarını karşılarız çünkü hâlâ gelişim halindeyken onlardan bağımsız olmalarını isteyemeyiz. Yeni nesle olan tavrımız içgüdüsel bir şekilde Doğa tarafından içimizde saklanmıştır.

Daha sonra, çocuklar yetişkin olunca, yaşamın döngüsüne katılırlar ve toplumun onlara olan tavrı aniden değişir. Doğa'nın kanunları mesuliyet yükler ve aile ve çevre sorumluluk ve güvenilirlik talep eder. On yaşındayken yaramaz olarak muamele gören yaptığımız hatalar, yirmi yaşındayken çok farklı karşılanabilir ve cezalandırılabiliriz.

Toplumun bize olan tavrında bir değişim olur. Genç olduğumuz müddetçe, Doğa ve sosyal çevre anlayışlı ve naziktir. Ama büyümeye başladığımız an, bize olan tavırları değişir ve daha anlayışsız gözükürler, biz hâlâ bize çocuk gibi davranılmasını tercih ederken ve büyümeyi üstlenmemişken. Önceden olduğu gibi hoşgörülü ve hoş bir şekilde davranılmayı bekleriz ama durumlar değişmiştir. Bazı roller üstlenmemiz beklenir eğer çevre tarafından iyi davranılacaksak. Çocuk ve ergenlik çağında alışık olduğumuz af artık yoktur.

Bize olan tavırdaki değişimin Doğa'daki kısmı uçtur. Hayvanlar arasında, ebeveyn çocuklarını ayaklarının üzerinde durabildiği ve çevresini tanımak için hareket etmeye başladıkları ana kadar korur. Birkaç ay içinde veya iki yıla kadar, türün çeşidine göre, gençler serbest bırakılır ve kendi yiyeceklerini bulmak, güvenliklerini sağlamak ve yavrularını büyütmek veya bütünün parçası olmak zorundadırlar.

Bizim için bu yola ihtiyaç olmadığı gözükür çünkü toplumumuz zeki, bilgili ve anlayışlı insanlardan kuruludur. Zekâmızı dünyayı değiştirmek için kullanırız, onu daha iyi ve konforlu yapmak için. Peki, neden yetişkinler için daha iyi bir dünya yapamıyoruz? Yetişkin olduğumuz ve kendi yaşamlarımızı sürdürdüğümüz zaman, neden kendimize iyi ve düzgün ilişkiler kuramıyoruz ve bu şekilde devam etmiyoruz? Nihayetinde, Doğa bizi evrim yoluyla ilerletti, baskı, cezalar ve işkenceler yoluyla acı çekip ve değiştiğimizden emin olarak, bu yüzden büyük olasılıkla Doğa'nın rehberliğinden öğrenebiliriz.

Dr. Michael Laitman

> Doğanın Kanunlarıyla
> Bütünleşmek

Aslında, sosyal çevreyle düzgün bir şekilde bağlantı kurarsak ve hep beraber sağlıklı bir toplum inşa edersek, doğumdan önceki gibi yaşarız, annemizin rahminde korunduğumuz ve doğum sonrası ailemiz, anaokulu ve okul tarafından beslendiğimiz gibi. Neden birbirimizle bu şekilde bağlantı kuramıyoruz ve düzgün bir şekilde devam etmiyoruz? Ve dahası, eğer önceki gibiyse, bizi bu sağlıklı, iyi yaşamdan alıkoyan şey ne?

Eğer tarihi incelersek önceki nesillerin klanlar içinde yaşadığını görürüz, köyler gibi, herkesin bir diğerini kolladığı bir yer. Erkek tüm klanın yiyeceği için toplu halde avlanır ve kadın evde oturur, yemek hazırlar ve çocuklarına bakar. Herkes bir diğerinin çocuklarıyla ilgilenir. Bugün hâlâ bu şekil yaşam tarzını dünyanın farklı yerlerinde görebilirsiniz.

Peki, neden bu iyi çevreyi daha büyük bir ölçekte devam ettirerek, geliştirdiğimiz teknolojiyi, kültürü ve eğitimi kullanarak bu şekilde yaşamaya devam edemedik? Bu ilişkileri ne kirletti? Değişen neydi?

Olan şey egolarımızın büyümesiydi ve sonuç olarak birbirimizden koptuk. Birbirimize kardeş gibi bakmamaya başladık, ama rakip olarak kim daha değerli ve kim daha değersiz değerlendirmesi yaparak. Şimdi başkalarını işçi veya köle olarak sömürmek istiyoruz. Hatta onlara ait olan şeyleri çalmak istiyoruz çünkü artık onlarla ortak bir şeyimiz kalmadı hane halkını devam ettirmek gibi.

Egolarımız bizi bu ilkel toplumdan ayırmaya ve koparmaya başladı ve işleri bizim adımıza kirletti. Egolarımız büyümemiş olsaydı ve yalnızca bilgi olarak büyüseydik, işler daha iyi olurdu.

Doğanın Kanunlarıyla Bütünleşmek

Dr. Michael Laitman

Problem egolarımızın bizi bilgi edinmeye ve yeni şeyler keşfetmeye iten şey olmasıdır. Büyüyen egomuzun itmesi bizi ve alma arzumuzu hep iyi için daha çok geliştirdi. Eğer bu arzu iyi şeyler kazanmak için gelişseydi yalnızca kendimiz için değil, ama çevremiz için daha iyi olurdu. Eğer zamanında bunu bilseydik ve bu eğilimi gösterseydik, egomuzla başa çıkabilir ve bizi ayırmasına izin vermezdik. Onun tüm eylemlerinin –içimizdeki arzuları büyütmesini– yalnızca çevrenin çıkarlarına doğru döndüğünü görürdük.

Fakat bu mümkün mü? Tarih, olmadığını kanıtlıyor. Bu nedenle bu krizin içindeyiz bugün. Her şeyimiz var, ama birbirimize olan hasta tavırlarımızdan dolayı iyi kurallar kuramıyoruz, mutsuzuz, hastayız ve güvensiziz. Aramızdaki rekabetten dolayı, Doğa'yı ve ekolojiyi tahrip ediyoruz. Egoyu kontrol edemiyoruz ve bunun sonucunda, hayatlarımız daha kötüye gidiyor.

Bizi kanunlarıyla geliştiren Doğa, bize iki şekilde davranır. Bir yandan, egolarımızı güçlendirir. Diğer yandan, büyüyen egolarımızın bizi sürekli nasıl ayırdığını ve birbirimize karşı nasıl bir konuma getirdiğini gösterir. Her kötü şeyin nedeni odur ve onun yüzünden cezalandırılırız.

Ama içimde farklı iki kuvvet varsa ne yapabilirim? Bir yandan, içimde başkalarını harcamak uğruna çıkar sağladığım zaman beni tatmin eden bir dürtü var. Diğer bir yandan, aynı dürtünün içinde, tatmin hissedemiyorum çünkü kullandığım zaman, sonuçta her şey –toplum, bilim, eğitim, kültür ve kişisel hayat– ego adı verilen bu aynı gelişim gücüyle kirleniyor. Soru: "egomuzu ne şekilde kullanacağımızı değiştirebilir miyiz?" Cevap evet ise, nasıl?

Dr. Michael Laitman

Doğanın Kanunlarıyla Bütünleşmek

Doğa bizi saran kuvvettir ve tüm realiteyi sabit bir biçimde yönetir, tek bir kanuna uyarak –birleştirme, katılım ve sevgi yolu, İhsan etme kanunu. Bu Doğa'nın tüm seviyelerdeki yönetim biçimidir– cansız, bitkisel, hayvansal ve insan.

İçimizde egoyu yenecek bir güç bulamıyorsak, bunu pozitif bir şekilde kullanmamıza izin verecek bir kuvveti Doğa'da bulmamız şarttır. Bu egoist olmayı durdurmamız demek değildir, çünkü özelikle bu motivasyon sayesinde yiyecek, giyecek, barınak ve sağlığın ötesindeki şeylere sahip olduk. Günün üçte birinde, "boş zaman" olarak adlandırılan, herkes için iyi olan birçok şey yapabiliriz.

Eğer ego bizi teknolojik gelişimde bu mükemmelliğe getirdiyse, bunu en iyi şekilde kullanmamız şarttır. Bu nedenle, yaşam standardımızı koruyacağız ve yaşamın tüm alanlarında ilerlemeye devam edeceğiz, aile, çocukların eğitimi, sağlık ve geri kalan her şeyde.

Eğer egoistik doğamızı toplumun ve çevrenin yararına kullanmayı bilseydik, kendimizi ve çevremizi geliştirir ve bunu iyi ve düzgün bir davranışla yapardık. İnsanlara ne şekilde tüm toplumu dikkate alma becerisi verebileceğimizi düşünürdük, böylece binlerce yıl önce yaşamış insanlar gibi klanlar halinde, küçük köylerde hepimizin akraba olduğu zaman yaşadıkları gibi hissederlerdi. İnsanlara başkalarını düşünmeme durumlarından çıkmalarını sağlardık.

Uzun zaman önce, insanlar herkesi tek bir varlık gibi düşünürdü çünkü insanların içindeki ego hâlâ gelişmemişti. Ama bugün insanlar egolarıyla birlikte ilerleyebilip, onun üzerine çıkabilirler mi? Birdenbire bize dünyaya entegre bir perspektiften bakmamızı sağlayacak bir ilaç bulabilir miyiz,

183

> **Doğanın Kanunlarıyla Bütünleşmek**
>
> Dr. Michael Laitman

hepimizin bir olduğu bir perspektif? Nasıl hiç bilmediğim ve hissetmediğim bir şeyi, tüm 7 milyar insanı kendi parçam gibi düşünebilirim?

Bu benim herkesi küçük gören durumumdan çok farklı olurdu. Bunun yerine, onları en azından kendimi ve hatta kendimden çok umursadığım çocuklarımı umursadığım kadar umursamak zorunda olduğumu hissederdim. Topluma ve insanlığa karşı ilişkilerimizi ve tavırlarımızı değiştirecek olan "ilaç" nedir? Eğer onu bulursak, ilerlememizi görünüşte tutuklayan krize rağmen gelişimimizi devam edebileceğimize şüphe yoktur. Şimdi, gelişmemiz için hiçbir yer yokmuş gibidir, çıkmaz sokaktayız, nereye gittiğimizi bilmeden çölde yolumuzu kaybetmiş gibi hissediyoruz.

Bu nedenle, doğamızı negatif bir şekilde kullanmak yerine pozitif bir şekilde kullanacağımız gücü nereden sağlayacağımıza karar vermeliyiz. Tüm dünyayı sürekli kendi kişisel çıkarlarımız için kontrol altına almayı istiyoruz. Ancak, bu niyetten zarar gören bizleriz ve hâlâ içgüdüsel olarak bu şekilde hareket ediyoruz. Eğer düşüncelerimizi ve tavırlarımızı kendi çocuklarımızı düşündüğümüz gibi başkalarının ve çevrenin iyiliğine yöneltirsek, içgüdüsel olarak, dünya sevgiyle dolardı.

Dahası, belki de sonunda dünyayı kirletenlerin biz olduğunu anlayacağız; bozulma bizim dışımızda bir yerden gelmiyor. Belki de, kendi aramızdaki ilişkilerimizi iyilik, anlayış ve birlik üzerine kursak, Doğa'nın ve çevrenin de birlik ve anlayışlı olmasına sebep olacağız.

Yakın çalışmalar bize Doğa'nın tüm parçalarının birbirlerine bağlı olduğunu, Doğa'nın dairesel ve entegre

olduğunu ve Doğa'nın cansız, bitkisel ve hayvansal seviyelerine zarar verdiğimizi gösterdi. Kendi aramızda iyi ilişkiler kurarsak, yalnızca Doğa'ya ve çevremize karşı olan yozlaşma ve kirletme tavrı değişmeyecek hem de ilişkilerimizdeki kalite de gelişim gösterecektir.

Aramızdaki ilişkiler de zihinsel ve ruhsal güçlere, arzularımızın gücüne bağlıdır. Bunlar realitedeki en büyük güçlerdir. Bu kuvvetler aynı alanda var olurlar, tüm dünyamızı bir uçtan öbür uca geçerek ve tüm sistemleri yöneterek – yıldızlar arasından insana kadar. Bu nedenle, ilişkilerimizi dengeye sokarak, Doğa'daki daha güçlü bir dengeye sebep olabiliriz. Yalnızca biz dengeli olmaya başlamayız aynı zamanda tüm dünya daha sakin ve dengeli olur.

Doğa bize insanları etkileyebilmenin tek yolunun çevreyle olduğunu öğretir, özellikle çevreye hükmetme arzularımız olduğu için. Başka bir deyişle, canlı olmak dışında, insanlar çevreye bağımlıdır, ona hükmetmek ister ve kendi çıkarı için kullanmak ister ve "bükmek" ister ki hükmü altında olsun. Eğer birini kendini tam ters şekilde sunan bir çevreye konumlandırırsak –bireyin nazik ve anlayışlı olmasını bekleyen veya onu kabul etmeyecek bir çevreye- birey kıskançlık, şehvet, onur ve güce karşı kendi orijinal dürtülerini toplumun başkalarına iyilik etme talebine uyma yoluna çevirmek zorunda kalacaktır.

İçimizdeki kötü eğilim bizden çevreyle bağlanmamızı talep eder, kötü eğilimin kral olduğu şu anki durumu dışarda bırakırsak. Bu bağlantıyı kaldırmadan, çevre bize büyük ve onurlu olmak istiyorsak, nazik bir şekilde yaşamamızın şart olduğunu anlamamızı sağlayabilir. Topluma bağlı olduğumuz

Doğanın Kanunlarıyla Bütünleşmek

Dr. Michael Laitman

için, kendi çıkarları için olan arzular, topluma zarar veren, toplumun yararına olacak şekilde kullanılmalıdır.

Bunu dünyamızdaki bozuk örneklerle görebiliriz. Başkan olmayı isteyen bir bireyi gözünüzün önüne getirin. Aslında, bu insan başkalarına karşı üstün olarak hükmetmek ister, herkese en büyük olduğunu göstermek ister, yeni kanunlar koyabilir, yeni bir rejim kurabilir ve yeni bir hükümet oluşturabilir. Ama aday herkese tersini söyler, "size herkesten daha iyi hizmet vereceğim, aklımda yalnızca sizin çıkarlarınız var. Ben sizin en iyi seçiminizim, size bir anne ve baba olacağım."

Bu birçok durumdaki ortak davranıştır. Çevreye karşı olan niyetlerimiz tamamıyla egoistik olabilir ama bunun tam tersi şekilde davranmamız gerektiğini anlarız ve bunu yapar gibi görünürüz.

Bu nedenle, değişime sebep olmanın tek bir yolu vardır: Eğer insanlara yeni değerler öğretebilen bir çevre sunarsak bir problemimiz kalmaz. Başkan olmak isteyen, herkese iş, ev, tatil, sağlık hizmeti ve güvenlik sözü veren egoist bir kişi, toplum tarafından bu tutumuyla muamele görür. Toplum ona "Başkan olmak istiyorsan, ilk önce bizim için çalış, iyi sonuçlar elde et ve daha sonra bizim takdirimizi al. Bize yapabileceğin iyi şeylere göre hak ettiğin şeyi alacaksın" diyecektir.

Başka bir deyişle kimseye şikâyet edemeyeceğimiz bir duruma geri dönüyoruz. Yaşamlarımızı değiştirmeye çalışırken, kimseye değişmesi için soramıyoruz. İnsanları onlara değişmelerini talep ederek işaret etmiyoruz. Bu talep, tüm bu yaklaşım çok akıllıca değildir. Yapabileceğimiz şey

her bireye çevre yoluyla dolaylı olarak ulaşmak ve onun her ihtiyacını çaba sarf etmeden karşılamasını sağlayacak şekilde etkilemek. Bu kişi bir seradaymış gibi ideal şartlarda, doğru ısı ve nemde, oynayarak ve rol yaparak, yeni toplumun kalıbının içine büyüyecektir ve mutlu olacaktır, çocukların oynayarak büyüyüp, daha anlayışlı yetişkinler olması gibi.

Başka bir deyişle, her şey çevrenin kişinin üzerindeki etkisine bağlıdır. Eğer zekiysek, her birimizin nasıl değişeceğini düşünmek zorunda kalmayız. Bunun yerine, bir "tiyatro", oynamaya değer bir yaşam oyunu yaratacağız. Egonun bize müsait ettiği boş zamanı iyi ve düzgün bir çevre kurmak için harcayacağız. Eğitimcilerin, asistanların ve öğretmenlerin yardımlarıyla ve derin düşüncelere ve çabalara dalmadan, oyun oynayarak büyüyen çocuklar gibi, değişime kolay bir şekilde ulaşarak büyüyeceğiz. Bilmemiz gereken tek şey bu boş zamanı ve öğrendiğimiz kuralları nasıl kullanacağımız ve kendimizi düzgün bir biçime nasıl getireceğimizdir.

Bunu daha önceden yapmadık çünkü bunun hakkında bir şey bilmiyorduk. İçimizdeki kötülüğü göremeyecek kadar saftık. Egolarımızın gelişimimizde bize yardım ettiğini düşündük ve onları kötü olarak saymadık. Bizi ileriye doğru ittiklerini hissettik, kendimize aileler, toplumlar ve ülkeler inşa ettik. Ama birbirimizden ne kadar uzaklaştığımızı hissetmedik. Egonun bu denli zarar ve felakete yol açacağını fark etmedik.

Son zamanlarda ne kadar kötü bir durumda olduğumuzu fark etmeye başladık. Yalnızca yeni bir çevre inşa ederek bir sera ortamında kendimizi "yeni insan" oluşturmak adına etkileyebiliriz. Bu çevre bizi bir heykeltıraş gibi yeni varlıklara biçimlendirecek. Hayvanlardan daha üstün olan gücümüzü kötü insanlar olmak için kullanmak yerine, iyi insanlar olmak için kullanacağız.

Bunun olması için, toplumun, çevrenin ve insanlığın içinde var olan gücü pozitif yönde kullanacağız. Başkalarıyla bağlılık oluşturmaya başlayan herkes, herkesle kalben, ruhen, bedenen tek bir vücut gibi birlikte olduğunu hissetmeye başlayacaktır. Bu öylesine güçlü olacaktır ki, dünyada dolaşan bu düşünceleri ve arzuları algılayacağız ve her birimiz içimizde tüm insanlığı kapsıyor gibi olacağız.

Doğa'nın ve evrimin bize olan etkisinin bizi nasıl herkesin kendini bir bütün gibi hissettiği harika bir duruma getirdiğini göreceğiz. Kişi bu kısa ve kısıtlı yaşam hissinden çıktığı ve tüm insanlık yoluyla entegre dünyayı hissetmeye başladığı bir duruma gelecektir. Bu yolla, yaşamın birincil kuvvetini hayata geçireceğiz. Bizi ayıran ve hayvan seviyesinin üzerine kaldıran ego, daha sonra bizi insan seviyesine yükseltecektir.

Hayvanlar olarak, diğer hayvanlardan bizi ayıran şey çevreyi kendi çıkarımız için kullanma veya zarar verme arzumuzdur. Çevreyi kendi çıkarımız için kullanmak insan çevresinin bana sunduğu her şeyi alma isteğimdir. Çevreyi ona hasar vermek maksadıyla zalimce kullanmak istersem, o zaman başkalarının parasını dolandırıcılık yoluyla kirletebilir veya başka bir ülkeyi işgal eder, insanlarını köleleştirir ve doğal kaynaklarını ele geçirebilirim.

Başka bir deyişle, İnsan hayvan seviyesinin üzerine iki durumda çıkar: çevresine bağlı olarak ve insanın bilgeliğine bağlı olarak. Bir yandan, insan çevresi hayvanlarda olmayan bir şeydir. Ancak, Doğa bizim için insan çevresini inşa etti, bizi

ona bağladı ve içinde yaşamamız için zorladı. İnsan olarak bu olmadan var olamayız. Ormanda yaşamak zorunda kalsaydım, hayvan seviyesine inerdim.

Bu nedenle, çevreyi hasar vermek için kullanırsak, bir krizin içinde son buluruz, birbirimize karşılıklı bağımlı olduğumuz için bu bağımlılık birbirimizden nefret etmemize neden olur. Daha sonra, her şey durur ve yaşam eskisi gibi iyi olmaz. Haz, özgürlük ve sıcaklık getirmez. Tam tersine, yaşam öylesine mekanik ve korkutucu olur ki, alkol ve uyuşturucu yoluyla kaçış ararız ve hatta başkalarını öldürmeye bile çalışırız çünkü etrafımızdakilerle ne yapacağımızı bilemeyiz.

Bu çok vahim bir durumdur, ama bu bizim gerçeğimizdir. Yaşamlarımızdan tatminkâr değiliz, çocuklarımızın okuluna ve okullarındaki atmosferine bakarız ve kimse gördüklerinden tatmin olmaz. Yapabileceğimiz tek şey kendimize kötünün en iyisi olduğunu söylemektir.

Bir diğer yandan, hayvanlarda olmayan insan zekâsına sahibiz. Bununla, karşılaştığımız şeyleri eleştirebilir ve kötü yaşamlarımızın kaynağının çevremize olan tavrımızdan kaynaklandığı gibi sonuçlar çıkarabiliriz. Eğer bu tavır iyi olarak değiştirilirse, tüm dünyayı bir köşeye attığımız üretim fazlalarıyla besleyebileceğiz. Silahlara harcadığımız paralar dünyadaki her bir kişiye yüzme havuzlu bir ev inşa etmek için yeterli olacaktır.

Birkaç sene önce insanlar ışık hızını geçen Higgs boson partikülünü keşfetmeye çalışan İsviçre'deki yeni partikül hızlandırıcısı için heyecan duyuyorlardı. Bu hızlandırıcının inşası için birçok sene boyunca para toplamak gerekti, ancak bu projeyi finanse etmek için gereken miktar Amerikan ordusunun Irakta 2 haftada harcadığı miktara eşdeğerdi.

Bu, çevremize olan tavrımızın farklı olduğu zaman ve orduya ve savunmaya bu tür servetler harcamadığımız zaman paramızla neler yapabileceğimizin güzel bir örneğidir. Ne tür hazinelere sahip olduğumuzu, denize attığımız altın madenlerini ve kaynaklarımızı iyi bir yaşam elde etmek için kullanmaktan bizi alıkoyan ve her şeyi tüketen egolarımızı görebiliriz.

Küresel silahlanma yarışı durduğu ve ihtiyaç fazlası üretim azaldığı zaman ne elde edeceğimizi inceleyebilseydik, dünya nüfusunun %10'nun tüm insanlığın ihtiyaçlarını sağlayabildiğini görürdük. Başka bir deyişle, ihtiyaç fazlası üretmemizin nedeni egolarımızdır.

Dolayısıyla, hayatta kalabileceğimiz kadar üretirsek, boş zamanımızı güneşten zevk alarak geçiririz diye düşünmemize gerek yoktur. Çevreye olan doğru tavrı koruyabilmek için, günde birçok saat harcayarak bu uygun çevrenin oluşturulmasında yer almamız gerek. Bu nedenle bu "boş" zamana sahip olacağız. Kendiyle ilgilenmekten arınmış her kişinin yeni ilişkilerin ve yeni dünyanın gerektirdiklerini kabul etmesi gerekecektir. Kendiyle ilgilenmekten kurtulmak için, çevremizle olan ilişkimizi sürekli olarak onları egolarımızın eğiliminin üzerinde öncelik vererek ilerletmemiz gerekecektir.

Doğa'nın bilinen kanunlarını kullanmak hakkında konuşuyoruz ancak insanlar bunu yalnızca başka hiçbir tercihleri kalmayınca, milyonlarca işsiz insan sokaklara dökülünce ve anneler çocuklarını şiddet, uyuşturucu ve

fahişelik yüzünden okula göndermeye korkmaya başlayınca kabul edeceklerdir. Bu, insanların sokağa çıkmaya korktukları ve kimsenin kişisel güvenlikleri ve sağlıkları hakkında yarın ne olacağını bilemeyeceği bir durum olacaktır.

Böylesi bir durumda, tüm kültürün gelişimi –biz insanlar için çok önemli olan– durur. Bu tür bir yaşama, yaşamak denilemeyeceğini bilmemiz gerek.

Bugün bile, daha az insan evlenmek ve çocuk yapmak istiyor. Kendi çocuklarımız yaşamak istemiyor ve onları neden bu dünyaya getirdiğimizi sorguluyor. Geleceklerini göremeyen bir nesle doğru gidiyoruz ve az çok geleceği tasavvur edemeden yaşayamayız. Bunun içindir ki dünya çapında en yaygın hastalık depresyon ve çaresizlik olmuştur, evcil hayvanlarımıza bile anti depresan veriyoruz.

Teorik olarak, önceki nesillerde olduğu gibi, içgüdüsel bir şekilde kardeşçe ve beraberce güzel bir şekilde ilerleyebilirdik ancak başarısız olduk çünkü egolarımızla doğal olarak ilerlerken, egolarımızın bize zarar veren kötü eğilimler olduğunu gördüğümüz bir duruma geldik.

Mesela, ben çocukken teknoloji ve fen severdim, bu nedenle okulda bu konuları çalıştım. Birçok kursa da katıldım ve daha sonra üniversiteye gittim. Akademik çalışmalarımı bitirdikten sonra, bir araştırma merkezinde çalıştım. Egom beni iyi olarak düşündüğüm her şeyin peşinden itiyordu. Bu bir çeşit kontrol etme arzusuydu, başkaları üstünde değil fakat kendi doğam üzerinde olan zorlayıcı bir hükmetme arzusu.

Doğanın Kanunlarıyla Bütünleşmek

O zamanlarda, insanlığı umursamadığımı düşünüyordum, bu zavallı küçük yaratıklara bakmak bile istemiyordum. Yaradan gibi olmak istiyordum, kanunlarla aynı seviyede olmak, olan her şeyi bilmek, Doğa'nın insanları yöneten en yüksek kanunlarını istiyordum. O zamanlar bu özellik bana o kadar aşikâr değildi, geçmişe baktığımda bunun alma arzusundan kaynaklandığını fark ettim.

Dünyadaki her şeyi ve insanlığı ne şekilde ilişkilendirdiğimi hatırlarım. Yalnızca gezegenimizi özümsemek istemekle kalmadım ayrıca evrenin her seviyesinde olmak istedim. Bu yaklaşım egoistik olsa dahi, o günlerde bu benim gelişmemde itici güç oluyordu. Daha sonraları ilerlemenin insanlık için olmadığı zamanlarda kötü olduğunu fark ettim.

Aslında, "kötü"nün birçok safhası vardır. Başka bir seçeneğim olmasaydı veya kendimi ödüllendirmek isteseydim insanlığa ihsan edebilirdim. Alternatif olarak, bu yalnızca insanlığı sevdiğim için olurdu. Her ne kadar verirken kendime menfaat sağladığımı düşünsem de, vermek anında bir ödül vermese de iyi bir şey olduğunu anlamaya başladım. Bu özellikte kalbimi ısıtan ve hislerimi genişleten bir kuvvet var, karşılık olarak bir şeyler alabileceğimden değil ama yalnızca başkalarını sevmekten haz alıyorum.

Birdenbire, hislerimizde ve farkındalığımızda şu an haberdar olmadığımız büyük boşluklar oluşur. Ancak azar azar, neden ve sonuç ilişkisiyle, daha çok açılırız ve hünerli olan özelliklerimiz daha çok ilerlemeye başlar. Bunlar her zaman kullandığımız ve içimizde var olan özellikler olsa da, önceden bu kötü eğilimlerin farkında değildik ve bu nedenle bunları kendimizi tedavi etmek için kullanamadık.

Dr. Michael Laitman

> Doğanın Kanunlarıyla
> Bütünleşmek

Büyüyen egolarımızın bizi bilgeliği elde etmek için ittiğini anlamamız gerek. Bu bizi geliştirme yoludur. Bu ego olsa dahi, kötü eğilim değildir. Egonun iki safhası vardır: Bir safhada kendimi bilgi, iyi hisler, yiyecek, seks ve aile ile doldurmak isterim, kimseyi incitmeden, diğer tüm organizmaların kendini tatmin etmesi gibi. Egonun bir başka safhası da kötü eğilimin olduğu yerdir, kendimi zenginlik, onur ve bilgiyle doldurma istediğim zaman, yalnızca çevreyi ve başkalarını kirleterek elde edebileceğim şeylerdir.

Zenginlik, onur ve bilgi hayvansal seviyenin üzerindeki derecelerdir. Bunlar insan arzularıdır, içimdeki insanı tatmin etmek için kullandığım arzular. Egodan gelirler ve kendimi mümkün olduğunca tatmin etme arzusundan kaynaklanırlar. Bu "kötü eğilim" adı verilen kısımdır, kendimizi başkalarını ezerek tatmin etmek istediğim zaman.

Ve başka bir safha daha vardır, başkalarının beni kullandığı şekilde kullandığım zaman ortaya çıkan, iyi bir şekilde, ailede ve sevdiklerimizle olduğu gibi. Aile içinde, sevdiklerimi kullanırım ve onlar da karşılıklı haz, çıkar ve tatmin elde etmek için beni kullanırlar ve bu sayede mutlu ve hoşnut oluruz. Bu bağlayıcı kısımdır, arkadaş, çift veya ikisinden biri olabiliriz. Başkalarını kullanmakla ilgili olduğu için, ego, eğilim, arzu, olarak kabul edilir, ama bu kötü değildir çünkü başkalarına zarar verme niyeti yoktur.

Yalnızca kuvvet kullanarak haz duymayı elde etmek kötü eğilim olarak kabul edilir çünkü başkalarını düşünmeden veya başkalarına zarar vererek haz duymak isterim.

Burada çok kapsamlı ilişkiler vardır. Başkalarına rağmen haz elde edebilirim veya hazzı özellikle başkalarına zarar vererek elde edebilirim. Ama sonuçta, başkalarına verdiğim zarardan tatmin olma arzusu –veya başkalarının zarar görüp görmeyeceğini umursamam– "kötü" olarak adlandırılır.

Bir banka dolandırıcılığı yaptığımı ve her müşteriden bir dolar çalarak milyonlarca dolar alıp bundan sıyrıldığımı farz edelim. Zengin olduğum gerçeğiyle mutlu olabilirim ancak başkalarından çalarak onları aşağıladığım gerçeğinden de haz duyabilirim.

Bunlar çevreye karşı duyabileceğim geniş kapsamlı tavırların yalnızca bir bölümüdür, duyarsız olmakla başlayan ve başkalarının acı çekmelerinden haz duymakla sona eren. Yalnızca duyarsızsam, başkalarının benim için çalışmasını sağlarım ve başkalarını işlettiğim makinalar olarak davranırım. 200 sene önce olduğu gibi ihtiyacım olan şeyi alırım, işçilere köle olarak davranıldığı zamandaki gibi. Eğer başkalarının yeteneklerini de göz önüne alırsam, başkalarını mümkün olduğunca çok kullanmaya çalışırım, kişiliklerini, bilgisini ve yeteneklerini göz önünde bulundurarak. Bugün, kötü eğilimimiz o kadar gelişti ki insanlık olarak başkalarına acı çektirmekten zevk alıyoruz.

Bu bencil hazlar egoizmin en yüksek seviyesine ulaştığımızın göstergesidir. Gelişimimizde, herkes belirli bir seviyededir ve egom senin ne kadar üzerinde olduğumu ve seni ne kadar kirletebileceğimi göz önüne alır.

Artık zengin olmak hariç kimsenin bundan haberi yoksa yeterli değildir. Havalı arabamı, yatımı, kendi işime sahip olduğumu ve insanları kontrol ettiğimi herkesin görmesinden zevk alırım. Ve dahası, başkalarını ezmekten zevk alırım

çünkü artık para beni tatmin etmez. Onun yerine, kendimi başkalarına kıyasla ölçerim.

Tüm bunların hepsi "başkalarını onlara zarar vermek için kullanma" olarak kabul edilir çünkü onların üzerinde olmak isterim. Bu, günümüzdeki yükselen tatminsizliğin ve zengin ülkelerdeki intihar oranlarının nedenidir. Hiçbir şey bizim için yeterli değildir, çıkmaz bir yoldayız ve daha fazla haz alamıyoruz.

Buna rağmen ego bizi aynı zamanda geliştirir. Bizi nereye gideceğimizi bilmediğimiz bir safhaya getirir. Bizi başkalarından üstün olma arzusundan bile haz almadığımız bir noktaya getirir. Eğer başkalarından üstün olmaktan zevk alamıyorsam, ilerleyebileceğim hiç bir yer ve yaşamak için herhangi bir sebep yoktur çünkü zengin ve daha güçlü olmak bana hiç bir şey vermeyecektir. Peki, bana mutluluk vermeyecekse neden umurumda olsun ki?

Bugün, insan ilerlemek için motivasyonunu, ilerlemenin temelini, motorunu kaybetmiştir. Devam etmesi için onu iten bir şey kalmamıştır. Daha fazla veya az bir şeylere sahip olması umurunda değildir. Geleceğin tümü için kayıtsızdır. Bu bizim arzu eksikliğimizin, içimizdeki çaresizliğin dışa vurumudur. Önceden, zengin, güçlü ve zeki olmak isterdik. Bugün hiçbir şey istemiyoruz. Daha doğrusu, soyumuzu devam ettirmek istemiyoruz, neden çocuk sahibi olmamız gerektiğini sorguluyoruz.

Herkes bu genel karışıklığın içindedir. Bu durum karmaşık ve çok fazlıdır. Çözüm çevremizle ve onun da bizle olan ilgisindedir. Eğer kendi aramızda iyi ve düzgün ilişkiler

Dr. Michael Laitman

kurarsak, ihtişamlı bir yaşam inşa edebiliriz ve yeni enerjiler alırız.

Bugüne kadar, her birimiz kişisel olarak zamanın başlangıcından bugüne kadar düzgün bir çizginin üzerinde gibi doğrusal olarak ilerledik. Arzularımız sayısal ve özellik olarak gelişti ve bize başarılar kazandırdı. Ama birdenbire durdu ve devam etmesi için bir neden kalmadı. Buraya koşarak geldik ve orta yolda durduk çünkü koşmak için hiçbir nedenimiz kalmadı. Çölün ortasında yolumuzu kaybettik. Bir boşlukta gibiyiz.

Kişisel motivasyonumuz bitti, bu yüzden 50 sene önce başlayan bir umutsuzluğun içine düştük ve tüm alanlarda krizler arttı -eğitim, kültür ve kişisel yaşantılarımız. Aslında, durmamıza neden olan bu krizlerdir. Bu motivasyon antidepresan yazan doktorların da tanıklık edeceği gibi yenilenmeyecektir. İstatistiksel olarak, dünya çapında intihar oranı son 50 yılda %60 artışla yılda 1 milyon olmuştur.

Şimdi "insanlık" adlı hastayı kurtarmak istiyoruz. Bu durum kritiktir. Bunu insanlığı ileriye götürecek ek bir gücü kullanarak düzeltebiliriz. Bu kuvvet insanlığın içinden gelmemektedir çünkü daha fazla arzuları çekebileceğimiz bir yerimiz kalmadı. Bunun yerine, insanlar başkalarıyla bağlanmaya başladığı zaman bu ek gücü bulacaklardır.

İnsanlık adı verilen hastanın ne şekilde ek güçlere sahip olacağını ve çaresizlik ve depresyondan çıkacağını görüyoruz. Yaşamını çevresinden nasıl sağladığını ve çevresinin aslında kendisi olduğunu yani hepimizin bir olduğunu görebiliriz. Başka bir deyişle, birlik olarak daha önce hissedemediğimiz kendi parçalarımızı bir araya getiririz.

Bu bir anneanne olacak kadın gibidir –bu ona yeni bir hayat verir. Torunlarını çocuklarından daha çok sever çünkü bu onun hayatta alacağı tek mutluluktur. Ona göre, torunları ona bir çaredir.

Özet yapacak olursak, çevremizden büyük mutlulukları hissedeceğimiz ek arzular alamazsak, yalnızca çaresizlik ve depresyonla son bulmayacağız, aynı zamanda terörizm ve dünya savaşlarıyla karşı karşıya kalacağız. Çaresiz, umutsuz olacağız ve neden ölmenin yaşamaktan daha iyi bir yer olduğu bir dünyada olduğumuzu anlamayacağız. Kendimizi bu özdeyişle idare edeceğiz "Ye, iç ve eğlen nasıl olsa yarın öleceksin."

Patlamalar ve isyanlar tecrübe edeceğiz ki, "Hayatın ne anlama geldiği" sorusunu göz ardı edelim. Şimdi bile bu soruyu hissedebiliyoruz ama minyatür bir oranda. İnsanlar barışı ve huzuru birçok yolla arıyor ama hiçbir şey bulamıyor. Daha sonra, bu savaşlara yol açacak patlamalarla sonlanacak.

Çaresizlik içinde olabiliriz çünkü durumumuza bir çare bulamıyoruz, ama çare var: Çare bağlılıkta ve birliktelikte. Yalnızca Doğa'yla ve başkalarıyla bir olmakla yeni enerjiler, destek ve sıcaklık alabiliriz. Çevreden alacağımız yeni arzunun içinde, yeni doyumlara ulaşacağız.

Herkesle bağlandığımız zaman, çevresel doyumun içinde bizi insan seviyesine yükseltecek şeyi keşfedeceğiz. Yaşamlarımızı hayvansal seviyenin üzerinde hissetmeye başlayacağız. Doğa'nın mükemmeliyetini ve sonsuzluğunu ve şu anda bizi saran sakinliğini hissedeceğiz. Ortaya çıkan bu kötünün durumumuzu başarılı bir şekilde kendi lehimize çevirme olanağı sağladığını fark edeceğiz.

BÖLÜM 10

DÜNYAYI YENİDEN BEREKETLİ YAPIN

Dr. Michael Laitman

> Doğanın Kanunlarıyla
> Bütünleşmek

DÜNYAYI YENİDEN BEREKETLİ YAPIN

İnsanın kötülüğünü ve iyiliğini dengelemek

Yaşamlarımız boyunca, evrim sürecinden geçeriz. Sürecin başlangıcında sonucu göremeyiz, bu nedenle her adımın gerekliliğini anlayamayız. Açık olan, yaşamlarımızda geçirdiğimiz her şey bize ya gereksiz ya da yozlaşmış gelir. Kendi karakterimizden ve alışkanlıklarımızdan rahatsız oluruz ve çoğu zaman kendimizden ve etrafımızdakilerden mutsuz oluruz.

Geçirdiğimiz evrimsel süreci bir elmanın olgunlaşmasına benzetebiliriz. Başlangıçta, küçük, sert ve ekşidir. Ama olgunlaştıkça, su, mineraller ve CO_2 ve güneş ışığı gibi gerekli gazları emmeye başlar. Her safhadaki gerekesimi görmeyiz ama sonunda başlangıçta ve olgunlaşırkenki ekşi halinin tersine, güzel ve lezzetli bir meyvemiz olur.

Elma gibi, maksatlı bir süreçten geçiyoruz ama bunu göremiyoruz. Geçtiğimiz safhalardaki ihtiyacı veya tüm sürecin neden böyle olduğunu anlamıyoruz. Yaşamlarımızda herkesin zeki, nazik ve iyi kalpli olduğu bir duruma doğru ilerlediğimizi anlamadan sona geliyoruz.

Elmada ve diğer bitkiler ve hayvanlarda olmadığı gibi, insanlar nesilden nesile evrim geçirirler. Bir sonraki neslimiz her zaman öncekinden daha gelişmiştir. Bu nedenle yaşama tek bir neslin perspektifinden bakamayız. Bir milenyum boyunca insanlığın gelişimi bir insanın başlangıçtan, ideal durumuna kadar kaderini gerçekleştirmesi yoluyla olgunlaşması gibidir.

Doğanın Kanunlarıyla Bütünleşmek

Dr. Michael Laitman

Bu şekilde evrim geçiririz. Bu nedenle, "bir aptala işin yarısını gösterme" diye bir atasözü vardır. Bir aptalla bir bilge insanın arasındaki fark, bilge insan geleceği görür. Bilge kişi geleceği görür ve bu nedenle süreci haklı görür. Ama biz aptal olanlarız, işin sonunu göremiyoruz, bu nedenle yolumuz boyunca tecrübe ettiğimiz durumları haklı çıkarmak zor geliyor.

Sürecin uzun, zor ve acı olduğu bir gerçektir. Darbelerle, hatalarla, zorluklarla ve çeşitli problemlerle olsa dahi bir şekilde ilerliyoruz. Ama şu anki durumumuzda, dönüm noktasındayız veya daha kötüsü, açmazdayız. Sanki çölün ortasında yolumuzu kaybetmiş ve nereye gideceğimiz hakkında hiçbir fikre sahip değilmiş gibiyiz. Yine, parçası olduğumuz Doğa'dan öğrenmeye ihtiyacımız var. Doğa dengeye doğru çekilir ve Doğa'yla denge Doğa'yla aynı özelliklere sahip olmak demektir.

Bu evrimsel sürecin ortasında olduğumuz için, Doğa'nın bu genel kuralını keşfetmeye ihtiyacımız var, nereden çıktığını, ne istediğini ve bizim içimizde neyi muhafaza ettiğini. Bunu yaparsak, pozitif bir şekilde ilerlediğimizi görebileceğiz ve kötünün farkına varmanın yolu budur, içimizdeki ego ile. Daha sonra, kendimizi ve başkaları için ne kadar acı bir hayat yarattığımızı anlayacağız

Çevremizi kullanarak başarıya ulaşmayı ve başkalarını kirleterek güçlü, zengin ve hükmedici olmayı istediğimiz zaman, bunun bize geri teptiğini ve kendimize zarar verdiğini öğreniyoruz. Bunu ne tür bir toplum inşa ettiğimize ve ne çeşit bir insanlık yarattığımıza bakarak görebiliriz. İnsanlık büyük bir bilgeliğe ve zenginliğe sahiptir, peki neden gelmek istemediğimiz bir noktadayız?

Dr. Michael Laitman

Doğanın Kanunlarıyla Bütünleşmek

Bütün kötülüklerin ortaya çıkmasındaki sebep nedir? Neden hep aynı hataları yapıp, mutsuzluğumuzun sebebini yanlış sonuçlara bağlıyoruz? Bizi mutlu edeceğini düşündüğümüz hedefleri kovaladığımız, onlara ulaştığımız an, bir diğerinin peşinden koşup, yeni hedeflerin bize mutluluk getirmesini ümit ediyoruz. Ama sonuçta, her zaman hayal kırıklığı ile sonuçlanıyorlar, kıtlık ve savaşlar gibi.

Eğer kendimizi Doğa'nın diğer seviyeleri ile karşılaştırırsak, cansız, bitkisel ve hayvansal gibi, tüm Doğa'nın çok yavaş bir şekilde geliştiğini göreceğiz. Bunun nedeni bu seviyelerdeki ilerleme doğal dürtülerin doyuma ulaşması sonucunda meydana gelir, içlerindeki talimatları izleyerek. Örnek olarak, bir atın, köpeğin veya kedinin davranışlarını incelersek, kendi doğalarına göre hareket ettiklerini göreceğiz. Bu nedenle yanlışlık yapmazlar. Yaşadıkları kendi içsel kanunları vardır.

Tam tersine, insanoğlu sürekli hata yapar. Bu hatalar bizi düşünsel olarak ilerletir. Zekâmız nesilden nesile bilgi, Dünya'ya, Doğa'ya ve kendimize olan farkındalığı edinerek ilerlemesine rağmen, zekâmızı çok yanlış bir şekilde kullanıyoruz.

Aristo ve Platon gibi her âlim, zekânın doğru veya yanlış kullanımı hakkında konuşmuştur. Modern bilimin temellerini oluşturmuş ve bilginin herkese verilmemesinin şart olduğunu, yalnızca insanlığın yararına kullanabilen insanlara verilmesi gerektiğini iddia etmişlerdir. Bu nedenle, bu bilgi vasıtasıyla insanlar kendi aralarında iyi ilişkiler kurabilirler.

Bilgi insanlık için daha iyi bir yaşam amaçlamıştı. Ama ne zaman halkın ilgi alanına girdi, insanlığa zarar vermeye

> **Doğanın Kanunlarıyla Bütünleşmek**
>
> Dr. Michael Laitman

başladı çünkü ego insanların bunu kendi çıkarları için ve başkalarının zararına kullanmasına sebep oldu. Ve daha sonra kötü geri tepti ve insanları silahlar ve diğer gereksiz şeyler yapmaya yönelterek çevrenin bozulmasına sebep oldu.

Bugün görüyoruz ki, bilim ve bilgi ve diğer yeteneklerimiz yoluyla, bozmak ve kirletmek için kullandığımız bir bolluk safhasına geldik. Yaşamın tüm alanlarında ve nüfusun her seviyesinde çok kapsamlı bir kriz yaşıyoruz. Her bilim kendi krizini yaşıyor. Eğitim, aile, insan ilişkileri, çiftler arasındaki ilişkiler, anne baba ve çocuklar arasındaki ilişkiler, sağlık sistemi, kültür ve medyanın hepsi krizde.

Becerilerimizi nesiller boyunca yanlış kullanıyoruz. Bilimi insanlar üzerinde sayısız türde kontrol sağlamak amacıyla silahlar ve gereksiz ilaçlar geliştirmek için kullanan insanların olduğu bir noktaya geldik. Bugün, bilim insanlara ihtiyaçları olmadığı bir şekilde hizmet ediyor ve bilim insanları buluşlarını kâr amaçlı satıyor. Saygın bir bilim adamı, bilimi sevendir ve bundan bilgi elde eder, kâr değil.

Ancak, belirli bir ölçüde gelişimimizdeki kötülüğü fark etmeye başladık. Hâlâ düzgün bir şekilde ilerleyebiliriz gibi gözüküyor. Biraz zarar veririz, geri döneriz ve hızlı bir şekilde iyiye yöneliriz. Ve daha sonra, biraz daha zarar verir ve bir kez daha iyiye döneriz. Yapmamız gereken tek şey kötüyü fark etme hissini etkinleştirmek ve bu sayede yanlışlarımızı görüp kötüye bulaşmadan bir an önce onları düzeltebilmek olmalıdır. Bu parçalanmış bir şeyi birleştirmesi için verilmiş küçük bir çocuk gibidir, bu sayede doğru yapmayı öğrenir. Bizler de aynıyız.

Dr. Michael Laitman

Doğanın Kanunlarıyla
Bütünleşmek

İhtiyacımız olan şey tavrımızı değiştirmek ve yaşamlarımızın kötünün şart olduğu bir şekilde inşa edildiğini anlamak. Egolarımızın kötü olduğunu fark etmemiz şarttır ve becerilerimizi hayvan seviyesinin üzerinde insan seviyesinde, "konuşan", "insan" adı verilen kabiliyetlerimiz için kullanmalıyız. Bu özellikleri doğru bir şekilde kullanırsak, sürekli hangisinin doğru ve hangisinin yanlış olduğunu kontrol ederek, bu irdeleme sonucunda kötüden iyiye yönelebiliriz. Her zaman bu iki zıt kuvvetin ortak eylemi vasıtasıyla gerçekleşen ilerlemeyi göreceğiz, vücudumuzun içinde genleşme ve daralma işini yapan solunum veya kardiyovasküler sistemleri gibi.

Bu emen ve boşaltarak işleyen bir makinenin içindeki sistemle aynıdır veya iki ters kuvvetin işlediği bisiklet tekerleği gibi – biri ileri giderken diğeri geri gider- ilerlemesini sağlar.

Aslında, her ilerlemede her zaman ahenk içinde çalışan ve birbirini tamamlayan iki zıt kuvvet vardır. Bu nedenle, dünyamızdaki hiçbir şeyden vazgeçmemize gerek yoktur çünkü şimdiye kadar ilerlediğimiz bir şekilde ilerlememiz gereklidir. Eksik olan şey eleştiri yapma hissimizi etkinleştirmek ve bu sayede neler oluyor görebilmek ve mantıklı bir şekilde olmuş her şeyi muhakeme etmektir. Bu sayede, düzeltme yaparak nasıl ilerleyebileceğimizi öğreniriz. Bunu yaptığımız zaman, tüm kötülükler iyiliği destekleyen araçlar haline gelir.

Bu yolla, hem iyiyi ve hem de kötüyü ilerleyebilmek adına kullanabileceğiz ve daha sonra iyi veya kötü birbirine yardımcı olan iki kuvvet haline gelecektir. Birden bire, egoistik doğamızın iyi olduğunun farkına varacağız, aslında onun sayesinde irdeleme ve düzeltme kabiliyetimizi geliştirdik.

Bundan dolayı, iyi ve düzgün bir ilerlemeye maruz bırakıldık ve buna ek olarak aldığımız bu iki zıt kuvvetin bilgeliğinin bizim gelişimimize yardım edebileceğini anlamamız gerek. Bu şekilde çalışırsak, özgür irademizin bu iki kuvvetin arasında olduğunu anlayabiliriz. Bir başka deyişle, görünüşte kötü bir kuvvete ve diğer bir yandan, akıllı, bize yardım eden iyi bir kuvvete sahibiz.

Kötü bir doğa ve bilge bir zihin arasında, doğru ve pozitif bir yolu bulabiliriz. Bu, Doğa ve bizim için doğru bir yoldur, tüm cansız, bitkisel, hayvansal için. Bu sayede, yaşamın tüm formlarında ve Doğa'nın tümüyle ahenge ulaşacağız.

Sonuçta, şimdiye kadar çektiğimiz acılar özgür irademizin etkinleşmesine ve iki kuvvet arasındaki dengenin kendimiz için doğru bir şekilde kullanılmasına bir davettir. Tüm dünyanın bu büyük zihinsel kuvvete, egomuzu, kontrol etmeye ve doğru bir şekilde kullanmaya ihtiyacı olduğuna bir şüphe yoktur.

Egonun kötü olduğunu ve etkisizleştirilmesi gerektiğini iddia eden birçok teknik ve inanç sistemleri vardır. Doğa'da "kötü" diye bir şeyin olmadığını anlamaya ihtiyacımız vardır. Yalnızca, doğada var olanı pozitif bir şekilde kullanma yeteneği vardır. Bu nedenle, öğrenmemiz gereken tek şey aklımızı nasıl kullanacağımızdır.

İyiyi ve kötüyü düzgün bir şekilde kullanacağımız bir metot ve beceri geliştirmeye ihtiyacımız var, bu ikisinden iyi bir yaşam çıkarmak için. Şu an neye sahip olduğumuza bakmamıza gerek yok, "bir aptala işin yarısını göstermeyin" sözünde belirtildiği gibi. Bunun yerine, her şeyin hedef odaklı olduğunu ve her safhanın olması gerektiği gibi devam ettiğini

ve iyi bir hedefe doğru ilerlediğimizi görmemiz gereklidir. Hedefin tam arka köşede olduğunu, her adımda ona daha çok yaklaştığımızı, düzgün bir yaşam ve iyi bir geleceğe doğru yaklaştığımızı görmemiz lazım.

Doğa'yı, kendimizi ve başkalarını hor görmemeli, talepkâr, şikâyetçi, eleştirel, saygısız veya küçümseyici olmamalıyız. Hepimizin aynı safhalardan, aynı süreçten geçtiğini görmeliyiz ve karşılıklı olarak birbirimize yardımcı olmalıyız. Bu, çölde yolunu kaybetmiş insanların ihtiyacı olan şeydir. Vahaya birbirlerinin yardımı olmadan ulaşamazlar. Bu, karşılıklı düzeltme ve destek bizi iyi bir hedefe doğru götürecek anahtar unsurlardır.

Karşılıklı yardımı kurmak için, nasıl yaratıldığımızı anlamamız şarttır. Her birimizde üç çeşit arzu olduğunu anlamamız gerek. Birincisi, fiziksel arzular, buna "hayvansal" arzular diyoruz çünkü içgüdüsel olarak takip ettikleri bu arzular tüm hayvanlarda da vardır. Kendi yaşamlarımızı en iyi şekilde sürdürebilmek için gerekli olan, kendimizi temiz, sağlıklı, iyi beslenmiş, dinlenmiş tutan ve vücudun ihtiyacı olan her şeyi temin eden arzular vardır.

İkinci tip arzular hayvansal seviyenin üzerinde gelişimimizi sağladığımız egoistik arzulardır. İnsanlar olarak içimizde hükmetme, hırs ve onur için arzular vardır, bu arzuların içinde başkalarından üstün olmayı isteriz. Bu arzular yalnızca insan türüne aittir. Hayvanlar bunlara sahip değildir. Birbirlerini yiyebilirler ama bu onlara zarar vermek, kontrol etmek veya hükmetmek için değildir. Yalnızca kendilerini beslemek için bu şekilde hareket ederler.

Doğanın Kanunlarıyla Bütünleşmek

Dr. Michael Laitman

Bir aslan zebrayı avladığı zaman özellikle bir zarar vermek istemez, basitçe Doğa'nın ona verdiği talimatları uygular. Türler arasında bir düşmanlık yoktur, Doğa bu şekilde işler. Bizler de, hayvanlar gibi davranırız. İneklerden, tavuklardan veya yediğimiz balıktan nefret etmeyiz. Sadece onları yemek zorunda olduğumuz için yeriz ve bunu en insani şekilde yapmaya çalışırız.

Egomuzu yalnızca insanlar üzerinde kullanırız. Komşumuzun arazisine, arabasına, çocuklarına ve maaşına bakarız ve hayattaki başarımızı onlarınkiyle kıyaslayarak yaparız. Senede 50,000 dolar kazanan insanlar yaşadıkları bölgedeki maaş ortalamasının üzerinde olduklarını bildiklerinde daha mutlu oldukları istatiksel biçimde kanıtlanmıştır.

Kendimizi başkalarıyla kıyaslayarak değerlendiririz. Kendimizle ilgili değil ama başkalarıyla ilgili olan şeylere şükran duyarız. Bu tür arzulara "insan" arzuları denir çünkü hayvanlar bunlara sahip değildir. Başka hayvanların nelere sahip olduğu umurlarında olmaz, kendilerini korumak ve beslemek ihtiyacı duyarlar. Bununla beraber, insan arzularının hepsi kötüdür.

Üçüncü tür arzular, tamamıyla insan arzuları olan, bu iki türün üzerindedir. Bu bilgiye ve bilgeliğe olan arzudur. Bu, yaşama nedenimizi, Doğa'nın nasıl işlediğini, etrafımızda neler olduğunu, her şeyin nasıl birbirine bağlı olduğunu öğrenme arzusudur. Başka bir deyişle, bu Doğa'nın bilgeliğine, bilgiye ve Doğa'nın çalışılmasına olan aşktır.

Biz Doğa adı verilen bir baloncuğun içindeyiz ve ondan besleniriz. Görünüşe göre katman katman soyulan bir kürenin

içindeyiz. Soyduğum, incelediğim ve içinde keşfettiğim her katmandaki kanunlara "bilim" adı verilir. Gelecekte, bugün bile var olan daha çok kanunu keşfedeceğim, ama onu görecek ve keşfedecek kadar deneyimli değilim. Daha çok öğrendikçe, Doğa'da var olan daha fazla kanunu keşfederim.

Tüm insanlar bu 3 tür arzunun kombinasyonlarıdır - hayvansal arzular, insan arzuları ve bilgiye olan arzu. Her insanda değişen tek şey bunların kombinasyonlarıdır. Birisi bilgiye daha çok arzu duyar, bir diğer ise zenginlik ve güçle başkalarından üstün olmak ister ve üçüncüsü futbol ve koltukta bir birayla yetinir. Herkes farklı bir şekilde yaratılmıştır ve bu nedenle iyi veya kötü yoktur. Herkesin kendi doğası vardır. Bu üç tip arzu herkeste vardır ama her insan bu arzulara bir diğerinden daha fazla veya daha az eğilim gösterir. Her kişi çevresindeki yerini içindeki bu arzulara göre bulur ve buna göre ilerler.

En ortak arzular bedensel arzulardır. Bunun kanıtı, güç ve kontrol etmek isteyen insan sayısının çok az olmasıdır. Başka bir deyişle, birincil olarak bedensel arzularıma odaklanmışsam, çevremde her şeyi bu arzularımı tatmin için kullanırım. Eğer arzularım insan seviyesindeyse, o zaman herkesin üzerine çıkıp onlara hükmetmek isterim, onlardan üstün olmak isterim, daha güçlü, akıllı ve daha başarılı.

Eğer bilime eğilim gösteriyorsam hayvansal ve konuşan seviyedeki arzularımın üzerine çıkmak istiyorumdur. Bu arzular anlamak, Doğa'ya bağlanmak ve yaratılmış şeylerin neden bu şekilde yaratıldığını görme arzusudur. Felsefe ve bilim öğrenmek isterim ve başkalarının üzerine bir etkim olup olmadığı beni pek ilgilendirmez. Az yiyebilirim ve diğer insanlarla çok az temas kurarım ama benim için önemli olan

Doğanın Kanunlarıyla Bütünleşmek

Dr. Michael Laitman

daha üzerinde ve ötesinde olanla, evrenin nedenselliğiyle bağlanmaktır.

İnsan toplumunda farklı insanlar vardır ve her biri kendi sorumluluklarını bilir, aile, çevre ve kendi arzularına göre bir çevre kurar.

Bilimi düzgün bir şekilde kullanan zeki insanlar, Doğa'da, bir sürecin ve bir planın olduğunu bilir. Bu sürecin kanunlarını hâlâ bilmiyoruz ama var olduğunu biliyoruz. Nereye gittiği hakkında emin değiliz ve bu sürecin bizi Doğa'nın tüm seviyelerinde var olan denge gibi bir dengeye doğru yönelttiğini tahmin edebiliyoruz. Günün sonunda, bizim de dengeye ulaşmamız şarttır.

Doğa'yla denge sıcaklıkta, rüzgârda, fırtınalarda ve volkanik patlamalarda açıklanabilir. Her şey dengeye ulaşmak için meydana gelir. Doğa kendini dengede tutmak için davranır ve Doğa'nın bir parçası olan insanın kendini dengelemesi şarttır.

İçimizde iyi ve kötü kuvvetler olduğundan dolayı, bunların patlamasını önlemek için, bize bilim verildi. Elde ettiğimiz bilgi yoluyla, içimizdeki bu iki kuvvetin dengesini kurabiliriz. Zihnimizin iyi ve kötü kuvvetini onları dengede tutmak için kullanabiliriz ve ahenk içinde ilerleyebiliriz.

İçimizdeki zihinsel kuvveti kötü kuvvetle dengeye getirmemiz şarttır. İnsanoğlu olarak, cansız seviyede arzularım var, bedenimin oluştuğu maddeler gibi. Bitkisel seviyede arzularım da var – üzerimde büyüyen şeyler gibi, saçlar, tırnaklar, kemikler. İçimde hayvansal arzularım var.

Hayvansal seviyenin üzerinde bir arzu olan zekâm da var ve içimde negatif bir arzu da var, egom. Bunlar oluştuğumuz parçalardır.

Cansız, bitkisel ve hayvansal seviyedeki arzularda düzeltilecek bir şey yoktur. Problem kendi aramızdaki ilişkilerdedir. Her ne kadar kötü olmadığımızı kendimize telkin etsek de yaşamlarımızı kirlettiğimiz yer burasıdır çünkü kötü bir doğamız vardır, ego. Başkaları kötü, insanlık kötü veya insan doğası kötü ama kişisel olarak, ben değilim.

Endişe yalnızca benim ilerlememde olmamalıdır çünkü hayvansal seviyede yaşayan bir hayvanım ve dengeli bir tüketime ulaşmam şarttır. Bundan ziyade, tüm dünya herkesin eşit olacağı insan seviyesindeki dengeye ulaşmalıdır, bir ailede olduğu gibi. Bu durum insan toplumunda istediğimiz bir durumdur. Bu sayede, mükemmel bir seviyeye ulaşacağız, olgun bir elma gibi.

Dolayısıyla, yapmamız gereken birçok önemli iş vardır. Önümüzde bundan daha önemli ve çözmeye değer bir sorun yoktur, ama bu bilgi vasıtasıyla bunu tüm insanlığın yararına olacak şekilde uygulayabileceğiz.

İnsan sınırsız potansiyele sahiptir ama kendimizi geliştirmek için çalışmamıza rağmen bunu yapamıyoruz. Egoistik doğamız tarafından durduruluyoruz çünkü tüm gücümüzü, yeteneklerimizi ve kabiliyetlerimizi başkalarının üzerine çıkmak için kullanıyoruz. Sonuç olarak, herkes herkesle yarışıyor, diğerlerini kirleterek kendimizi üste çıkarmaya çalışıyoruz. Kötü eğilim, sahip olmamız gereken iyi yaşama izin vermiyor.

> Doğanın Kanunlarıyla
> Bütünleşmek

Dr. Michael Laitman

İyi ve kötü eğilimler ile ilgi yapmamız gereken başka irdelemeler de var. Mesela, kendimizi iyi eğilimle yaşarken nasıl resimleyebiliyoruz? Bunu yapmak herkesin aynı olması anlamına geliyor. Herkes gibi olmamız mümkün müdür? Nelerden zevk alacağız? Eğer herkes aynıysa ve daha üstün ve aşağıda kimse yoksa yaşamak için hiçbir şeyimiz kalmaz ve yaşadığımızı hissetmeyiz. Tüm eylemlerimiz başkalarının sahip olduklarından daha fazla elde etmeye odaklanmıştır. Bilinçaltında, kendimizi başkalarıyla kıyaslarız ve bu kıyas bize yaşamak için bir neden verir ve ilerlememiz için bizi iter. Bunu sporda ve işyerimizde görebiliriz. Kendimizi başkalarıyla kıyaslayarak ölçmek zorundayız, bu hayatımızın değerini ölçme biçimimizdir.

Bu bazı önemli soruları beraberinde getirir: kendimizi ne ile tatmin edeceğiz? Doğa bizi robotlara mı dönüştürmek istiyor? Hepimizin "akraba" olması ne anlama geliyor? Eğer hepimiz akrabaysak, bu herkesin eşit olduğu anlamına gelir, herkesin aynı miktara sahip olması. Ama sonra yaşamak için bir şeyler hissedemem. Şu anki durumumda göremediğim başka bir hedef mi var?

Her insan kendi potansiyelini fark etmeyi arzular. Bir insan için, bu bilim olabilir, bir başkası için bu yazmaktır, fotoğrafçılıktır veya eğitimdir. Bu ihtiyaç bizi ilerlemeye zorlar. Eğer her birimiz bir krizin var olduğunu ve bunu çözmenin yolunun uyum ve eşitlik olduğunu fark edersek, başkalarından üstün olma hissini nasıl tatmin edeceğiz?

Gelecekte, ihtiyaçlarımızı karşılamak için 2 saat çalışacağız. Ama her birimiz 2 saat çalışıp başkalarından daha fazlaya sahip olmak istemezse ve eğer herkes eşit olup, ihtiyaçları için yetinirse, ilerleme arzusunu nasıl tatmin

edeceğiz? Şu anda, başkalarından daha fazla kazanmak için günde en az altı saat çalışıyoruz. Eğer bu altı saat serbest kalsa, çok fazla özgür olmaktan çıldırabiliriz. Doğa bizi bu şekilde mi düzenledi?

Burada Doğa'nın diğer bir yönünü keşfederiz, egoyu ters yönde kullandığımız bir yer. Bu, egonun sürekli büyümesidir ama başkalarına üstün olacağımız kadar değil. Onun yerine, başkalarıyla dengede ve eşit olmak için her birimiz egomuzun üzerine çıkacağız. Bu yolla, başkalarıyla olan bağlılığımızdan tatmin elde ederiz çünkü egolarımız büyüdükçe, başkalarına daha çok ihsan ederiz ve onları daha büyük bir bağlılığa ve dengeye getiririz. Onlarla daha güçlü bağlantıya sahip olmaktan mutluluk duyarız.

Onlara düzeltilmiş egolarımız yoluyla daha çok bağlandıkça, daha çok haz duyarız çünkü mutluluk duyacağımız yeni bir arzumuz olur – kolektif arzu, bağlantı yaparak kendimizi bağladığımız bir arzu. Bu arzudan aldığımız tatmin tipine "karşılıklı sevgi" adı verilir. Bu yolla, başkalarından üstün olmayı başardığımızda aldığımız doyumun çok daha ötesinde bir doyuma ulaşırız. Bu nedenle, yalnızca içimizdeki tüm elementleri doğru bir biçimde kullanmak bizi berekete ulaştıracaktır.

Tüm elementleri düzgün kullanmak, içimizde zekâ ve kötü eğilim arasında bir denge yaratmak anlamına gelir. Zekâmızı ve bilimi kullanarak, başka bir seçeneğimiz olmadığını anladık – ya bilimi kötü eğilimlerimizle birlikte kullanıp silahlar yapacağız veya zekâmızı kötü eğilimlerin üzerinde kullanıp, düzeltip başkalarıyla pozitif bir bağlantı için kullanacağız. Bu durumda zekâ kötü eğilime hükmeder.

Doğanın Kanunlarıyla Bütünleşmek

Dr. Michael Laitman

Bu yolla karşılıklı güvene dayalı iyi, huzurlu ve bereketli bir yaşam elde ederiz.

Denge kötüyle birlikte değildir. Tam tersine, denge kötü eğilimin Doğa'yla ve insan toplumuyla dengelenmesi içindedir. Kötü eğilimi kullandığım zaman, onu yalnızca iyiye çevirebilirim, ama hâlâ bütünlüğünün içindeki arzuyu kullanırım.

Ancak bu kötünün içinde, tersini isterim – onu en iyi şekilde kullanmak. Doğa'daki tüm formlarının büyümesi ve düzgün bir şekilde gelişimi iki kuvvetin dengesi yoluyla olur: pozitif kuvvet ve negatif kuvvet. İkisinin birleşimi bolluğu sağlayan şeydir. Peki, egomu, hayatımı mahveden bu negatif kuvveti nasıl dengeleyebilirim? Ona eşit olan bir şeye sahip olmam gerek ve bu, benim zekâmdır. Bu nedenle, fiziksel ve insan arzularının üzerinde, insan olan kısmımı dengeleyeceğim bir bilim vardır.

Her insan kendi egosuyla baş edebilmek için zihinsel kabiliyetler geliştirir. Zekâm "ego" adında bir arabanın sürücüsü gibi olmalıdır, bu nedenle zekâmla, egomu doğru gelişime doğru sürebilirim. Doğru gelişim nedir? Bu herkesin eşit ve akraba olduğu bir durumdur.

Zekâ beni egom yoluyla değil ama zekâmla yönetildiğim "insan" olarak tanımlandığım bir safhaya doğru yönleltebilir. Ego fışkırmaya başladığı zaman, zekâyı kullanmak bizi yaratıcı ve üretken buluşlara doğru yönlendirebilir, atom bombası gibi. Önceden bahsedildiği üzere, Aristo ve Platon bilginin yalnızca eğilimlerini kontrol etmek isteyenler için olduğunu saptadılar.

Uyarılarına aldırmadığımız için, şimdiki durum korkunç bir hale gelmiştir. Buraya kadar, egoyu takip ettik ve bilimle onu destekledik. Şimdi bunu yansıtmamız şarttır ve tam tersine mantık yoluyla gelişmeye başlamamız. Kötüyü fark etmemiz gerek, geleceği gören bilge bir adam gibi. Nereye ulaşmak istediğimizi göreceğiz, hedefini koyduğumuz iyi safhanın doğasına karar vereceğiz ve ona doğru ilerleyeceğiz.

Bunu yaptığımız zaman, kötü eğilimin "bize karşı yapılmış bir yardım" olduğunu keşfedeceğiz. Yalnızca amacın tersine çalışır gibi gözükür, ama aslında bize benzin ve enerji sağlar, pozitif bir yönde gelişmemizi özendirir. Kötü eğilimi iyi eğilime yalnızca bilim ve zekâyla ve neyin iyi ve neyin kötü olduğunu inceleyerek çevirebiliriz. Bu nedenle, egoyu düzgün kullanıp kullanmamak sahip olduğumuz tek özgür seçimdir.

Doğa'da iyi veya kötü bir kuvvet yoktur: bu, Doğa'daki her kuvveti nasıl kullandığımıza bağlıdır. Mesela, 100,000 sene önce akrabaydık - ormanda yaşardık, her şeyi paylaşırdık ve her şey güzeldi. Kimse kendini başkalarından daha üstün veya daha alçak görmezdi. Ve daha sonra içimizdeki ego gelişmeye başladı ve bununla beraber, zekâmız da gelişti ve egoya hizmet için kullanıldı. Eğer bir insan kendini başkalarından daha başarılı görürse, her şeyi kendi için alır, kendini klandan ayırır, kendine güzel bir ev inşa eder ve birçok kadınla evlenirdi.

Başka bir deyişle, içimizde uyanan egoistik arzular yoluyla, bazıları kendilerini başkalarından üstün görmeye başladı ve yetenekleri ve zekâları sayesinde başkalarına yiyecek hiçbir şeyleri kalmayana kadar hükmetti. Üstün olan birey onları besledi ve yiyecek karşılığı onları köleye dönüştürdü. Diğerleri açlık çekmek yerine sahipleri tarafından satın alınmaya başlandılar. Daha sonra, sahipleri kölelerden küçük bir ordu oluşturdu ve komşu bölgeleri işgal etti ve kral oldu.

Bugün bile, kişisel zekâmızı ve bilgimizi kullanarak durumları yönetiriz ve insanların üzerine çıkmak için onları manipüle ederiz. Bu herkesin mümkün olan her zaman yaptığı şeydir. Bir zamanlar sistemin kurbanı olan insanlar bile kendi profesyonelliklerinde uzman oldular ve geliştiler. Herkes gelişir ve daha sonra diğerleri daha fazla gelişir. Bu insanlığın gelişme biçimidir.

Başka bir deyişle, herkes arzularını elde etmek için zekâsını kullanır, başkalarına hükmetmek veya üzerlerine çıkmak için. Zekâ egonun hizmetkârıdır ve ego patrondur.

Bu Aristo ve Platon'un gelişlerine kadardı. O zamanlar, zekâ ve bilim daha geniş ölçüde gelişmeye başladı. Bu matematik ve geometrinin gelişme sürecinde özel bir dönemdi.

Ve daha sonra bir problem çıktı: Yıldızları izlemek için bilim insanları teleskoplara ihtiyaç duydu ve teleskoplar çok pahalıydı. Bilim insanları parayı nereden bulabilirlerdi? Zengin insanların parasına ihtiyaç duydular ama bilim insanlarının satacakları hiçbir şeyleri yoktu bilgileri dışında ve teleskoplar ve diğer ekipmanlar inşa etmek için bilgilerini sattılar. Bunun sonucunda, bilim kirlenmeye başladı.

Bilim insanları teleskopu yapmaya başlayınca, zenginler bunu uzaktan gelen düşmanlarını görmek için kullandılar. Yaklaşmalarını görme kabiliyeti onları yenme kabiliyetine dönüştü çünkü zengin adamın artık bir üstünlüğü

vardı düşmanlarını daha önceden görebiliyordu. Bu bilimsel bilgeliğin nasıl bencil amaçlar için kullanıldığını yalnızca bir örneğidir.

Başka bir deyişle, bilim, insanın kötü eğiliminin bir hizmetkârı oldu, ihtiyaç olunan her şekilde hizmet etti. Daha sonra, hükümdarlar bilim insanlarını aldı ve boyundurukları altında tuttu, bilgi vermedikleri zaman onları ölümle kokuttu.

Başka durumlarda, bilim insanları üniversite kurdular. Böylece, bilim insana mümkün olan her yolla hizmet etti. Günümüze kadar, bilginin, bilimin ve paranın döküldüğü bilimlerin çoğunun silahların ve güvenliğin gelişmesini amaçladığını görebiliriz.

Ama İntegral Eğitimde, bu tam tersi olmalıdır: bilim kötüyü iyiye çevirmelidir. Zekâmız yoluyla, geçinmek için çok uzun saatler çalışmak zorunda kalmayacağımız bir noktaya geldik. Aslında, krizin kendisi bunun meydana gelmesini sağladı, bu hizmeti işsizliği yaratarak yaptı. Şimdi kendimizi, doğamızı ve yaşam biçimimizi eleştirme ve incelemeye ihtiyacımız var. Egomuzu negatif bir şekilde nasıl kullandığımızı ve onu nasıl pozitif bir kullanıma çevirmemiz gerektiğini öğrenmemiz gerek.

Bir atasözü der ki, "Bilge kimdir? Geleceği görendir." Bilge geleceği önceden görür ve acı çekmeyi engeller. Bilge insan başkalarını görendir ve başkalarına fayda sağlamanın değerini bilendir. Bilimi ölümcül hastalıkları durdurmak için geliştirdik. Şu anki soru, "Eğer bu durumun devam etmesi halinde kaybolacağımızı görebilmek için nasıl bir durumu resmetmeliyiz?" Aslında, kendimizi nasıl değiştirebiliriz? Barışçıl bir yaşama ulaşmak için hangi ilacı kullanmalıyız?

Aynı bilim, aynı gelişim, bize anlayışı, hisleri, bize iyi olan her şeyin örneklerini ve gelişimimizdeki yönü getirmeli. Bilim bunu bizim hissedebileceğimiz bir biçimde getirmeli ve bunu bir toplum görüşü olarak kurmamıza yardım etmeli. Bu öylesine güçlü oluşturulmalı ki, kötü eğilimimizi başkalarına karşı kullanmamalıyız. Bunun yerine, başkalarının yararına olan her şey kendi yararımızadır.

Başkalarının benim iyiliğimi istemelerini hissettiğim zaman, onu nasıl "alacağımı" düşünmeliyim, başkalarının bana olan tavrının düzgün olması için onlara ne verebilirim. Bunu yaparak, başkasını bana zarar vermeyecek bir insan haline getiririm. Bu yolla, birbirimize kayıtsız kaldığımız, nefret ettiğimiz ve iğrendiğimiz bir duruma doğru gitmiyor olacağız. Birlikte yaşamaktan veya bir aile kurmaktan ve çocuk sahibi olmaktan kaçındığımız bir noktaya ulaşmayacağız – şu an ilerlediğimiz gelecek gibi.

Eskiden bir aile gibi yaşardık. Tek bir evde, kardeşler, akrabalar ve büyükanne ve dedemizle ve her şey güzeldi. Bugün etrafımızda kimseyi istemiyoruz. İnsanlar kendilerini hissetmekten uyuşturucu kullanarak kaçınıyor. Çok açık bir yöne doğru ilerliyoruz. Bu kadar şiddet, tecavüz ve zorbalıkla, çok yakında evlerimizden çıktığımız zaman kendimizi güvende hissetmeyeceğiz.

Çocuklar her sabah okula gitmekten korkar oldular çünkü zorbalar ve uyuşturucu satıcıları da ordadır, ama oraya gitmekten başka bir seçenekleri yoktur. Bu olmak istediğimiz

bir konum değildir, bu nedenle dünyayı düzeltmeye başlamaya ihtiyacımız var.

Her birimiz Doğa'daki her kuvveti nasıl kullanacağımızı belirlememiz gerek. Başkalarından daha fazlaya sahip olma arzusu içinde çok negatif değildir. Başkalarını ezmeye çalıştığımız an negatif olur.

İki olası durum vardır: Başka bir insana bakabilirim ve kıskanmam, onun yerine diğer insanın iyi özelliklerini öğrenirim. Bu iyi kıskançlıktır. Ama başkasına bakıp, "benim neden onun sahip olduklarına sahip olmam için çok çalışmam gerek? Hiçbir şeyi olmasa daha iyi olurdu. Sahip olduğu her şeyi bozarsam, kıskanç olacağım hiçbir şey kalmaz ve kendimi daha iyi hissederim."

Tüm sorun her bir arzuyu ve eğilimi nasıl kullanacağımızdır. Eğilim kendisi ne iyi ne de kötüdür, kıskançlıkta olduğu gibi. İyi olan kıskançlık da vardır, kötü olan kıskançlık da. Kötü olan kıskançlık beni başkalarına zarar vermeye iter. İyi olan kıskançlık herkesin zengin olmasını istememi sağlar, bu sayede ilham alacağım bir şeyim olur veya kötü olan kıskançlık herkesin kendim kadar fakir olmasını istememi sağlar.

Test yapmak çok basittir: Başkalarının iyiliğini mi düşünüyorum yoksa zararını mı? İkisinin arasında olan bir safha da vardır. Eğer bu başkası için değilse veya ona karşı yalnızca benim yararıma ise, bu en azından başka bir zarar verme isteğinden daha iyi bir durumdur.

Doğanın Kanunlarıyla Bütünleşmek

Dr. Michael Laitman

Ancak, başkalarına bakıp onların sahip oldukları şeylerin aynısını kendim için istemem bizi Doğa'yla denge haline getirmez. Sonunda, evrim süreci boyunca, Doğa birbirimizden öğrenmemiz ve sürekli rekabet halinde olmamızı gerektirmez. Bunun yerine, Doğa bizim saygın, dengeli bir maddesel hayat sağlamamızı ve bunun ötesinde, karşılıklı bağlantıyla evrim geçirmemizi gerektirir. Bu yolla, herkes başkalarıyla bağlantı sayesinde tatmin olur. Kendimizi sevgiyle doldurmalıyız, havalı, pahalı ve yeni oyuncaklarla değil. Krizdeyiz çünkü bunu yapmıyoruz.

Son zamanlarda ilerleyecek bir yer olmadığını hissediyoruz. Başkalarına bakmaktan yorgun düştük, bu bize mutluluk vermiyor. Ekonomi ve teknoloji bu tempoya ayak uyduramıyor. Dünya bu sonsuz rekabet için yeterli kaynaklara sahip değil. Bu nedenle Doğa'nın planı bizim mutluluk gibi gözükene doğru ilerlememiz değil. Bu geçtiğimiz süreçteki durum gidecek hiçbir yerimiz kalmadığını fark etmemizi gerektiriyor.

Eğer bir insan komşunun park yerinde güzel bir araba görürse, bu ne iyi ne de kötüdür. Ancak, at arabasında yük taşıyan biri komşunun yeni ve havalı bir arabaya sahip olduğunu gördüğü zaman bu kötüye dönüşebilir. At arabacısı kendisini eksik ve muhtaç hissetmeye başlar. Arabaya sahip olması için daha çok çalışması gerektiğini bilir. Bu, zihnine kıskançlık ve intikam düşünceleri sokar. Problem başkalarıyla ilgili yaptığımız kişisel değerlendirmeler değildir. Onun yerine, bu rekabete devam etmemizi engelleyen Doğa'dandır.

"Ben bizi mutlu eden tüm rekabetler için varım, topluma senin verdiğin kadar verebilme rekabeti." Bu yapıcı bir rekabettir, Doğa'yla denge içinde olan ve aynı amaca yönelik.

Dr. Michael Laitman

Doğanın Kanunlarıyla Bütünleşmek

Başkasına baktığım zaman ve başkasından öğrendiğim zaman, bunu kıskançlık yoluyla yaparım: "Diğer insan çok iyidir ve ben küçüğüm, başkası başarılıdır ve ben değilim."

Ne için kıskanırım? Eğer Dünyaya ve bana barış ve uyum getiren, beni ve dünyayı denge sağlamaya doğru ilerleten, beni "olgun elma" olmaya iten şeyleri kıskanırsam, bu iyi olan kıskançlıktır ve rekabettir. Bunu desteklememiz gerek, ödüllerle mükâfatlandırmamız ve bu gibi insanlara herkese iyi örnek olsun diye medyada yer vermemiz gerek. Eğer rekabetle iyi şeylere doğru ilerlemiyorsak, problemlere doğru batıyorsak, amaçtan uzaklaşıyorsak, bu kötü olan kıskançlıktır ve kötü rekabettir. Her şey final amacına göre ölçülür çünkü Doğa'da gördüğümüz uyuma ulaşmaktan başka bir çaremiz yoktur. Doğa'daki uyuma ve dengeye bakarak, başımıza gelen şeylerin nedenini anlarız.

Rekabet kökenimizde vardır. İnsan sosyal bir varlıktır. Rekabet ne iyi ne de kötü bir eğilimdir, onu kullanan insana bağlıdır. "Kıskançlık, hırs ve onur insanı dünyadan çıkartır" denilmiştir. Şimdiki durumumdan çıkmak istiyorsam ve kendime, çevreme ve dünyaya yararlı olmak istiyorsam, kıskançlığı, hırsı ve onuru zekâmın onları doğru bir şekilde kullanmama yönelteceği bir şekilde kullanmaya ihtiyacım var.

Tüm eğilimleri pozitif veya negatif bir şekilde kullanabiliriz. Zekâmın beni onları pozitif bir şekilde kullanmaya doğru yöneltmesi gerek. Bu yüzden bir zekâya sahibiz. İyi bir rekabet örneği iki insanın aynı anda spora gitmesidir. Birbirlerini iterler, birbirlerinin görünüşlerini kıskandıkları için, daha çok çalışırlar. Bu iyi kıskançlık olarak kabul edilir. Birinin diğerinin daha az fit veya daha güçlü

Doğanın Kanunlarıyla Bütünleşmek — Dr. Michael Laitman

olmasından zevk alması mümkündür ama sonunda sürecin kötü olduğu söylenemez, içinde rekabet olsa dahi.

Biri kendisini bir diğeriyle kıyasladığı zaman, bunun adı rekabettir. Ancak, ilerleme amacıyla olan rekabet de vardır. Ego tarafından yönetilen kıskançlık, hırs ve onur kişinin ilerlemesini sağlar çünkü başkası gibi olma arzumuzu arttırır. Ancak rekabet ilerlemeye odaklanır. Bir diğerine baktığımız zaman kendimizi kötü hissettiğimiz rekabetin içinde de olabiliriz çünkü onun elde ettiğini ben edemiyorumdur. Bu tip örnekleri görmek istemem çünkü bu benim lehime değildir, bu bana zarar verir.

İyi rekabet birbirimize bağlı olduğumuz ve birbirimizden ayrı başarılı olamadığımız yerde ikimizi de geliştirir. İki kişinin bir işe başladığını varsayalım. Biri para koyar ve bir diğeri ise bilgi. Yatırımcı olmadan, bilgili olan başarılı olamaz bu nedenle birlikte olmaları iyidir. Ancak, ortaklıklar kıskançlık ve nefrete bile yol açabilir. Başka bir deyişle, ortaklar birbirine bağımlı olsalar bile birçok durumda "sensiz olsam ne kadar iyi olurdu" gibi düşünceler ortaya çıkabilir.

Her birinin bir diğerine bağımlı olduğu ve karşıt olmadığı tek bir tür rekabet vardır – birlik olma rekabeti. Bu, birbirimizi ne kadar çok sevdiğimizi ölçtüğümüz bir rekabettir, aramızda aldığımız veya ürettiğimiz hiçbir şeyin olmadığı zaman. İkimiz de aynı sonucu isteriz bu nedenle bölünmeyiz. Hiçbirimiz bir diğerine üstün olmak istemez. Yalnızca bir vardır ve bu, bir ikimizin birbirine bağlanmasıyla ortaya çıkar, birbirimizi tamamladığımız tüm özelliklerle bağlanarak. Hiçbirimiz yalnız olamaz veya karşılıklı sevgiden başka birbirimizi tamamlayan başka bir his elde etmez.

Dr. Michael Laitman

Doğanın Kanunlarıyla Bütünleşmek

Karşılıklı anlayış olmadan, bizi bir olmaya yöneltmeyen başka bir çözüm, birbirimiz arasındaki egoyu ortaya çıkarır ve ayrılmaya yol açar. Bir olma rekabeti tek çözümdür. Bu yönteme göre, sevgiyi açığa çıkarmak için birleştiğimiz zaman, şu an bile rekabet, kıskançlık, hırs içinde olsak dahi – nefret ve sevgi içinde- hepsi birbirini tamamlar. Sevgi kendiyle bağlanmaktır. Bunun için, herkesin başkalarıyla olan bağlantısıyla ilgili kendisini düzeltmesi gereklidir. Bunun sonucunda, aramızdaki bağlılığın içindeki sevgi açığa çıkar.

Zekâmızla yapacağımız birçok iş vardır. Bedensel hayatımızı tek bir çizgiyle uyum haline getiriyoruz, herkesin bedenin ihtiyaçlarını karşıladığı bir yerde ve bunun ötesinde, insan seviyesinde, içimizdeki tüm kötülükleri ortaya çıkarıyoruz. Bu seviyenin üzerinde, içimizdeki üstün seviyede, tüm bilimi, bilgiyi ve zekâyı fiziksel ihtiyaçlarımızı karşılamak için geliştiririz ve içimizde sürekli açığa çıkan kötü eğilimi bilimin yardımıyla sevgiye ulaşana kadar iyi eğilime çeviririz.

Özet yapacak olursak: cansız, bitkisel ve hayvansal seviyelerdeki arzularda düzeltecek bir şey yoktur. Problem aramızdaki ilişkilerdedir. Bu benim yaşamımı kirlettiğim yerdir çünkü kötü bir Doğa'm var veya egom. Herkes bunun böyle olduğuna hemfikir. Basit gözükse de, kötü eğilimi düzeltmek için yapacağımız çok şey var. Fiziksel ihtiyaçlarımızı günün küçük bir bölümünde karşılayabilmek için hayat bize verildi ve geliştik. Aslan payını kötü eğilimimizi düzeltmeye adamalıyız, iyi bir eğilime ulaşmak için. Bunu yaparak Doğa'nın mükemmelliğini keşfedeceğiz.

BÖLÜM 11

İNSAN SEVGİSİNDEN DOĞA SEVGİSİNE

Dr. Michael Laitman

Doğanın Kanunlarıyla Bütünleşmek

İNSAN SEVGİSİNDEN DOĞA SEVGİSİNE

Konuşan Seviyeye Nasıl Yükselinir?

İnsan, yaşamı boyunca sürekli değişen ve gelişen tek varlıktır. İnsanlardaki gelişim süreci zorunludur çünkü yaşamlarımız ve nesiller boyunca ego büyümeye devam eder. Her nesil bir öncekinden farklıdır. Her şey değişir – kültür, politik yapılar, eğitim, karakterler, insan ilişkileri ve aile ilişkileri. İnsanların tersine, hayvanlar aynı tempoyu, aynı stili ve aynı yapıyı korurlar.

Doğumdan hemen sonra, hayvanlar hayatta kalabilmeleri için gerekli tüm ihtiyaçlar tarafından donanırlar. Kısa bir süre içinde, kendini korumayı bilirler. Tam tersine, insanların öğrenme süreci yılları alabilir ve bu, çevresinden aldığı bilgiyle alakalıdır. Birçok seneden sonra insan kendine bakmayı öğrenir.

Yaşam boyunca öğrenir, gelişir, değişir ve sürekli farklı arzulardan etkileniriz. Bir şeye çekiliriz ve daha sonra başka birine. Yaşam boyunca, meslek, ikamet ve ilgi alanlarımızı değiştiririz. İnsanlar tahmin edilemez şekilde davranırlar çünkü sürekli içimizde yeni arzular ortaya çıkar. Bir sonraki dakikada neler olacağını bilemeyiz.

İçimizde hayvansal seviye de vardır. Bu bedenimizi yiyecek, seks ve aile ile gözettiğimiz basit seviyedir ve hayvanların yaptığı gibi bedenimizle rasyonel ve dengeli bir tavırla ilişki kurarız. Buna rağmen, bedenimize yaptığımız birçok gereksiz şey de vardır. Yaptığımız bazı şeyler iyidir ancak bunları abarttığımız zaman zarar verici olurlar. Eski

223

zamanlarda, doktorlar iyi şeylerin çok tüketilmesi, zararlı şeylerin az tüketilmesinden daha zarar verici olduğunu belirtmişlerdir.

Bu nedenle, fiziksel seviyede, ailemizin ve toplumun yaşamlarını sürdürebilmeleri için, tükettiğimiz şeyleri dengeye getirmemiz şarttır. Makul bir tüketim seviyesi kendimizi acı çekme ve pişmanlık noktasına getirecek kadar kısıtlamak değildir. Aksine, bu, bizim için iyi ve sağlıklı bir sınır anlamına gelir.

Hayvanların tersine, içimizde konuşan seviye vardır, hayvansal seviyenin üzerinde. Sahip olduğumuz arta kalan zaman ihtiyaçlarımızla ilgilenirken ve kendimizi insan olarak inşa ederken belirginleştirmeliyiz. Hayvansal seviyenin üzerindeki parçamızı ilerletmeye ihtiyacımız var.

Bir anlamda, iki dünyaya da aitiz.- hayvanlar ve insanlar krallığı, konuşan seviye diye adlandırdığımız. İçimizdeki konuşan seviye başkalarıyla olan bağlantımızla büyür. Başkalarıyla olan bu bağlantılarda yapacağımız çok iş vardır. Aslında, kendimizden daha doğmamış bir insanoğlu yaratmaya ihtiyacımız var. Ve dahası, bunu elde etmek için yapacağımız tek bir şey var: kendimizi düzeltmek.

Her birimiz annesinden daha yeni çıkmış ve yaklaşık 2 kilo olan, yaşayan bir organizma olarak hayvansal seviyede doğarız. Bebek büyütürken, önce fiziksel seviyesine önem veririz, yeterli bir şekilde beslenmesine ve sağlıklı kalmasına emin oluruz. Bebeğe yaşayan bir vücut gibi davranırız. Daha sonra büyür ve seslere, eylemlere, ışığa ve karanlığa olan tepkilerini takip ederiz. Bedenini önce isteksiz hareketlerle ve daha sonra istekli olanlarla hareket ettirmeye başlar.

Dr. Michael Laitman

> Doğanın Kanunlarıyla
> Bütünleşmek

Bebeklerimize oyuncaklar alırız ve gelişmelerine yardım ederiz. İnsan olarak bu sürece müdahale etmezsek, onlar için her şeyi üretmezsek, insan olarak değil ama hayvan olarak büyürler. İçimizdeki insan, aldığımız eğitimle gelişir.

Problem şudur: eğitimimiz tamamıyla egoistiktir, dünyayı kirletmemize yol açar. Kendimizi güvende hissetmek için, başkalarına zarar vermemek, onlardan almaktan kaçınmak ve hoşgörülü olmak en iyisidir. Daha sonra, bize de iyi davranılır. Çocuklara başkalarına iyi davrandıkları zaman, diğerlerinin de onlara karşılık vereceğini öğretiriz. Bu nedenle, eğitimimizin bir parçası olarak, çocuklarımıza herkesle iyi bir şekilde geçinmeleri gerektiğini, bu sayede kendilerine karşı bir düşmanlığın ortaya çıkmasını engelleyeceklerini öğretiriz. Bunu anlarız ve onları bu şekilde eğitiriz.

Ve dahası, egolarımız medya, internet, TV ve genel çevre tarafından etkilenir. Bu bizi kötü örneklerle yıkar. Onları istemesek de, bizi istem dışı olarak etkilerler ve çocuklarımıza hayatta kalabilmek için başkalarına nasıl kurnazlık yapacaklarını öğretiriz. Onları dövüş sanatı kurslarına ve hukuk öğrenmeye yollarız, bu dünyada hayatta kalabilmeleri için. Ve dahası, nesilden nesile ve kendi yaşamlarımız yoluyla ilerlediğimizi görsek de, hâlâ kötü koşullardayız ve birbirimize karşı kötü ilişkilere sahibiz. Her birimiz kendi mutluluğumuzu, zenginliğimizi, hazzımızı ve başarımızı en azından biraz da olsa başkalarına zarar vererek inşa ederiz.

Bu nedenle, bu nesilde ve önceki nesillerde geçirdiğimiz tüm şeyler yüzünden gelişimimizde bir kriz safhasına ulaştık. Öldürücü silahlar yaptık, tüm gezegendeki kaynakları tükettik, Doğa'yı, ekolojiyi ve iklimi olumsuz olarak etkiledik ve kendimizi ve insan toplumunu harap ediyoruz.

Doğanın Kanunlarıyla Bütünleşmek

Dr. Michael Laitman

Dünyaya yakın uzay boşlukları bile boş uydular yüzünden uzay çöplükleriyle dolu. Ama en önemlisi, hepimiz hayattan tatminkâr değiliz. Tüm dünyada genel bir çaresizlik, eğitim ve öğrenim sistemlerinde akut bir kriz ve daha önce bahsettiğimiz sayısız problemler var.

Sonunda, kendimizi değiştirmekten başka bir çaremizin olmadığı bir karara doğru yaklaşıyoruz. Başka bir deyişle, tüm işimiz, kişisel, genel, toplumsal ve küresel olarak kendimizi yeniden eğitmek olmalıdır. Aramızda şu an var olan nefrete, antipatiye, hırs, kıskançlık, onur ve hükmetmeye dayalı ilişkilerden, anlayış, karşılıklı güvence ve sevgiye dayalı ilişkilere geçiş yapmalıyız. Bunlar sadece ulvi sözler değildir. Basitçe başka bir seçeneğimiz yoktur, bu, Doğa'nın bizi yönlendirme şeklidir. Gelişimimiz iyi ilişkiler kurma ihtiyacımıza doğru itiyor bizi.

Ailemiz bizi birçok arkadaşımız olsun diye başkalarına nazik, saygılı ve anlayışlı bir biçimde büyüttü. Kiminle yakın olmamız gerektiğini ve kimden uzakta durmamız gerektiğini anlattılar çünkü iyi bir çevreyi seçmemizi istediler. Aynı şekilde, kendimizi de eğitmeliyiz çünkü şimdiki durumumuz hayatımızı tehdit etmektedir. Bu nedenle, yapmamız gereken tek düzeltme içimizdeki insanı inşa etmektir. Bedenlerimize mantıklı ve dengeli bir seviyede ihtiyacı olanı vermemiz gerek ve fiziksel yaşamlarımızı hayvansal seviye üzerinde, insanı, kendimizin konuşan seviyesini inşa etmeliyiz.

Önceki yüzyılda kendimizi uluslararası ilişkiler, uluslararası kültür ve turizmi geliştirerek meşgul ettik. İnsanlar ülkeden ülkeye kendi mutlulukları için seyahat ettiler, yine de hâlâ uygun olmayan durumlarla karşılaşırlar. Gelişmeye devam etmek istiyorsak, birleşmemiz lazım.

Dr. Michael Laitman

Doğanın Kanunlarıyla Bütünleşmek

Örnek olarak, neden ortak bir Pazar oluşturmuyoruz, neden sadece Avrupa'nın içinde, tüm dünyayı kapsayan değil? Görüyoruz ki, egomuz bizi buna itiyor, lakin kendi aramızda uygun bağlantılar, birbirimize karşı anlayışlı olma bağlantısını kurmamıza engel oluyor.

Avrupa'da da, Ortak Pazar'ın kurulmasıyla oluşan yakınlık ve karşılıklı bağımlılığa rağmen, insanlar ve ülkeler hâlâ kargaşa içinde. Sınırlar kalksa ve paralar birleşse de, bizi ilerlemeden alıkoyan bir şeyler var. Avrupa, Amerika, Rusya ve Çin gibi süper güç olabilirdi ama onun yerine güçsüzleşti çünkü Avrupa Birliği'ndeki ülkeler tek bir güç içinde birleşmedi. Geçmiş düşmanlıklarını aşmalarını engelleyen aralarındaki kültürel, eğitimsel ve tarihi ayrılık yüzünden bu zayıflıklarının üzerine egoistik bir çıkar için bile çıkamıyorlar.

Bu ihtilafları çözebilir miyiz? Sevgi kubbesi hepimizi sardığı zaman. Bundan başka, her şey olduğu gibi kalacak. Egomuzun üzerine çıkma metodu kültürel, eğitimsel ve hatta politik farklılıkları olduğu gibi bırakır.

Her insan kendi kültürü, eğitimi ve inancında yaşayacak, ama başkalarına şefkatle davranacak. Mesela, aile içinde her birey başka bir şey yapsa – biri doktor, bir diğeri mühendis ve diğeri felsefeci, hepsi aynı ailede olduğunu kabul eder ve birbirini tamamlar. Başka bir deyişle, herkes fikirlerinde, davranışlarında ve hayat tarzında çok farklı olduğu için, farklılıklarının ötesinde onları birbirlerine bağlayacak bir birleştirici güç olmadan, hiçbir zaman buluşamazlar.

İyi bir yaşam elde etmek için aynısını yapabilir miyiz? Savaşlar ve yıkım olmadan, bu sayede tsunamileri, fırtınaları, volkanik patlamaları ve ekonomik sistemlerin çöküşünü durdurabilir miyiz? "Bir insan hayatı için her şeyi verebilir"

227

Doğanın Kanunlarıyla Bütünleşmek

Dr. Michael Laitman

derler. Şu anda hayati tehlike içindeyiz ve tüm bilimlerden bize daha anlamlı gelen bir metoda sahip olduğumuzu anlamaya ihtiyacımız var. Tüm bilimler ve hayatımızdaki tüm ilgi alanlarımız yaşamlarımızı geliştirme kabiliyetimizle ölçülür. Eğer birbirimize zarar vermekten bizi koruyacak bir bağlanma yoluna sahipsek, bu metot tüm bilimlerin kesinlikle çok üzerindedir ve bunu ciddi bir biçimde incelememiz gerek.

İntegral Eğitim metodu başımıza gelen tüm kötü şeylerden bizi korur. İntegral Eğitim insanlığın yolu üzerindeki savaşlar, küresel ekonomik çöküş ve açlık gibi tehlikeleri etkisiz hale getirmekle kalmaz, aynı zamanda bizi zarar görmekten uzak tutar, bizi iyi bir yaşama doğru götürür ve yaşamı yeni bir seviyede hissetmemizi sağlar. Değişen ilişkilerimizle, insan denileni, konuşan seviye denileni ortaya çıkaracağız. Bu Doğa'nın en derin alanlarıyla temas ettiğimiz bir seviyedir, tüm evrim sürecimizi yöneten, düşünce ve Doğa'nın en büyük gücü.

Bu yolla, Doğa'nın sonsuzluğunu ve bütünlüğünü hissetme kabiliyetimizi geliştiririz. Onu keşfettiğimiz an, bu metotla dolar, karışır ve muhafaza oluruz. Bu entegre düzeltmenin bize verdiğidir, İntegral Eğitim metodunun.

Bu sebeple bu bilgelik diğer tüm bilgeliklerin üzerindedir, insanlığın yarattığı tüm bilimlerin üzerinde. Verdiği sonuçlar hiçbir şeyin ona yaklaşamayacağını göstermektedir. İntegral Eğitimin önemini anladığımız zaman, onu kendimizde gerçekleştirmek aynı öneme sahip olacaktır. Ancak, başkalarına bunu geçirmek önemlidir çünkü başkalarını etkilediğimiz ve diğerlerinin bizi etkilediği oranda, birbirimize pozitif uyarıyla ve baskıyla karşılıklı ihsan etme örnekleri oluştururuz ve bu sayede ilerleriz.

Dr. Michael Laitman

Doğanın Kanunlarıyla Bütünleşmek

Bu nedenle sadece birbirimize iyi davranmayı öğrenmek önemli değil aynı zamanda bu pozitif tavrı birbirimize geçirmek ve birbirimize iyi örnek olmak da önemli. Anne ve babamızın hayatla ne şekilde ilişki kuracağımızla ilgili örnekler oldukları gibi, her birimiz birbirimizi eğitmeliyiz.

Eğitim sisteminde kimse alçak veya üstün değildir. Onun yerine, kişi bir başkasından öğrenir. Bu nedenle sürekli olarak sorumluluk örnekleri vermemiz gerekir, yalnızca çocuklara değil ama arkadaşlara ve bizden yaşlı kimselere ve daha yüksek statüdeki insanlara. Her birimiz diğerine rehber gibi olmalıyız ve bu duygu bizi bu davranışa sadık kaldığımız oranda sorumlu davranmaya zorlamalı, çünkü insanlığın kaderi birbirimize karşı olan eylemlerimize bağlıdır.

Bunlar yalnızca güzel sözler değildir: doğamız bu şekilde çalışır. Sevsek de sevmesek de birbirimizden etkileniyoruz. Birisine çok az saygım olsa da, hâlâ ondan etkilenirim.

Doğa'nın bu şekilde davranmamızı talep ettiğini göz önünde bulundurarak, İntegral Eğitimi almamız gerekliliğini ciddiye almalıyız ve insanlığın bu eğitimi beklediğini anlamalıyız. İnsanların bu tip bir eğitime ihtiyacı var ve eğer çocukken anne ve babamızdan aldığımız eğitime hoş baktığımız gibi bunu onlara sevgiyle ve yumuşak bir şekilde verirsek, bunu hoş karşılayacaklar. Bu anımsamalar her yerde vardır, herkes nazikçe davranılmayı ister, herkesin buna ihtiyacı vardır.

Bu şekilde büyümemiz gereklidir, anne ve babamıza bize şefkatli davranmaları için ihtiyacımız olduğu zamanlardaki gibi, çünkü şimdi bile, etrafımızdaki dünyayı anlamıyoruz.

Doğanın Kanunlarıyla Bütünleşmek

Dr. Michael Laitman

Ama büyük ve güzel bir dünya inşa etmemiz gerektiği için, anne ve babamızın sevgisinden yoksun olduğumuz an, arkadaşlarımızdan gelen sevgiyi hissetmeye başlarız ve daha sonra okulda sevgiyi hissederiz ve arkadaşlarla, üniversitede, işte ve genel olarak toplumda.

Başka bir deyişle, aşamalı olarak daha geniş ve büyük ellere doğru gideriz - tüm insanlığın ellerine. Sürekli olarak anlayış ve sevgi tecrübe ederiz çocukken aldığımız gibi. Bunu tüm yaşamlarımız boyunca hissetmeye devam edeceğiz, ta ki bu genel sevgiyi Doğa'nın üstün kanunu olarak hissettiğimiz ana kadar.

Aramızda benzer sistemler inşa etmek insanları eğitmek için doğru çevreyi ve kılıfı inşa etmek demektir. Bu tür insanlar oluşturursak, yalnızca içimizde var olan hayvansal seviyenin üzerine insanı inşa etmiş oluruz, konuşan seviyeyi.

Bu nedenle, iyi bir tavırla, anlayışla, karşılıklı bir şekilde ve vererek, iki tarzdaki davranışı sürdürürüz. İnsan seviyesindeki insanlara iyi davranış ve karşılıklı verme ve sevgiyle yönetilen Doğa'nın tüm seviyesine karşı iyi davranış. Doğa bu genel kuvvetten bulunduğumuz tüm süreci inşa eder.

Bu yolla, cesaretlenir ve desteklenir ve iki kez kazanırız, insan toplumunda iyi olarak ve Doğa'yla uyum içinde olarak. Nadiren, dengesiz tavırla hatalar yapabiliriz. Örnek olarak, bu uyumlu tavırla yalnız Doğa'ya karşı ilgi duyarsak, yalnızca Doğa ve hayvanları önemseyen Greenpeace gibi, bu onlara Doğa'yı korumaları için yardım etmez. Düzgün insan ilişkileri olmadan, Doğa'yı koruyamayız. Bu iki alan birbirlerine bağımlıdır. Sonuçta, bir insan iyi olduğu zaman, her yönden iyi olur. Bu tür insan cansız, bitkisel ve hayvansal

seviyelere de özen gösterir, onları ihtiyaçları için kullanır ve Doğa tekrar dengesine döner. Hasar verdiğimiz her alan yenilenecektir ve yeniden oluşacaktır ve tüm dünya dengeye ulaşacaktır.

Doğa ve insan ilişkilerini hesaba katmamız ve ilk insanları eğitmemiz gerek. İnsan sevgisinden, tüm Doğa sevgisine geleceğiz. Bu gitmemiz gereken yöndür. İnsanlarla ilgili olurken, sonunda Doğa'nın genel kanunuyla uyum içinde olmamız gerektiğini anlamamız gerek, genel süreçte ve tüm genel evrimimizde. Bu bir süreç ve insanları sevmeye çalışmamız gerek ve daha sonra Doğa'da var olan genel kanunu.

Hayvansal seviyenin üzerinde yapacağımız düzeltme, konuşan seviyede, içimdeki insan bölümünde bir süreç olarak inşa edilmiştir. Bu bedenimin hayvansal bölümünde değildir, bedenim vasıtasıyla uygulasam bile, çünkü bedenim aracımdır. Tavır, bağlantı ve diğerlerine karşı eylemler – düzgün veya düzgün olmayan, önceki gibi – derin düşünceyle, konuşmayla ve eylemle harekete geçer.

İlkin "düşünce" gelir, sonra gelen "konuşma" ve "eylemdir". Bu icat etmem gereken ilk şeydir. Bu içsel hesaplamalardan tasarlanır, öz benlikten gelen ve çevrenin etkisinden, toplumdan ve eğitmenlerimden. Düşünceyi şekillendirmemiz ve onu konuşmaya dökmemiz şarttır. Konuşmak yalnızca laftır eylemle ifade edilmediği sürece ve daha sonra geçerli olur.

"Konuşma" kendimizi nasıl ve hangi yönde değişeceğiz konusunda ikna etmeliyiz manasına gelir – içsel konuşmayla, sürekli olarak kendimizle ve başkalarıyla konuştuğumuz için. Ne kadar değişeceğimize ve hangi dereceye kadar bu bağışlayıcı ve kuşatan sevgi sürecinden geçmemiz gerektiğine karar vermemiz gerek.

"Eylem" bedenimin ihtiyaçlarıyla ilgilenmekten boş kaldığım zamanlarda, İntegral Eğitimi çalışacağım veya entegre yaklaşımı başkalarına karşı etkinleştireceğim manasına gelir. Bu insanları saygın, standart, fakirlik sınırının üzerinde bir yaşama getirecek. Bu, aynı zamanda adaletli paylaşıma öncülük edecek ve bu sayede kimse bir başkasına göre mahrum kalmayacak.

Başka bir deyişle, ilkin düşünce gelir, daha sonra konuşma ve finalde eylem. Bunlar yeni ve uyumlu bir toplumu inşa etmek için amaçlanmalıdır, herkesin entegre bir seviyede olduğu, benzer ve standart bir sistemde.

Düşüncede, kendimi çevrenin etkisiyle ilerletirim, sürekli olarak güçlü ve daha birleşmiş bir çevre tarafından etkilenmek isteyerek. Daha sonra, bu düşünceyi içimde düzenlerim ve konuşarak dışa vururum ve diğerlerine bilgi sağlayarak ikna ederim. Sonunda, eylem gelir, aktif şekilde başkalarını eğiterek, öğreterek ve tüm dünyanın yaşam standardını kimsenin aç ve yaşamın ihtiyaçlarından yoksun olmadığı bir safhaya yükselterek vermeye başladığım zaman. Bu basitçe bizim işimizdir.

Bu yolla, Doğa'yla dengeye ulaşacağız. Her an, birbirimizle dengeye ulaşmamız gerektiğini vurgulamamız gerek ve bu uyumla tüm Doğa'yla balans içinde oluruz. Bu süreçle, dairesel ve eksiksiz bir sistem oluşturacağız.

Bunu yaparak yaşamın başlangıcından bu güne bu gezegendeki tüm gelişimimiz tamamen dengeye ulaştığı zaman gelişim sürecimizi sona erdireceğiz. Bilim insanları dünyanın yakında sona erebileceğini söylerler. Fakat sona erecek derken fiziksel bir sondan bahsetmiyoruz, bu ego tarafından yönetilen bir evrimin sona ermesidir. Doğa'yla tamamen denge ve ahenk içinde olmayı başarırsak, Doğa tarafından üzerimizde bir baskı olmayacaktır ve mükemmellik içinde yaşıyor olacağız. Bu safhayı kendimizde hissetmeyi umalım ve bu sayede bunu çocuklarımıza ve torunlarımıza geçirebilelim. Bu bizim elimizde.

İkna, irdeleme ve egomuzu özgeciliğe doğru düzeltmeyi de içine alan başkalarına sevgi ve anlayış içinde olduğumuz bu gelişimi, bizim neslimizde bile gerçekleşebileceğini anlamamız gerek. Hepsi bizim değişim için olan istekliliğimize bağlıdır.

Arzularımız tamamıyla çevreye bağlı olduğundan, kendi kendimizi ikna etmeye çalışmak yerine birlikte çalışmamız şarttır. Bunun yerine, hep beraber bizi etkileyecek bir çevre inşa etmeliyiz ve bu sayede hep beraber değişeceğiz. Bu nedenle bizi ikna eden ve değişime olan isteğimizi hızlandıran ve karşılıklı güvence ile bağlayan, hepimiz için iyi bir çevre kurmamız şarttır. Değişime uğradıkça, değişimi hızlandırmak ve kalıcı kılmak için çevrenin bize olan etki şiddetini artırırız.

İnsandaki cansız, bitkisel ve hayvansal seviyelerin evrimi milyonlarca sene sürdü çünkü ego yoluyla geliştiler. Bunun için sorumlu değiliz. Tam tersine, bu yolla geliştik çünkü ego doğal olarak büyüdü ve sonuç olarak ondan daha çok etkilendik.

Doğanın Kanunlarıyla Bütünleşmek

Dr. Michael Laitman

Ama şimdi evrimin hızı ve kuvveti bizim elimizdedir çünkü her şey çevreye bağlıdır. Şimdi suni bir çevre kuruyoruz ve bunu daha ileri seviyede kurabilirsek, bizi daha çok etkiler ve gözümüzde büyür – genişleyici ve etkiyle dolu. Bundan dolayı, elimizde olan tüm imkânları kullanmalıyız, sosyologlar, psikologlar ve artistler gibi meslek gruplarını da kapsayan. Bu birleşme bizi mümkün olan en etkin ve en yoğun biçimde etkileyecek ve bize hep birlikte bu nesilde mutlu bir yaşam verecek. En sonunda gelecek kuşaklar için ne bıraktığımızı bileceğiz ve mutlu olacağız.

Arzularımızı 2'ye bölebiliriz: kişisel veya bireysel arzular ve insan veya toplumsal arzular. Kendimiz için, arzularımızı, yaşamamız için gerekli ihtiyaçlarla sınırlamamız gerek. Bu, düzeltme esnasında meydana gelir. Başkalarıyla ilişkilendirdiğimiz sosyal arzularımızı geliştirmemiz gerek. Bu, etrafımızdaki daireleri göz önünde bulundurarak yapılır, en yakın daireden başlayarak – arkadaşlar- ve daha geniş dairelerle. Eninde sonunda, çevrenin etkisiyle kendimizi geliştireceğiz ve herkese karşılıklı güvence ve tüm dünya için sevgiyle birlikte iyi, anlayışlı, sorumlu bir tavır geliştireceğiz.

Aşamalı bu süreçte kendimizi birey olarak bir kenara bırakırız ve insanlığın genişleyen daireleriyle daha çok ilişkiler algılarız. Bu bize daha çok bilgelik, hisler ve başkalarıyla olan katılımı getirir. Bu karışımdan tüm realiteyi algılarız, tüm Doğa'yı hissedene kadar. Bu yolla, kendimizden ayrılıp ve diğer herkesi hissederek, yaşadığımız yeni realiteyi idrak ederiz.

Bu Doğa'nın bizlere hazırladığı insan seviyesinde var oluştur, konuşan seviyede. Bu bizim dünyada düzgün bir şekilde varoluşumuzu sürdüreceğimiz yoldur.

Doğanın Kanunlarıyla Bütünleşmek

Cansız, bitkisel ve hayvansal seviyelere özen göstermeli ve Doğa'yı sevmeliyiz. Doğal şeylerle uyum içinde ilişkiler kurmalıyız. Doğa'yı sevmek onun içinde yaşamaktır, ondan mümkün olan her şeyi almak değil.

Uyum içinde yaşamamız, onu içimizde hissetmemiz, aramızdaki uyumun ne anlama geldiğini anlamamız gerek. Uyum içinde olmak her şeye özen göstermek ve hayvanlarda olduğu gibi Doğa'dan ihtiyacımız kadarını almak manasına gelir. İntegral Eğitim bizi etrafımızı saran tüm Doğa'ya iyi bir şekilde davranmaya mecbur eder. Onunla olan bağlantımızda, birbirimizle nasıl pozitif bir ilişki kuracağımızı öğreniriz. Bu nedenledir ki tüm Doğa'yla ilişki içinde olan İntegral Eğitimin dışında kendimize iyi ilişkiler içinde olmayı öğretmemize gerek yoktur.

"Doğa" terimi evrim geçiyoruz anlamına gelir. Bir şeyler bizi ilerletiyor, geliştiriyor. Bizi geliştiren kuvvetler nereden geliyor? Burada aşamalı bir süreci görebiliriz: Doğa bizi sebep sonuç ilişkisiyle, her şeyin birbirine karşılıklı bağımlı olduğu bir yerde ilerletiyor. Bu, Doğa'nın her şeyi kapsayan formülüdür.

Bunlar bilim tarafından, Doğa'nın tüm bölümleri arasındaki karşılıklı etki olarak bilinir. Hiçbir şeyi biz keşfetmedik. Kendi kendimizden Doğa'nın tümüyle bir olabilmek için nasıl birlik olacağımızı ve bizi ve Doğa'nın tümünü ilerleten Doğa'nın genel kanunuyla öğreniyoruz.

Doğa'nın kanunu yalnızca beni veya insan toplumunu geliştirmez, tüm evreni ilerletir. Ne yönde olduğunu bilemeyiz ancak evren gelişiyor ve genişliyor ve içinde daha anlayamadığımız süreçler var.

Doğanın Kanunlarıyla Bütünleşmek

Dr. Michael Laitman

İlerledikçe, kanunların muazzam sisteminin ne şekilde işlediğini daha iyi anlarız. Sonunda tüm kanunların birbirlerine bağlı olduklarını görürüz, biyoloji, zooloji, botanik, astronomi veya psikoloji kanunlarının arasındaki ilişkileri göremediğimizi bir kenara koyarsak. Aralarındaki ilişkileri göremesek de, Doğa tek ve değişmezdir. İçinde bölümler yoktur, bu çalışmalarımızdan öğrendiğimiz bir gerçektir.

Yaşam da, olayları bütünsel bir tavırla ilişkilendirmemizi gerektirir. Bütün kelimesi, Yunanca "bütünlük" kelimesinden gelir ve bizler bu bütünün parçalarıyız.

Gelişimimiz insan sevgisinden Doğa sevgisine olacağı için, insan toplumuna karşı iyi bir tavır geliştirebilirim ve bu tavırla Dünyaya zarar verebilirim. Tam tersine, Doğa'yı korurum ama insanları değil, yalnızca ekolojiye özen gösteren çevreciler gibi.

Her şeye olan tavrımız aynı olmalıdır, dairesel. Her şeye karşı tek bir tavır olması şarttır. İnsan Doğa'nın bir parçası olduğu için, insan toplumuna, insana, aileye ve Doğa'ya karşı aynı tavra sahip olmalıyız. Doğa'nın tüm parçalarını dengede tutmalıyız çünkü bu Doğa'da var olan şeydir. Bu genel kuralı koruyabilme şeklimiz budur.

Yıldızların ve gezegenlerin kendi yörüngelerinde bir dengede hareket ettikleri ve birbirlerini etkiledikleri gibi ve gezegenin bir ucunda meydana gelen bir eylemin bir diğer ucunu etkilemesi gibi, birbirimizle olan ilgimiz de bu biçimde olmalıdır. Başkalarını insan ilişkilerinde iyi olabilmeleri adına eğitmek cansız, bitkisel ve hayvansal seviyelerine de uygulanır. Bu aynı uyumlu tavır Doğa'nın genel, tüm realiteyi geliştiren ve koruyan kanununda da geçerlidir. Bu her şeyin var olduğu makinadır.

Dr. Michael Laitman

> Doğanın Kanunlarıyla
> Bütünleşmek

Doğa'yı çalıştığımız zaman, bilim insanlarının hâlâ ulaşmaya çalıştığı, her şeyi kapsayan kanunun belirli kurallarını çalışırız. Bilim insanları Doğa'nın tüm kanunlarını ifade edecek olan bir formülü bulmak için çalışıyorlar. Bu Einstein ve diğerlerinin hissetmeyi, anlamayı, incelemeyi ve görmeyi çok istedikleri bir şeydi. Bilim insanları böyle bir şeyin olduğunu ve onsuz varoluşun olamayacağı hissederler.

Bu, insanlığın çekildiği bir yöndür. İnsan şu anki yerini edinmeye doğru çekiliyor ve daha sonra nerede olduğunu anlayacaktır. Nerede olduğumuzu, neye benzediğimizi ve bizi ilerleten şeyin ne olduğuna dair anlama içgüdümüz vardır, çünkü geleceğimiz buna bağlıdır. Bu geçmişimizi ve kaderimizi belirler. Her eylemim gelişimime uyumlu olursa, başarılı olurum. Kendimi geliştirebilirim ve belki de ilerlememi hızlandırabilirim. Ancak, ters yönde gidersem veya başka bir yöne dönersem bu gelişimin yönü değildir ve bu yüzden başarısız olurum.

Çoğu zaman bir çocuğun nerede başarılı olup olmayacağını söyleyebiliriz. Kanunları anladığımız oranda, çocuğun doğasına göre, hangi koşulların var olduğunu ve hangi olanakların müsait olduğunu, hangi seçeneklerin başarılı olacağını ve hangilerinin olmayacağını anlatabiliriz. Bu yolla, çocukları kritik hatalar yapmaktan koruyabiliriz. Aynı şey bize de uygulanabilir. Doğru bir yönde yol almak isteriz ve hata yapmak istemeyiz. Bu, bilimde ilerlemenin özüdür.

Aslında, bilimde ilerleme yalnızca cep telefonları yapmak değildir. Bundan ziyade, amacı yaşamlarımızın özünü anlamaktır - neden varız ve varoluşumuzu nasıl ilerletiriz. Tüm yeteneklerimizle, hiç olmaması gereken çaresiz bir safhaya geldik. Bu nedenle, genel kanunu bilmek ve ona doğru hareket

Doğanın Kanunlarıyla Bütünleşmek

Dr. Michael Laitman

etmek buradan nereye doğru gideceğimizi ve kendimizi pratik ve pozitif bir şekilde nasıl inşa edeceğimiz anlayışına bizi daha da yaklaştıracaktır.

Bilim insanları ve diğer birçok insan denge hakkında konuşmaktadır. Bu yalnızca benim görüşüm değildir. Ben genel, bilimsel kuralların olduğu küresel Doğa hakkında konuşuyorum. Bilim insanları sonunda her şeyin birbiriyle bağlantılı ve dairesel olduğunu göreceğimizi işaret eder.

Meydana geleceğine inanmadığımız krizin tam ortasında olduğumuz bir gerçektir. İstediğimiz her şeyi yapabileceğimizi zannettik ama birden durumun böyle olmadığını fark ettik. İstediğimiz her şeyi yapamayız çünkü hepimiz birbirimizle bağlantılıyız. Bugün, dünyayı küresel olarak yaşıyor ve hissediyoruz, Doğa'nın küresel özünü her şeyde hissediyoruz, banka hesaplarımızda, sağlığımızda ve dünyanın şu anki durumunda.

Bugün, tüm bilim insanları fizik ve kimyanın bağlantılı olduğunu göz önünde bulundurur. Doğa her zaman bu yönde olmuştur ama bunu son birkaç senede anlamaya başladık. Bu çevrenin İnsan'a ve İnsan'ın çevreye olan etkisidir. Bugün her şeyin bir olduğunu görüyoruz. İnsan'ın iklime olan etkisini, okyanuslara ve Doğa'nın tümüne ve İnsan'ın Doğa'yla dengede olması gerektiğini anlıyoruz.

Bedenlerimizi ve sağlığımızı dengede tutmamız gerek. Bedenimize zarar veren her şeyi tüketiyoruz ve birilerinin zengin olması için birçok türde yiyecekler yaratıyoruz. Sonuç hastanelerin insanlarla dolup taşmasıdır. Şeker hastaları, örnek olarak, aşırı tatlı tüketiminin nedenidir. Doğa'da neredeyse hiç

şeker yoktur. Onun yerine, meyve ve bal vardır ama hiç saf şeker bulunmaz.

İnsanlık yaptığı her şeyi incelemeli ve yavaş yavaş toksik ürünlerden kendini arındırmalıdır. Birincisi, yerine koyacağımız ürünler sunmalıyız ama eninde sonunda tümüyle bunlardan kurtulmalıyız. Sigarayla savaşımızda olduğu gibi, bedenimize zarar veren her şeyle savaşacağız. Doğa'da, meyveler ve sebzeler, et, balık ve su vardır. Doğa'da direkt bulunmayan her şey kötüdür ve bedene zararlıdır. Gelmek istediğimiz nokta, Doğa'da bir şey varsa, onun için iyi bir kullanım alanı bulmamız gerekliliğidir. Doğa'da bulunmayan bir şeyi kullanmak bize zarar verir.

Bu demek değildir ki, hepimiz vejetaryen olalım veya yalnızca ilaçsız veya hormonsuz organik yiyecekler tüketelim. Bunları kullanmaktan başka bir çaremiz yoktur, bunlar olmadan tüm insanlığı doyuramazdık ve insanlar açlık çekerdi. Bu uyarıcı maddeleri kullanmamız gerek ama genetik ve kimya yoluyla yarattığımız diğer şeyleri değiştirecek çalışmalar başlatmalıyız.

Örnek olarak, böcek ilaçlarının içinde kimyasal kullanılmayan yerler vardır. Bunun yerine, böceklerin doğal düşmanları böceklerin olduğu bölgeye getirilir. Yapacağımız birçok şey vardır ama birincisi herkesin yiyeceğe sahip olduğuna emin olmamız, daha sonra sırasıyla ekolojiyi etkilemeden ilerlememiz gereklidir. Bu nedenle bizi yaşamın tüm alanlarında dengeye ve düzeltmeye götürecek değişimin İntegral Eğitimle olması şarttır. Bu yolla, yaptığımız her şeye iyi ve dengeli bir tavır geliştireceğiz ve yaşamın tüm alanlarındaki, tarım ve ekonomiyi de içine alan, tavırlarımızda köklü bir değişiklik yapacağız.

Doğanın Kanunlarıyla Bütünleşmek

Dr. Michael Laitman

Kendimizi çevre yoluyla eğitmemiz ve her birimize cazip ve yenilikçi bir form gösteren doğru bir çevreyi kurmamız gerek. Arzularımızı çevreden aldığımız için, insanlar çevrenin etkisi altında kalacaklar ve değişeceklerdir.

Mimarlığı ele alalım. Farz edelim ki, bu mesleğe karşı bir ilgim yok. Ancak, bu mesleğin bana çok özel bir katkı sağlayacağı anlatıldı ve bu sayede mimarlık çalıştım ve mimarlıkla ilgili toplantılarda, konferanslarda ve kongrelerde bulundum. Bu etkinliklerde, herkes bu mesleğin önemi hakkında konuşmalar yapıyor, değişik tip evlerin nasıl yapılabileceği hakkında önemli fikirler paylaşıyor. Bunların hepsini duyarım ve işin içine girerim.

Birdenbire kayıtsızlığım son bulur. İşin içine dâhil olmak beni etkiler ve onların arzularını özümsemeye başlarım. Bu sayede değişirim. Önceden, buna karşı bir arzum yoktu ama şimdi kendimi mimarlık çalışmalarına devam ederken bulurum.

Bu, arzulara sahip olma şeklidir. Bilim, bilgi ve belirli bir meslek için olan arzularımızı nereden alırız? Onları etrafımızı çevreleyen dünyadan görerek elde ederiz. İnternet, televizyondan yoksun, uzak ve izole olmuş bir köyde yaşayan bir köylü tarımla ilgili şeylerle uğraşan biri olur. Bunlar bildiği mesleklerdir. Bu seçeneklerden kendisi için en iyi olanı seçer. Bu şekilde, herkes çevresi yoluyla öğrenir.

Aynı zamanda, çevre her insanın kendi doğasına göre baskı yapar ve etkiler. Babamın beni bir müzisyen yapmak istediğini hatırlarım. Çocuk filmleri izlememe izin vermezdi, bunun yerine beni büyük bestekârlarla ilgili filmler izlemeye götürürdü. Mozart ve Beethoven gibi.

Dürüst olmak gerekirse, onların hayatları ile ilgili çekici bir şey bulamadım. Mozart 35 yaşında hasta oldu ve öldü ve Beethoven sağır oldu. Bu filmlerden aldığım şey onlara olan minnettarlığım oldu. Onların yaptıkları şeyleri takdir ettim çünkü kendilerini müzik yapma arzuları için feda ettiler. Bu izlenim bende iz bıraktı her ne kadar onlar gibi olmak istemesem de. Başka biri etkilenebilirdi ve bir bestekâr olmayı isteyebilirdi de. Herkes çevresi tarafından ve doğasına göre etkilenir.

Özet yapacak olursak: yapmamız gereken tek bir şey vardır. "Sevgi tüm günahları örter". Hepimiz suçlularız ve tüm suçlarımızın üzerine sevgi örtüsünü sermeliyiz. Bu, Doğa'yla denge içinde olma şeklimizdir ve daha sonra hiçbir problemimiz ve kötü hissimiz kalmaz. Kendimizi cansız, bitkisel ve hayvansal seviyelerin üzerinde hissederiz, tamamıyla sevgi ve mükemmellik olan ve çocuklarımıza da bırakacağımız bir seviye.

BÖLÜM 12

ALMA GÜCÜNÜN FAZLA KULLANIMI KRİZE SEBEP OLUR

Dr. Michael Laitman

Doğanın Kanunlarıyla Bütünleşmek

ALMA GÜCÜNÜN FAZLA KULLANIMI KRİZE SEBEP OLUR

İhsan etme gücünü çevreden ne şekilde temin ederiz?

Buraya kadar, alma gücüyle geliştik. Bu kuvvet bizi ileriye itti ve içimizde kendimiz için alma arzusu geliştirdi, başka insanları kazanmak, anlamak, bilmek, hükmetmek ve kıskanmak, başkalarının sahip olduklarını kendimiz için istemek.

Dünya hakkında bilgi temin ettik, kendimizi ona entegre etmeyi öğrendik ve şimdi onunla ilgili her konuda usta olduk ve ona hükmettik. Ancak, alma kuvvetini Doğa'daki var olan başka bir kuvvetle dengelemez şarttır; ihsan etme kuvveti. Sürekli olarak alma kuvvetinin hükmü altında olmak – zararlı ve kötü kuvvet- Doğa'da, çevrede, insanda ve insan toplumunda dengesizliğe neden olur.

Bu nedenle, ihsan etme kuvvetini, verme ve katılım gücünü edinmemiz şarttır. İnsan bu gücü özgür irade yoluyla, ona sürekli örnekler veren değişime uğrayacağı bir çevreyi şekillendirerek ilerletebilir. Büyürken eğitimcilerimiz tarafından hayatı nasıl idare edeceğimiz hakkında örnekler verilerek öğreniriz. Yetişkin olduğumuz ve hayata hazır olduğumuz zaman, çevre ve olaylar vasıtasıyla hayatı idare edebilmek için bilgi ve yetenek kazanmaya devam ederiz. Bebeklik ve çocukluk döneminden gelen güç, bilgi ve hazırlıkla hareket ederiz ve yetişkin olarak eğitip, hayata hazırladığımız kendi çocuklarımıza sahip oluruz.

Doğanın Kanunlarıyla Bütünleşmek

Dr. Michael Laitman

Bu şekilde gelişiriz. Açıkça, dünyayı bilmeden, hayatta kalamayız. Yaşamdaki bilgiyi daha çok kullandıkça, daha çok gelişir ve başarılı oluruz. Başarımız dünya hakkında elde ettiğimiz bilgi miktarına bağlıdır. Bu yüzden yaşam hakkında edindiğimiz gerekli bilgileri çocuklarımıza aktarmaya çalışırız, gelişmelerini sağlayacak kabiliyeti temin ederiz.

Binlerce yıllık gelişimden sonra ve özellikle son 50, 60 senede, egoistik gelişimin sonuna gelindiğini görmeye başladık. Tek bir arzuya sahip olarak ilerlemenin imkânsız olduğunu görüyoruz – almak, elde etmek, kendimize zenginlik sağlamak, Doğa'yı ve başkalarını göz önüne almadan. İçimizde ilave arzular ortaya çıkıyor. Daha çok anlamak, daha çok hissetmek ve dünyamızın içine girmek istiyoruz. Gücümüz yeterli değil. Bize, çevreye etrafımızdaki tüm Doğa'ya zarar veriyor.

Bu nedenle farkındalığımızda eksik olan bu kuvvet, verme gücü, uyanıyor. Doğrusu, bu kuvvet esas olarak dünyayı idare ediyor. Bu gelişimin temeli, Doğa annenin muazzam kuvvetidir. Çünkü her şey verme gücüyle, ihsan etme kuvvetiyle meydana gelir. Anne ve babanın çocuklarını gözettiği gibi Doğa da bizi gözetir. Bundan hoşlanıyoruz çünkü ondan her şeyi alıyoruz fakat hiçbir şekilde ona benzer değiliz.

Yaşamlarımızın temelini göz önüne alırsak, ilerlerken geçtiğimiz süreç ve ulaşmak istediğimiz amaçta, Doğa'daki her ilerlemede bir sebep olduğunu göreceğiz. Amacı öğrenmek istiyorsak, Doğa'yı daha çok bilmemiz, içine işleyen kuralları çalışmak ve anlamak gereklidir ve sonra bize neler olduğunu anlayabilir ve gerçekten iyi ve barışçıl bir yaşama doğru nasıl ilerleyebileceğimizi tasarlayabiliriz.

Bu şekilde düşünmeye başlarsak, tüm Doğa'nın iki kuvvetle yönetildiğini görebiliriz – bir veren kuvvet ve bir alan kuvvet. Veren kuvvet ihsan etme kuvvetidir, anlayış, bağlanmak ve genel sevginin gücü.

Sevginin gücü Doğa'nın tüm seviyelerinin içindeki tüm pozitif kuvvetleri kapsar- cansız, bitkisel, hayvansal ve konuşan. Bunlar hayat ve iyi etki veren kuvvetlerdir ve bizi bağlanmaya ve ayakta kalmaya doğru iter. Özellikle bu iki kuvvet vasıtasıyla evrim geçiririz.

Bedenimizi veya evrendeki diğer her şeyi incelersek, bu kuvvetler tarafından yönetildiğini görürüz. Evrenin başlangıcından beri bu iki kuvvetin bağlanmasıyla, ikisine de ait olmayan bir form yarattılar. Bu şekilde madde oluştu. Verme kuvveti ve alma kuvveti birlikte evrim geçirmeye başladılar, negatif ve pozitif partiküller oluşturarak, elektron ve proton, zıt olmalarına rağmen atomu oluşturdular. Atomlar cansız seviyedeki madde formları olan kristalleri oluşturarak daha büyük gruplara bağlandılar.

Daha sonra, cansız doğa aykırı kuvvetleri – pozitif ve negatif, veren ve alan- öyle bir biçimde aldı ki birleşmek amacıyla artan bir şekilde birbirlerine karışmaya başladılar. Negatif kuvvetler pozitif kuvvetlerden almak istediler ve pozitif kuvvetler onlara verdi. Bu sayede, karşılıklı tamamlama yoluyla, canlı hücreler oluştu. Bu hücre kendisi bir alma kuvveti olmaya başladı, çevredeki maddeleri ve enerjileri özümseyerek.

Başka bir deyişle, bir defa daha bu iki kuvvetin sürekli ortak bir şekilde hareket ettiğini görürüz. Aralarında sabit bir dinamik olan bu kuvvetlerin birleşmesi biçiminde ilerlemiştir.

Doğanın Kanunlarıyla Bütünleşmek

Dr. Michael Laitman

Aralarındaki dinamik karışık olmaktan daha öteye büyümeye başladığında, bu kuvvetler yaşayan maddeler oluşturdu. Hayvansal seviyede, yaşayan maddelerde, soyaçekim yoluyla nesilden nesile geçen çok açık bilgiler vardır.

Bu iki kuvvetin kombinasyonu bitkisel ve hayvansal seviyede de meydana gelir, bizim için içlerinde bunu fark etmemiz zor olsa da. Hayvanlarda, embiryonik hücrede var olan enerjiden nasıl yaşayan organizmaların oluştuğunu görürüz. Hücreler dışardan maddeleri absorbe eder ve absorbe ederek, yayarak ve bu maddeleri içlerindeki bu iki kuvvetin arasında aykırı düşen bilgi parçacıklarıyla birleştirerek yaşayan beden oluştu.

Cansız, bitkisel ve hayvansal doğada, her şey iki kuvvetin kombinasyonlarıyla ilerler. Her varlığın içlerine gömülü önceden belirlenmiş plana göre Doğa'daki sıralı, içgüdüsel gelişimini görürüz. İçlerindeki kurallara ve çevrelerine göre gelişirler. Çevre değiştikçe, gelişmeleri değişir. Sonunda, birincil olarak insan seviyesinde, Doğa'daki alma gücünün geliştiğini ve daha belirgin olduğunu görürken, Doğa'nın verici, destekleyici gücünün daha saklı olduğunu görürüz.

Kişi ne kadar çok alırsa, o kadar çok büyür. Cansız, bitkisel ve hayvansal seviyede, almak bir iç programı izler ve bu insanda da aynıdır. Yüzbinlerce yıldır gelişen insan, hayvanlarla aynı evrimden geçer. Ancak, şimdiki durumumuzu incelersek, hayvanlar olarak ilerleyişimizin sonuna geldik gibi gözüküyor ve değişik bir biçime doğru kayıyoruz.

İçimizdeki tüm alma gücünü harap ettik. Onun vasıtasıyla ilerleyemeyeceğimiz bir duruma geldik ve şimdi

Dr. Michael Laitman

Doğanın Kanunlarıyla Bütünleşmek

Doğa'daki genel ihsanın bir bölümünde, vermenin bir bölümünde ve hatta sevginin bir bölümünde bize kendini gösteren bu veren kuvvete ihtiyacımız var.

Doğa'yı çalışmamızı takiben, Doğa'nın dairesel, küresel ve entegre olduğunu keşfediyoruz, bir kürenin içinde yaşıyor gibiyiz. Doğa bize artan bir şekilde her şeyin dâhil olduğu "vermek" olarak sunuyor. Buna zıt olduğumuzu hissederiz, bu yüzden bize verilen tüm hazineleri Doğa'yla denge içinde kullanmamız şarttır. Ve hâlâ, davranışlarımızdaki, gelişimimizdeki ve bilgimizdeki ihsan etme kuvvetinin yokluğundan dolayı bunu yapamıyoruz.

Bu kuvvet hakkında bilgiyi nasıl temin edebiliriz? Bu, anne ve babamızdan eğitimcilerden ve çevreden alma kuvvetini hayatta başarılı olabilmek için ne şekilde kullanabileceğimizi öğrendiğimiz metotla aynıdır. Bu, çevreden diğer kuvvet, Doğa'nın orijinal kuvveti, Doğa'nın kaynağı, veren kuvvet, bağlılık kuvveti, sevgi kuvveti hakkındaki bilgiyi ne şekilde alacağımızı öğrenmemiz gereken yoldur.

Gelişimimiz boyunca, her zaman ayrılık kuvvetini kullandık. Kendimizi onlardan üstün, daha başarılı ve onların üzerinde olmak arzusuyla başkalarıyla kıyasladık. Daha önceden başarılı bir şekilde alma kuvvetini kullandığımız gibi, şimdi kendimizi geliştirmemiz ve diğer kuvveti, ihsan etme ve verme kuvvetini ve onunla nasıl çalışacağımızı ve bu iki kuvveti nasıl birleştireceğimizi öğrenmemiz şarttır.

Şu anda diğer kuvvet hakkında bilgi edinmemizi ve ondan ne elde edebileceğimizi sağlayacak özel bir durumun içerisindeyiz. Bunun örneklerini alma kuvveti etrafında oluşturulmuş egoistik dünyamızda bile bulabiliriz.

Doğanın Kanunlarıyla Bütünleşmek

Dr. Michael Laitman

Cansız, bitkisel ve hayvansal seviyelerdeki alma kuvveti başkasının tüketildiği içgüdüsel bir kuvvettir. İnsanda, bu kuvvet fazlasıyla vardır, bu nedenle insan almak ister ve tüm dünyayı başkalarını göz önünde bulundurmayarak kendi mutluluğu için kullanır. Ama hâlâ çevremizin içinde, toplumun içinde iki zıt kuvvetin örnekleri vardır: ben ve diğerleri, ben ve çevre, ben ve insanlık.

Ben ve diğerleri arasındaki ilişkiler ve başkalarının benim üzerimdeki etkisi yoluyla, bir çevre organize etmeyi başarabilirim, verme kuvvetini, bağlılık gücünü ve verme gücünün alma gücüne kıyasını çalışabilirim. Bu nedenle, psikolojiyi insanın çevresiyle olan ilişkisini araştıran, daha belirgin bilgi ve dataları elde eden bir bilim olarak yeniden toparlarsak, ihsan etme gücü hakkında net bilgiler elde etmeye başlarız ve onu bugüne kadar edindiğimiz alma kuvvetinin üzerinde çalışabiliriz. Çevreye karşı koyduğumuzu öğrenebileceğiz. Bu, ilerlemeyi destekleyen iyi bir çevreyse, bu bana ihsan etme kuvvetini gösterecektir. İstemesem bile, bana değerleri vasıtasıyla bu değerleri adapte etmenin benim çıkarlarım için en iyisi olduğunu, aksi takdirde kendimi hayal kırıklığına uğratacağımı ve küçük düşüreceğimi empoze eder.

Kıskançlık, hırs ve onurun aynı özellikleriyle, çevre beni etkilemeye başlar ve kendimi adapte etmekten başka bir seçeneğim olmadığını hissetmeye başlarım. Bu yolla, utanç ve dışlanma yerine onun saygısını ve takdirini alırım. Bu, egoistik kişiye yalnızca bir seçenek bırakır; çevreye karşı iyi ve saygın hissedebilmesi için kendisine saygıdeğer bir pozisyon aldırmaya.

Muhakkak çalışmalarımızı ve çevreyle olan bağımızı düzenleyebiliriz. Eğer çevremiz düzgün eğitmenlerle idare edilirse, bize gerçek ihsan etme gücünü hissetmeyi ve ne kadar özel olduğunu öğretebilir.

Bu yolla, çevremizi eğitimimizde bir safha olarak değerlendirebiliriz. Anne ve baba bebeğe nasılsa çevre de bana öyle olacaktır. Sevgi dolu ve şefkatli bir anne ve babanın tüm isteklerimi ve zayıflıklarımı bilmesi ve bana her şeyi fazlasıyla temin etmesi gibi ondan etkileneceğim.

Böylece, gitgide bağışlayıcı ve anlayışlı bir çevrenin ufak etkileriyle büyüyeceğim ve görünüşte bir genç olacağım, yetişkin olmama rağmen. Birey bu gelişim safhalarından geçer, bir bebek gibi, daha sonra bir çocuk gibi ve daha sonra bir genç gibi.

Gelişim safhalarına göre, çevre bizi etkiler ve eğitir. Ve bizden ona karşı daha çok verici olmamızı ve safhaların kombinasyonu içinde bizi karşılıklı ilişkilerle, karşılıklı ihsan etme içinde onunla birlikte çalışmamızı talep eder.

Ardından, büyüdüğüm zaman, ihsan etme kuvveti benim lehime çalışabilir ve bunlar vasıtasıyla çevreye verebilirim. Ve daha sonra ben de, çevrenin içinde bir element olmaya başlarım, içindeki diğerleri gibi. Bu çevrenin içinde eşit bir üye olurum ve birbirimize dengeli bir tavırla davranırız, bu sayede alma kuvveti ve ihsan etme kuvveti aramızda dengelenir. Böylece, bu çeşit bir çevre gelişir.

Doğanın Kanunlarıyla Bütünleşmek

Dr. Michael Laitman

Çevre aslında gelişir. İhsan etme gücü aramızdaki her eylemi, tüm ilişkileri, tüm düşüncelerimizi ve niyetlerimizi belirleyen bir dominant kuvvet haline gelir.

Bu yolla, ailenin her bir ferdinin bir diğerini umursadığı bir biçimde güvenli, sağlıklı bir toplum inşa ederiz, Bu safhada, yaşam kesinlikle şu an gördüğümüz fonksiyonsuz ailelerden farklı görünecektir.

Buna ek olarak, ihsan etme gücünü elde etmiş olacağız. Onu elde ettiğimiz oranla, Doğa'yı bir anne olarak ilişkilendirmeye başlayacağız. Safha safha elde edeceğimiz ihsan etme gücüyle, çevresine ihsan eden bir bebek gibi, çocuk gibi, genç gibi ve yetişkin gibi büyüyeceğiz. Şimdi Doğa gibi olmaya başlıyoruz, maddenin ötesindeki kuvvetleri, içindeki içsel kuvvetleri hissederek.

Eğer maddeyi en basit elementlerine ayırırsak, atomları buluruz. Bunları da ayırırsak, partiküller buluruz. Partikülleri de ayırırsak, bir kuvvet buluruz. Sonunda, var olan tek şey budur – kuvvet. Bu, fizikçilerin partikül hızlandırıcılarında bulduğu şeydir.

Bu aynı zamanda her elementin temelinde var olan bu önemli kuvvetleri elde etme şeklimizdir – ihsan etme ve alma kuvveti. Maddenin, yaradılışın içine sızar ve her şeyin nasıl oluştuğunu, nasıl bir araya geldiğini ve her şeyin yalnızca bu iki kuvvetin birleşimi ile bu muazzam bilgeliğin içine bağlandığını hissetmeye başlarız. Bu kuvvetlerin arkasında ne olduğunu, nasıl işlediklerini ve bunları yöneten programı daha derinden anlamaya başlarız.

Bu kuvvetleri zihin gücümüzle çalışmaya başladıkça, tüm Doğa'yı yöneten içsel bilgeliği elde etmeye başlarız. Bunu yaparak, bağlanmaya, anlamaya ve gerçekten de iç programı, maddenin arkasındaki mekanizmayı, tüm partiküllerin ve olan her şeyin arkasındaki gücü tecrübe etmeye başlarız.

Başka bir deyişle, bu iki kuvveti içimde dengelemek için edindiğimde Doğa'yı, anneyi, yaşamı yöneten kuvveti, yaşamı amacına doğru ilerleten kuvveti bilirim. Bundan sonra amacı keşfedebilirim ve yaşamım hakkında ve nerede olduğuma dair daha iyi bir anlayışa sahip olurum. Her şey şeffaf olur, etrafımda olan ve içimde olan her şeyin içine girerim ve her şeyi bu iki kuvvetin kombinasyonları olarak görürüm.

Bu, edineceğim bilgidir. Bunu yüzeysel olarak elde etmem, alma arzumu kullanırken elde ettiğim gibi. Bunun yerine, iki kuvvetin kombinasyonları ve elde ettiğim özellikler bana içsel araçlar verir. Bunlar fizikçiler, kimyacılar ve diğer bilim insanlarının araştırmaları için kullandıkları harici araçlar değildir. Onun yerine, tüm Doğa'yı içimde ve kendimi de Doğa'nın entegre bir parçası gibi hissetmeye başlarım.

Bu yolla, tüm bu süreci görmeye, yaşamaya ve onunla bütünleşmeye başlarım. Onun içinde olmaya başlarım. Kendimi hayvansal veya bitkisel veya cansız seviyelerde katı bir bedenin içinde hissetmem. Onun yerine, bedenimin içindeki kuvvetleri ve etrafımızı saran Doğa'yla nasıl eşitlendiklerini ve genel, küresel Doğa'yla birleşmiş ve bağlanmış olduklarını hissetmeye başlarım.

"Entegre Doğa" derken kastettiğim şey, bir insanın kendi iç kuvvetlerini, çevrenin kuvvetlerini, tüm Doğa'nın

Doğanın Kanunlarıyla Bütünleşmek

Dr. Michael Laitman

kuvvetlerini ve içsel sistemini bulurken gerçekten de bağlantılı olmasıdır. Bu safhada, kişi kendini sistemin bütünleyici bir parçası olarak görür ve Doğa'nın içindeki sonsuzluğu ve mükemmeliyeti hissederek Doğa'nın kanunlarını bilmeye başlar.

Bu, kendimizi hissetmekten azar azar uzaklaşma şeklimizdir. Kendimizi katı, kendi odaklı, çevremizle ve dış etkenlerle çatışan bedenimizde hissettiklerimizden uzaklaştırırız. Öğrenerek ve edinerek, bu yeni elde edilmiş farkındalıkla, her şeyi kapsayan, sonsuz ve mükemmel Doğa'nın içinde olmaya doğru hareket ederiz ve bu muazzam sisteme benzer insan seviyesine yükseliriz.

Bu ilerlediğimiz yeni çağdaki gelişimimizin amacıdır. Bu ve eski çağ arasındaki fark yaşamın farkındalığındadır. Bir önceki çağda içgüdüsel olarak ilerledik çünkü yalnızca tek bir kuvvetle yönetiliyorduk- alma kuvveti- ve mümkün olduğunca fazla almak için çalışıyorduk. Şimdi ihsan etme kuvveti ile çalışmak anlayışlı bir tavır geliştirmek ve birlik olmayı arttırmak, başkalarıyla ve çevre ile bütünleşmek zorundayız.

Sürecin içindeki yaratıcılığı daha iyi anladım çünkü eskisi gibi basitçe egom beni nereye iterse oraya doğru körü körüne ilerlemiyorum. Şimdi anlayış, hissetme, edinme, irdeleme yoluyla, eleştirme ve yaptığım düzeltmelerle ilerliyorum. Dengeye bu iki kuvveti birleştirerek, tamamlayarak ve bağlayarak erişiyorum ve kuvvetleri birbirine bağlamak, atomların, moleküllerin ve yaşayan her organizmanın arasındaki dengeye benzer. Daha sonra, bu dengenin üzerinde, bir başka eksikliği ortaya çıkarıyorum, daha yüksek bir denge. Böylece bütünlükten daha büyük bir bütünlüğe doğru sürekli ilerleriz.

Dr. Michael Laitman

> Doğanın Kanunlarıyla
> Bütünleşmek

Bu sürecin amacı kim olduğumuz hakkında bir farkındalık ve var olduğumuz sistem hakkında bilgi geliştirmektir. Doğa'nın içine nüfuz ettiğimiz zaman, bizden gizli safhaları, ulaşamadığımız kuvvetler ve alanları hissetmeye başlarız. Zaman, mekân ve hareketin ötesindeki kuvvet sistemlerinin içine doğru yol alırız ve kalplerimizde ve zihnimizde bedenlerimizle bir bağlantısı olmayan edinimler ve içsel doyumlara ulaşırız. Her şey elde ettiğimiz edinimin ve farkındalığın içindedir. Bedenlerimiz yalnızca bizim insan seviyesine ulaşmamızı sağlayan birincil, hayvansal kuvvetlerimizin dışa vurumudur.

Bu nedenle zamanımız ve durumumuzun önemini yeniden organize etmeye ihtiyacımız var. Kendimizi Doğa'ya benzer insan olarak teslim edeceğimiz bir safhaya geldik. Bu nedenle, önümüzde anlayışlı ve sınırlar olmaksızın iyi bir yaşama doğru yönelen güzel ve iyi bir gelişim var.

Beden içinde yaşayan ve yalnızca bedeni tatmin etmek isteyen hayvanlar olmadığımızın farkında olmamız gerek. Biz, acı egoyu tatmin etme ihtiyacı duyan kendi odaklı varlıklar değiliz. Eski bir atasözü "Kişi özlemlerinin yarısını bile elde edemeden göçüp gider" der. Kimse hayattan tatmin olamaz. Öldüğümüz zaman hiçbir şeyi yanımızda götüremeyiz. Bunun yanında, çoğumuz gerçek hayatta da hiçbir şeye sahip değiliz.

Evrimin her insanın tüm Doğa'yı edinmesi, tüm özelliklerimizi verme biçiminde kullanarak onunla eş olmaya başlaması, onunla denge, bütünlük, birlik içinde olmasıyla ile sona ermesi şarttır. Doğa'nın yaptığı gibi verme kuvvetini er geç kullanmamız şarttır. Bu safhaya ulaştığımızda, tüm gelişimimizin buna hazırlık olduğunu göreceğiz. Dünya oluşmadan önce bile, alma dünyasındaki tüm egonun gelişim

253

formları -cansızdan, bitkisele ve dünyanın oluşumundan bugüne- şimdi yeni bir ihsan etme dünyasına girme eşiğinde olan insan türünün gelişimindeki hazırlıklardı.

Bu iki kuvvetin dengesini vücutlarımızda ve Doğa'nın içinde çalıştığımız tüm sistemlerde görürüz. İklim, ekonomi ve sağlık gibi diğer sosyal sistemlerin dengelenmesinin bağımlı olduğu denge budur. Denge, sağlık demektir. Ancak, değişik seviyelerde denge vardır. Cansız seviyede, denge huzur getirir. Bitkisel seviyede denge hayvansal seviyede olduğu gibi sağlık getirir.

Bununla birlikte, denge her zaman dinamiktir, daha küçük bir dengeden daha büyük bir dengeye doğru gider. Safhalara bakmamız gereklidir. Mesela, bir ağaçta büyüyen elmaya bakarsak, olgunlaşana kadar küçük bir dengeden büyüğüne doğru ilerler. Ancak, olgunlaşma öncesi safhasında bile, her safhada göreceli bir dengeye sahiptir, ta ki bir sonraki olgunlaşma seviyesiyle ilgili dengesizliğin ortaya çıkmasına kadar. Bu şekilde gelişir ve büyür.

Bugün, insanlık çürük bir elmaya benzerken, neye ihtiyacımız var? Kendimizi dengelememiz için ne yapabiliriz? Kendimizi dengelemek için hangi kuvvete ihtiyacımız var? Alma kuvvetine, ego kuvvetine, eklememiz gerekli olan ihsan etme kuvvetine ihtiyacımız var. Bu iki kuvveti dengelersek, ailelerimiz için, ülkemiz için ve tüm dünya için barış ve sağlık içinde yaşarız.

İhsan etme kuvvetini elde etmemin tek yolu çevre yoluyla olur. Kendi kişisel ve sosyal yaşamına yardımcı olabilmesi için her insana bu kuvveti nasıl elde edeceğini öğretebiliriz.

Binlerce nesildir, alma kuvveti tarafından motive edilen bir dünyada yaşıyoruz. Şimdi, hedefimiz insan evrimindeki bir sonraki safhamız olan verme kuvvetinin hükmettiği ve gelişimimizin ilerleyeceği verme dünyasına kaymaktır.

Alma dünyasında da verme kuvveti vardır ama bunu almak için kullanıyoruz çünkü sadece bir tane egemen kuvvet olabilir ve soru, "bu hangi kuvvettir?" Eğer alma kuvveti egemen olursa, verme kuvveti az vererek çok daha fazlasını alma yoluyla alma kuvvetine hizmet eder.

Bu, özellikle insanda belirgindir çünkü o alma kuvvetini başkalarının zararına kullanan bir egoisttir. İnsanda, alma kuvvetinin verme kuvvetini nasıl hükmettiği ortadadır. Bu daha alçak seviyelerde de vardır, cansız, bitkisel ve hayvansal seviyelerde, ama insanda daha belirgindir çünkü yaptığımız her şey kendimizi tatmin içindir, kazanmak için.

Kendi doğamla, bana herhangi bir kâr getirmeyecek bir şeyi yapamam, bu bir mutluluk veya tatmin hissi olabilir. Yatırım vermektir ve alacağım şey yatırımımdan fazla olmalıdır. Bu, "alma kuvvetinin verme kuvvetine egemen olması" manasına gelir.

Bu yüzden verme kuvvetine egemen olan, herkesten yalnızca kâr etmek istediğimiz alma kuvvetini aşırı kullanma durumuna geldik. Bu, herkese satma, bir parça mutluluk, haz için hiç kimseyi göz önüne almadan zarar verme isteğim var anlamına gelir. Bu iyi veya kötü değildir, ama bu sürecin sebebi egoistik gelişimimizin tepesindeki bu koşulsuz alma arzusudur. Ve bu herkes için geçerlidir.

Doğanın Kanunlarıyla Bütünleşmek

Dr. Michael Laitman

Alma ve verme kuvvetlerinin arasındaki farkı büyük olduğu bir safhaya ulaştığımız an kavrarız ve onları birbirinden ayırırız. Bu yüzden bir krizde olduğumuzu hissederiz ve var olmaya devam edemeyiz. Şimdi, verme kuvveti alma kuvvetinden çok uzak olduğu için gelişimimize yardım edememektedir. Egomuz o kadar büyüdü ki, her şeyi kendimiz için istiyoruz. Ego kişisel kazancımız için olsa dahi verme eylemini yapmamıza izin vermiyor. Ego yanımdaki kimseyi tolere etmeme izin vermiyor, bu nedenle bir aile kurup, çocuk sahibi olmayı istemiyorum çünkü karşılıklı vermekle, anlayışla ve ödünle ödeyeceğimi biliyorum ve bunları yapmak istemiyorum.

Alma kuvveti verme kuvvetinden hayatın tüm alanlarında daha çok gelişmiştir. Her noktada, çıkarlarımı nasıl maksimize ederim düşüncesi vardır. Bu nedenle tüm kuralları bozup, legal bir şekilde başkalarından çalmama göz yuman kurallar oluşturduk.

Aramızda kuruduğumuz ilişkiler ailelerimize, çocuklarımıza, topluma, ülkeye ve insanlığa tahammül edemediğimiz bir seviyeye gelmiştir. Bu nedenle insanlıkta, kültürde ve Doğa'da kriz vardır. Doğa'daki kriz kendini nasıl belli eder? Okyanusa çöpler atıp onları başkalarının temizlemesini bekliyoruz.

Egolarımız yarını düşünmemizi istemiyor çünkü her zaman burada ve şu an neye sahip olduğumuzu hesaplıyor. Anında kazanım olmadan, ne olacağını umursamıyoruz. Bu nedenle, öncekinden farklı olarak ekonomistlerin beş, on ve yirmi yıl sonrasını planladıkları gibi, bugün yarın ne olacağını bile tahmin edemiyoruz. Birbirimize olan kayıtsızlığımız yolumuzu kaybetmemize yol açmıştır. Ego sistemlerimizi

kırmış ve daha önceden sahip olduğumuz verme kuvveti ve alma kuvvetinin bağlantısı artık var olmamaktadır. Bu yüzden, hayatta kalamayabiliriz.

Ama gelişim sürecine baktığımızda, bu sürecin sonunu az çok tahmin edebiliriz, "Bilge, gözü kafasında olandır" atasözünde belirtildiği gibi. Birbirimize zarar vererek devam edemeyeceğimizi fark edeceğimiz bir duruma gelmemize gerek yok. Bu, cezalardan acı çekmek yerine uyarılardan ne şekilde davranacağını öğrenen akıllı bir çocuğa benzer. Söylediğimiz gibi, "Bilge olan, geleceği görendir."

Çözüm sosyal sistemlerimizin içinde bize yardım edecek, itecek ve her zaman verme kuvvetini nasıl artırabileceğimizi öğretecek bir yapı inşa etmektir, bu olmadan yaşam olmaz. Verme kuvveti birliğin ve bağlanmanın gücüdür. Sonunda, kendimizi ve toplumu ölüme yolluyoruz çünkü bu kuvveti kullanmıyoruz.

Bugün bu kuvveti elde etmek şarttır, bir ölüm kalım meselesidir. Bu nedenle bize nerede olduğumuzu göstermek için krizler meydana gelmektedir. Bize, bu durumu kendimizin yarattığını ve şimdi bunu irdelememiz, kontrol etmemiz ve ihsan etme kuvvetine ihtiyacımız olduğunu görmemiz gerektiğini gösteriyor.

Bu tür kuvveti bize örnekler veren, baskı yapan ve bizi biraz daha verici yapmaya teşvik eden iyi bir çevre kurarak gerçekleştirebiliriz. "İhsan etmezsen, alamazsın. Ve dahası almamakla kalmazsın, bugünkü hislerini de kaybedersin" diye söyleyen bir tür toplum her birimizle alakalıdır.

Toplum vermeyen bireyler hakkındaki hoşnutsuzluğunu ifade etmelidir ve yanındakiler ve onun için önemli olan kişiler vasıtasıyla onu etkilemelidir. Toplum her bireye saygıyla, kişinin kendine güven duygusuyla ve kişinin "insan" hisleriyle yaklaşmalı. Toplum vermeyen bireye her zaman saygısızlık gösterecek ve hatta kişiyi dışlayacaktır.

Bu yolla, insanları ihsan etme gücünü elde etmeyi düşünmelerine zorlayacağız. İhsan etme kuvvetinin ne olduğunu öğrendiğimiz ve onu elde etmek istediğimiz zaman, toplum bize birçok düzgün tavır ve mükâfat verecektir. Başka bir seçeneğimiz yok, ihsan etmenin ne olduğunu öğrenmemiz gerek.

Çalışmalarıma başladığım zaman, toplumun beni iki seviyede etkilemesini isterim: bir yandan, alma özelliğimi aşağılayan egomun karşısında tutacağım bir sopa ile ve diğer bir yandan elde edeceğim ihsan etme kuvvetine teşvik eden bir havuç ile. Ve daha sonra, egomun içinde, şükretmeye başlarım, buna zıt olan, ihsan etme gücüne, çünkü bu kuvveti uygularsam, çevrem tarafından takdir ile doyuma ulaşırım.

Başka bir deyişle, egomuzla oynarız, büyüyen ve her birimize fazla gelen. Bu tür eğitimi çevre yoluyla adapte ederiz. Bunun adı İntegral Eğitim'dir. İnsanlara entegre olmayı ve herkesle bağlanmayı öğretirsek, ihsan etme kuvvetini takdir etmeye başlayacaklardır. Daha sonra, ihsan etme kuvvetiyle, kendilerini takdir eden bir çevre elde ederler.

Bir insan saygı görüp, takdir edilirse, toplum içinde ne kadar yükseldiği ve değerli olduğu görülerek insanlar tarafından kıskanılır. Bu olduğu zaman, kişi ihsan etme

Dr. Michael Laitman

Doğanın Kanunlarıyla Bütünleşmek

kuvvetini takdir eder çünkü diğerlerine bu kuvvete sahip olduğunu göstererek, yüksek sosyal statü ve saygı alır.

Doğru bir çevreyle, bir egoist ihsan etme kuvvetine saygı göstermeye başlar. Bu kuvveti elde ettiği oranda, kişi çevreye onu göstermeye başlar. Bu çevrenin gücünün başka bir kanıtıdır.

Çevre bir eğitmendir, anne ve babanın bebeklerine, öğretmenin öğrencisine veya insan toplumunun her birimize olan davranışı gibi. Toplum kişiyle, kişinin ilerlemesi ile doğru oranda ilişki kurar. Alma ve verme kuvvetlerini çevresine doğru kullanarak, kişinin, toplumun ve Doğa'nın içine sızma imkânı edinir. Bu yolla, kişi kendine bu kuvvet seviyelerinde neler olduğunu anlamaya başlar. Bu bizim içsel psikolojimizdir.

Kendimizi inceledikçe, bu iki kuvvetin nasıl tüm realitede işlediklerini, içimizdeki, çevredeki, aile içindeki ve her şeydeki cansız, bitkisel ve hayvansal seviyeleri nasıl etkilediklerini hissetmeye başlarız. Bu iki kuvvetle onların sahibiymiş gibi çalışmaya başlarız ve bunlarla her şeyi çalışır ve görürüz. Tüm realiteyle bağlı olan ağa giriş yaparız çünkü bu ağ bu iki kuvvetin dokumasıdır.

Daha sonra birey tüm yaradılışın amacını, geçtiği tüm süreci ve nereye doğru ilerlediğini anlar. Her şeyin belirli bir süreçten geçtiğini görüyoruz, şu an bunun muhakemesini yapamıyoruz çünkü yalnızca bir kuvvete sahibiz, alma kuvvetine. Bu iki kuvveti kullanmaya başladığımızda, Doğada olan her şeyi inceleyeceğimiz bir araç sahibi oluruz, az çok bilim insanları gibi. Kendi kaderlerimizin ve olan her şeyin hükümdarı oluruz. Ve tüm bunların hepsi farkındalığımızı artırdığımız zaman gerçekleşir.

Doğanın Kanunlarıyla Bütünleşmek

Dr. Michael Laitman

Bu iki kuvvetin arasındaki dengeyi kuramama yetersizliğimiz – alma ve ihsan etme kuvveti- yönümüzü şaşırmamıza neden oluyor. Bu başkalarını göz önüne almamamızın direkt sonucudur. Tahammülsüzlük, bu iki kuvvetle denge içinde olmamam manasına gelir ve bu sayede başkalarına tahammül edemem.

Bu iki kuvvet arasındaki dengesizliğim yüzünden, nerede olduğumu algılayamam çünkü kendi aracımla bakıyorum. Eğer bu araç kalibre olmamış ise, dünyaya şaşı gözle bakarım ve neler olduğunu anlayamam.

Bunu dünyamızda yollarını bulamamış gözüken hükümdarlarda, ekonomistlerde ve finansçılarda görebiliriz. Kaçınılmaz sonu ertelemek için ellerinden geleni yapıyorlar ama yalnızca bizi daha kötü bir duruma sürüklüyorlar. Milyonlarca insan sokakları ele geçirip savaşlara, dahası dünya savaşına, doğal afetlere bile neden olabilecek yağmalara başlayacak.

Eğer kuvvetler dünyasından bahsediyorsak, bizler en büyük güce sahip olanlarız. İnsan seviyesindeki üstün dengeleyici gücü elde ettiğimiz zaman, sistemin en tepesinde olduğumuzu anlayacağız.

Kendi içimizde dengeye ulaştığımız an, tüm realitedeki cansız, bitkisel, hayvansal seviyelerinin de dengesini sağlarız çünkü insan en yüksek seviyede güce ve farkındalığa ve Doğa'daki en dengeleyici güce sahiptir - düşünce gücüne. Tüm kuvvetler düşünce gücünden daha aşağı seviyededir. Bunlar bizim düşünce gücümüzle ilgili olmayan ama Doğa'da var olan aktive olmuş maddesel kuvvetlerdir. Bu tüm planla ilişkilidir, bu çalışan ve her şeyi bire dönüştüren bir makinedir.

Gelişimimizde çok önemli bir noktadayız. Buraya kadar, Doğa bizi kontrol ediyordu ve bizi gelişimimizdeki en düşük noktaya getirdi. Buradan yükselmeye başlamamız ve Doğa'daki bu gücü elde etmemiz gerek – iyi ve kötüyü dengeleme gücü.

Bu iki kuvveti elimize almak için, ihsan etme ve alma, ihsan etme arzusunu elde etmemiz gerek. Eğer bu aracı, iki kuvveti birleştirme gücünü elde edersek, bu sistemin içinde olduğumuz için tüm Doğa'ya egemen olmaya başlarız. Böylece Doğa'nın içinde, ilerleyen ve evrim geçiren, tüm sisteme hayat veren aktif bir yere sahip oluruz.

İnsanın geliştirdiği ihsan etme gücüne göre, içinde yeniden bir alma gücü büyür. Bu, insanın eski dünyada kullandığı hayvansal seviyedeki küçük egoistik kuvvet değildir artık. Şimdi bu iki kuvvet bireyin içinde birlikte gelişmeye başlar; yeni dünyadaki insanın kuvvetleri. Buraya kadar, insan içgüdüsel olarak evrim geçirdi, bir hayvan gibi, tolere edilemeyecek bir seviyeye ulaştı. Şimdi, çevresine karşı ihsan etme gücünü geliştirmeye başlamak üzere.

Vermek veya ihsan etmek, vermeyi, anlayışı, yakınlığı, desteği, şefkat ve son olarak sevgiyi içine alır. Sevgi bağlanmanın tüm ifadelerini içine alır. Başka birisinin arzularıyla sempati kurmaya ihsan etme denir. Bu kuvveti içimde geliştirmeye başladığım an, onun yanında aslında bana ihsan etmemde yardım eden başka bir kuvvet büyür; alma kuvveti, çünkü içimde başkalarına verecek bir şey yoktur. Başkalarıyla bağlantı kuracak bir şeyim yok. Ondan ziyade, bu tüm alma gücünü kullanarak başkalarına verebilmektir. Doğa tarafından evrenin yaradılışından bugüne kadar gelişen bir alma kuvvetiyle yaratıldım. Soru: "Başkalarına ihsan etmeye nasıl başlayabilirim?" Bu, "eğer ihsan etmezsen seni kabul etmiyoruz, takdir etmiyoruz, seni istemiyoruz çünkü iyi değerlere sahip değilsin," diyecek bir toplum tarafından olur. Bu akrabalarım, etrafımdaki insanlar ve tüm sevdiklerimin ihsan etmezsem beni takdir etmeyecekleri hissini veren bir toplumdur. Ve bu tavrı ve muameleyi herkesten gördüğüm zaman, ihsan etmemin benim çıkarlarıma olduğunu anlamaya başlarım.

Özet yapacak olursak, ihsan etme kuvvetini elde ederek çevremde neler olduğunun farkına varırım, kendimi ve ailemi ve yakın ve uzak toplumu gözetirim ve yaşamımı ideal bir şekilde düzenlerim.

Bu sayede, sonsuz realitedeki mutluluk ve hissiyat safhasına erişirim. Bunun içine dâhil olurum ve insan derecesine erişirim. Hayatın yaşamaya değer olduğunu hissederim ve tatmin ve memnuniyet tecrübe ederim. Bunların hepsi, doğru bir çevrenin içinde yer alarak içimde inşa ettiğim ihsan etme kuvvetini elde ederek olur.

BÖLÜM 13

NEFRETTEN AŞKA

Doğanın Kanunlarıyla Bütünleşmek

Dr. Michael Laitman

NEFRETTEN AŞKA

Kendimizi İnsan Olarak Nasıl İnşa Ederiz?

Doğa önümüze hayatta kalabilmemiz için gerekli bir şart koyar. Mükemmel aşk safhasına ulaşmamız şarttır. Fakat bu şarta uyabilir miyiz ve bugün dünyada yaşayan 7 milyar insan arasında her şeyi içeren bir sevgiyi elde edebilir miyiz? Yalnızca bir bölümünü başarabilirsek veya amaca ulaşmaya doğru ilerlersek, bu durumun bizim lehimize doğru nasıl hareket ettiğini ve hayatlarımızı ve çevremizi lehimize doğru nasıl değiştirdiğini göreceğiz.

Şu anki doğamız herkesin yalnızca kendini düşündüğü bir durumdur. Başka bir şey ve kimse hakkında düşünemiyoruz. Doğa'yı çalıştığımız zaman, en ufak bir hareketin, elimi bir yerden diğer bir yere doğru hareket ettirmem gibi, enerji gerektirdiğini keşfederiz. Bu enerji bu hareketten bir çıkar sağlama şartıyla benim tasarrufumdadır.

Başka bir deyişle, herhangi bir hareket için olan koşul, atomsal ve moleküler seviyeden vücudun hareketi veya zihnin ve kalbin içine kadar, sonucun bir önceki durumdan daha iyi olmasını gerektirir. Bu, hayatımdaki her eylemimle ilişki kuruş şeklimdir.

İçgüdüsel olarak yaptığım şeyler vardır. Mesela, nasıl oturup veya konuşacağım hakkında düşünmem; bu bir içsel hesaplamadır. Ancak eylemlerimin çoğunluğu her eylemimim sonunda iyi bir his tecrübe edebilmem için egoistik bir arzu tarafından etkilenir.

İyi hissetme arzusu benim her hareketimi oluşturur ve şekillendirir, kendimi nasıl idare edeceğimi, nereye gideceğimi, nasıl konuşacağımı ve nasıl davranacağımı belirler. Her davranış yalnızca kendi durumumu ilerletmek için meydana gelir. Ne zaman uyumak, yemek yemek, yürümek, konuşmak, çalışmak istesem, bu yalnızca kişisel haz elde etmek için olur. Başka bir deyişle, kendi çıkarım hariç başka bir şey düşünemem.

Aslında, tüm yaşamım maksimum kazanç elde etme girişimidir; daha az acı çekmek ve daha fazla haz elde etmek. Alabildiğim kadar almak ve kendimi doldurabileceğim kadar doldurmak isterim.

Bu durum eğitimin, çevrenin etkisinin, doğal olarak aldığım iyi veya kötü değerlerin veya ikinci bir doğa olmaya başlayan huyların sonucudur. Doğal olmayan şeyleri bile tutmaya alıştırıldım ve onlar yoluyla var olurum. Hayatımdaki birçok eylem toplum, anne ve baba ve eğitimciler yoluyla alışkanlık kazandırıldığım huydan kaynaklanır. Bu eylemleri başlangıçta istediğim için uygulamam ama onları otomatik olarak yaparım.

Davranışlarımın çoğunda, düşünmeye bile gerek duymam. Kendi kendini yönetebilen bir sistem olan beden eylemlerimin çoğunu yerine getirir.

İçsel gayretle gerçekleştirdiğim, kendi kendime yapılmasına değer olduğunu ikna ettiğim eylemler vardır. Örnek olarak, alarm çaldığında ve hâlâ uyumak istediğim zaman, kendimi kalkmaya ve işe gitmeye zorlarım. Bu zor ve ilginç olmayan bir iş olabilir ama iş sonunda dinlenebileceğim ve iyi hissedebileceğim sıcak bir eve ve sevgi dolu bir aileye

Doğanın Kanunlarıyla Bütünleşmek

Dr. Michael Laitman

geri döneceğimi bilirim. Bu nedenle, çalışmak benim için sıkıntıya girmeye değerdir.

Belirli insanlarla olan tüm bağlantılarım veya diğerleriyle olan bağlantısızlıklarım kendimi iyi hissetmek için yapılır. Kendimi daha iyi hissetmekle sürekli meşgul halde tutulurum. Bu benim doğamdır, bu her birimizin doğasıdır. Bu doğa, hayvansal seviyedeki belli başlı doğadır. Cansız, bitkisel ve hayvansal seviyeler sürekli daha iyi hissetmeye, kendilerine dengede gözükecek daha iyi bir durumda olmaya, iki tarafa doğru herhangi bir baskı veya çekim olmadığı, tam tersine daha iyi bir hayatla ahenk içinde hissettiği bir yere doğru çekilirler.

Tüm yaşamım boyunca sürekli olarak "Nasıl daha iyi hissederim?" kuralını onurlandırırım. Bu şart altında var oluruz ve egoist doğam beni sürekli bu duruma doğru yönlendirir.

Bu bir soruyu ortaya çıkarır; "Eğer tüm yaşamım boyunca kendimle bu kadar ilgiliysem, içsel, içgüdüsel ve bilinçli olarak, kendi doğamı nasıl tam ters bir yöne, başkalarını sevmek için değiştirebilirim? Başkalarını gerçekten sevmek tüm varlığımın başkalarına verilmesidir. Tüm fiziksel kabiliyetlerimle, yeteneklerimle ve verebileceğim her imkânla kendimi başkalarına hizmet etmeye adarım. Başkalarını düşünmek ve onlarla ilgilenmek için öyle bir noktaya gelirim ki, kendim için hiçbir şey kalmaz. İhsan etme arzusunu takip ederim, başkalarına vermeyi, sürekli olarak onlar için en iyisini yapmayı.

Bunu bir annenin bebeğine gösterdiği ilgiyle karşılaştırabiliriz. Doğa anneyi sürekli bebeğine özen göstermesi için iter, bu sayede bebek kendini iyi ve güvende hisseder. Yaşamında önem verdiği tek şey bebeğine olan ilgisidir. Ona bakar, onu nasıl besleyeceğini, onu nasıl temizleyeceğini, ne zaman yatağa koyması gerektiğini, bebeğinin her şeyin en iyisine sahip olması için yapabileceği her şeyi düşünür. Başka bir endişeye sahip değildir. Ama bu şekilde bir kendini adamayla tüm insanlığı ilişkilendirmek realisttik midir?

Ayrıca; eğer Doğa bu durumu önümüze koymuş ise, neden yalnızca kendimizi düşündüğümüz tamamen zıt bir duruma geldik? Dahası, hayvanlar bile yalnızca kendini düşünür ve insan, hayvanlardan daha çok, yalnızca başkalarını harcayarak, onları kirleterek ve onlara kendi düşüncelerini empoze ederek kazanmayı düşünür. İnsan başkalarından üstün olmaktan zevk alır, onlara hükmetmek ve onları kendi altında tutmak ister. İnsan başkalarının kendisinden daha fazla acı çekmesinden ve başkalarından daha iyi bir durumda olmaktan bile haz duyar.

Kendimizi sürekli başkalarıyla ilişkilendiririz. Bu çevreyle olan ilişkilendirme testinde, kendi durumumuzu başkalarınınkiyle kıyaslayarak öğreniriz. Dahası, bu bize bu soruyu getirir: "Eğer egom beni başkalarına ihtiyaç duyduğum ve bu sayede onlardan üstün hissedebileceğim bir duruma getirdiyse, kendi doğamı nasıl tersine çevirebilirim?"

Eğer başkalarına bir annenin çocuğuna duyduğu ilgi kadar iyilik vermek istediğim ütopik bir durumu hayal edersem, eğer onlara bu kadar sevgi ve ilgi duyarsam, aslında tümüyle kendimin farkına varabilirim. Ancak, bugün bu duruma nasıl ulaşabileceğimi göremiyorum, bu yüzden neden kendimi buna adamalıyım?

Doğanın Kanunlarıyla Bütünleşmek

Dr. Michael Laitman

Tarih boyunca, başkalarını sevmek etik kurallarının, dinlerin ve çeşitli sosyal doktrinlerin temeli olmuştur. Bunun hakkında sayısız kitap yazılmıştır. Yüzyıllar önce insanlar buna uygun sosyal daireler inşa etmeye çalışmışlardır. İnsanlar arasındaki iyi ilişki temeli üzerine Ütopistler tarafından köyler, şehirler ve hatta ülkeler inşa edilme denemeleri olmuştur. Fakat bu denemeler başarısızla sonuçlanmıştır.

Gelişimimiz boyunca, daha zeki olduk, insan doğasını öğrendik ve onun üzerine çıkamayacağımızı fark ettik. Standardı başkalarını sevmek olan Ütopik bir toplumda iyi ve özel bir şey elde etsek de, gerçekten de bunu uygulayabilen bir toplum inşa etmek imkânsızdır.

Doğrusu, kendimizi birbirimize zarar vermemek için davranış kurallarıyla kısıtladık. Sosyal çevre kurallarını yaratmaya yardımcı olan avukatlar, sosyologlar, psikologlar ve politikacılar vardır.

Kendi aramızda yalnızca daha iyi servis alabilmek için bağlanırız, bize ihtiyacımız olanı vermek için şehirlerin halkına çöp temizleme hizmeti vermesi veya çocuk bahçeleri veya eğitimsel ve kültürel enstitüler inşa etmesi gibi. Bunun için, herkesin ihtiyaçlarını göz önünde bulundurmaya istekli oluruz, bize birleşme olarak geri döndüğü zaman, az ödeyerek ve herkesin kendi masrafını karşıladığında masrafı çok daha az olan bir servis alarak. Açıkça, kolektif organizasyonlarda bir çıkar vardır. Ancak, birinin duygusal tavrını değiştirmek mevzu bahis olduğunda, onu başkalarını göz önünde tutmaya çevirmek, bu bizim için çok zordur.

Bugün içinde bulunduğumuz krizi anlamaya başlıyoruz. Bu kriz gerçekte ilişkilerimizdeki krizdir.

Dr. Michael Laitman

> Doğanın Kanunlarıyla
> Bütünleşmek

Yaşadığımız tüm egoistik formlar bizi herkes için daha uygun olan, herkesin birbirini göz önünde bulundurduğu bir toplum inşa etmeye getirdi. Ve dahası, en sonunda tatmin olmayan insanların tatminkâr insanlardan daha fazla olacağını ve ikisi arasındaki çarpışmanın bir iç savaşa öncülük edeceğini fark ettik. Birbirimizi harcamamak için egomuzu dizginlememiz gerektiğini anladık.

Aramızdaki ilişkiler her zaman egoizm şemsiyesi altında meydana gelmiştir. Bunun bizim doğamız olduğunu anladık ve bu yüzden bir şekilde kendimizi dizginlememiz şart. Her ne kadar egoizm formlarımızın birçok gölgesi varsa da, elde ettiğimiz her şeyi yıkabilecek olan patlamaları önlemek için, birleştirici bir mekanizmaya ihtiyacımız oldu. Bu yüzden insanlık, insanlığı daha iyi bir söyleve ve anlayışa doğru yönelten Dünya Bankası, Birleşmiş Milletler gibi uluslararası organizasyonlar kurdu.

Özellikle geçen yüzyılda, daha anlayışlı olmaktan başka bir seçeneğimiz olmadığını fark ettik. Tecrübe ettiğimiz iki dünya savaşından sonra, herkes bu savaşlardan kimsenin kazanmadığını ve herkesin acı çekerek büyük bedeller ödediğini fark etti.

Bu yüzden insanlık farklı bağlantı daireleri kurdu; Moskova ve Washington arasındaki atom bombasını aktive etme tehlikesi olduğu durumlarda komünikasyon kurulmasını sağlayacak kırmızı düğme gibi. Güçler bu konu hakkında birbirlerine güvenirler çünkü bu şekilde bir patlamadan kimsenin çıkar sağlayamayacağını bilirler. Aslında, bu silahlanma yarışının ve bir şekilde komünikasyon ve bağlantı kurmaktan başka bir çarelerinin olmadığı anlayışının bir sonucudur. Her ne kadar birbirimizden daha çok nefret etsek

269

ve birbirimizi öldürmek istesek de, diğer tarafın da aynı güçte olduğunu fark etmeye başladık ve bunu göz önüne almamız şarttır.

Egoistik ilerleme seneler boyunca endüstri ve uluslararası ticaret yoluyla daha da derinleşti. Gelişmiş ülkelerdeki işletmeler fabrikalarını daha az gelişmiş ülkelere doğru kaydırırlarsa, Çin ve Hindistan gibi, daha ucuz iş gücü bulabileceklerini keşfettiler. Bu nedenle, gitgide, işletmeler ve fabrikalar Batı'dan halkın işçi olmak için eğitim aldığı Üçüncü Dünya ülkelerine kaydı. Bir yandan, işletme sahipleri kârlarını artırdı, ama diğer bir yandan kendi ülkelerinde işsizlik arttı. İşletme sahipleri çalışanlarının işsiz kalmasını umursamadılar, niyetleri kâr elde etmekti. Umursadıkları şey, hükümetin işsizlerle ilgilenmesi gerektiğiydi.

Hükümetin milyonlarca işsizin geçimini sağlamasına bakmak zorunda kaldığı zamanlar, ülke fakirleşir, borca girer ve değersiz para basar. Bu sürecin sonu, Avrupa ve Kuzey Amerika gibi gelişmiş ülkelerin fakir bir nüfusla fakirleşmeye başlamasıdır. Bu sonuç hâlâ belirgin değildir ama gitgide açığa çıkan kümülatif bir süreçtir.

Daha kötüsü, endüstri ve uluslararası ticaret patronları fabrikalarını fakir ülkelere taşıyarak daha zenginleştiler ve güçlerini daha da sağlamlaştırdılar. İki katı kâr elde ettiler – kendi ülkelerinde yaptıklarından çok daha fazla. Bu kârlar güçlerini pekiştirdi ve güçlü oldukları an, Avrupa'daki ve Amerika'daki politikayı etkilemeye başladılar.

Ego piramidin en tepesine yükseldi, para en önemli şey olmaya ve zengin her şeyi kontrol etmeye başladı. Sonunda, tecrübe etmeye başladığımız en son krize, finansal, ekonomik bir krize ulaştık.

Ama bu krizde, yalnızca ekonomik krize doğru ilerlemiyoruz. Egonun bizi yönlendirdiği ilave farklı durumların içine doğru dalıyoruz, özellikle bir zamanlar gelişmiş olan ülkelerin birçok mahrum vatandaşı yüzünden. Toplum ayrışıyor, eğitim ihmal ediliyor ve tüm sosyal sistem parçalanıyor.

Kriz küresel ve çok kapsamlıdır. Tüm ülkeler birbirlerine karşılıklı bir şekilde bağlantılıdır- zengin gibi gözüken ve dünya üretiminin çoğunu yapan fakir ülkeler. Üçüncü dünya ülkelerinde imal edilen her şeyin eski, gelişmiş ülkelerde alıcı bulması şarttır. Ancak artık alıcılar yoktur çünkü orda insanlar meteliksiz kalmıştır. Bu nedenle, krizin daha da derinleştiğini görüyoruz.

Şimdi küresel bir dünyaya ve birbirimiz arasındaki karşılıklı bağlantıya işaret eden bir krize varıyoruz. Belirtilerinden biri neslimizin sebep olduğu ekolojik problemdir. Sonuç eğitimi, kültürü, insan ilişkilerini etkileyen ve hâlâ genişleyen bir krizdir. Aslında, krizin kalbi insan ilişkileridir.

Kriz hayatta kalabilmek için mücadele veren insanların içinde ortaya çıkar. Üretmek isteyen sektör hâlâ ilerleyebilir ama ürünlerini alacak hiç kimse yoktur. Şu an tükenmiş ve meteliksiz kalmış gelişmiş ülkelerdeki insanlar artık bir şey tüketemiyorlar. Eskiden, bu bir kapalı daireydi, bir üretim ve tüketim süreci: insanlar üretti ve ürettiklerini tüketti. Şimdi, bu daire bulunmamaktadır.

> **Doğanın Kanunlarıyla Bütünleşmek**
>
> Dr. Michael Laitman

Zengin sahte bir çözüm buldu: ürün olmadığı zaman bile borsalarda sahte talepler yaratarak para ile oynamaya başladılar. Bu nedenle, ekonomik balonlardan yapılan ve var olması için hiçbir sebebi olmayan bir finansal balon oluştu. Reklamcılık ve bankalar ve finansal sistemler arasındaki oyun sahte bir ekonomik realite yarattı.

Şu an kriz yaşamın tüm alanlarında belirgindir. İnsanların zorla hayatta kalabildikleri ve acil ihtiyaçları olduğu bir duruma geldik. Okuldan yeni mezun olmuş genç nüfus, bir aile kurmayı ve saygın bir hayat sahibi olmak istiyor. Yaşamlarından bir şeyler çıkarmak isterler ama kısa bir sürede kendilerine ihtiyaç olmadığını görür ve işsiz kalırlar.

Bu fenomen daha da kötüleşecek ve yayılmaya başlayacak çünkü dünya ile değil ama yalnızca kendimizle ilgilendiğimiz sürece herkes için bir pul bile sağlayamayabiliriz. Dünyanın bir ucunda, çok büyük miktarlarda yemekler çöpe atılıyor ve diğer bir yanda insanlar açlıktan ölüyor. Fazladan üretilmiş yiyecek ihtiyaç duyulan en yakın bölgeye bile ulaşmıyor çünkü ego başkalarını umursamaz. Başkaları bizi tehdit etmediği sürece umurumuzda olmazlar, onlara sakinleşmelerine yetecek kadar veririz.

Bunu gelişmiş Dünya'nın Afrika'ya ettiği muamele şekli içinde görebiliriz. Eskiden, Afrika ülkeleri kendilerine yardım edebiliyorlardı, birçok şey üretiyorlardı ve iyi bir hammadde sağlayıcısıydı. Avrupa'dan ürünler buraya ulaşmaya başladığı zaman, yöresel ürünlerden çok daha ucuzdular. Bu yerel pazarın dağılmasına neden oldu ve insanlar geçinebilmek için yaptıkları şeyi durdurdular. Yereller geleneksel meslekleri içinde çalışmayı durdukları an, Afrika'ya ucuz malzeme ithal eden ülkeler fiyatlarını artırmaya başladılar çünkü yerel üreticilerden gelen bir rekabet yoktu. Bu şekilde Afrikalı fakir ve yoksul olmaya başladı. Bu benzer durumda olan birçok ülkeden yalnızca bir örnektir.

İnsan egosunun sebebi olduğu küresel bir krizin içinde olduğumuz şu an, herkesin arasındaki bağlantıyı hissetmeye başlıyoruz. Küresel kriz gelişmiş ülkelerde ve bazı ülkelerin gelişmeye başladığı Asya gibi Üçüncü Dünya ülkelerinde veya şu an her şeyden mahrum olan Afrika'da hissediliyor.

Aynı geminin içinde olduğumuzu hissetmeye başladık. Eğer herhangi birimiz bir hasara yol açarsa, onu hepimiz hissedeceğiz ve ilerlememiz imkânsız olacak. Doğrusu, egomuzun bize negatif bir tepki olarak geri döndüğü bir durumdayız.

Bunu özellikle açık bir şekilde çıkarları için bağlanan ülkelerin daha güçlü ve başarılı olduğu Avrupa'da görebiliriz. Aralarında bölünmez bir bağlantı oluşmuştur ve eğer sistemdeki ülkelerden biri, Yunanistan gibi, Ortak Pazar'dan ayrılırsa, tüm 26 ülkenin çöküşüne neden olabilir. Bu tehlikeli durum, Avrupa Merkez Bankası'nı, Ortak Pazar'ı, Avrupa Topluluğu'nu ve para birimi olan Euro'yu kimsenin diğer tüm ortaklarla anlaşma içinde olmadan hareket edemediği çaresiz bir duruma getirebilir.

Şu anki durumdan, birbirimize karşı daha anlayışlı olmamızın şart olduğunu fark ederiz. Aslında, aramızda karşıtlık ve yüzyıllar süren savaşlarla ve bir ülkenin bir diğerine hükmetmesiyle oluşmuş tarihsel bir düşmanlık vardır. Yine de, bir başka seçeneğin olmamasından, anlayışlı olmanın yeterli olamayacağı bir duruma geliyoruz. Ortak Pazar'ın egoist

> **Doğanın Kanunlarıyla Bütünleşmek**

Dr. Michael Laitman

doğamızdan kurduğumuz egoistik kurallarıyla oynamaya devam edemeyiz. Artık bu çalışmıyor.

Bunun yerine, küresel ve kapsamlı Doğa'dan dışa vurum şarttır, ekolojide ve insanın doğasında olduğu gibi. Çevreleyen Doğa'nın bizi birbirimizi sevmeye zorlayan yeni durumlarla karşılaştırdığını hissederiz.

Bu sözler belki gerçek dışı gelebilir, inanılması zor, hatta kabul edilemez ancak içimizde adayan bir kuvvet inşa ederek başkalarını sevmeye yönelebiliriz. Doğa'nın bizi birbirimizi sevmeye zorlaması ve karşılıklı bir sevgi içinde olmamızı sağlaması yerine ve açlık çekmeyi, hastalık ve doğal afetleri önlemek için, bizi karşılıklı sevgiye zorlayacak başka bir kuvvet inşa etmemiz şarttır.

Bu kuvvet organize edeceğimiz kendi doğamızdan daha mecbur edici ve ekonomi, eğitim ve beslenmenin de üzerinde olan bir çevre yoluyla var olabilir. Bu toplum çok güçlü olacak ve bencil kalplerimize ve şu anki doğamıza karşı koyacaktır. Başkalarına olan tavrımızı nefretten sevgiye doğru değişmeye zorlayacaktır. Bunun için, ihtiyacımız olan toplumun türünü anlamak için uğraşmamız şarttır.

Bu bizi pozitif bir takviyeyle teşvik eden ve birbirimize yakınlaşmadığımız zaman bizi cezalandıran bir toplum olmalıdır. Anlayışlı olmayı, yakınlığı, sempatiyi, karşılıklı güvenceyi ve sevgiyi övmeye ihtiyacımız olacak, bu sayede bu değerler aramızda gelişmeye başlayacaktır.

Toplumun sürekli olarak insan doğasını nasıl çalışmamız gerektiğini bize anlatmaya ihtiyacı vardır; daha

sonra toplumu buna göre geliştireceğiz. Her birimizin toplumun üzerimizdeki etkisini öğrenmemiz gerek. Bu sayede, değişime hazır olacağız, neden değişmemiz gerektiğini anlayacağız ve bunu yapmak için güç bulacağız.

    Elimi bir yerden başka bir yere hareket ettirmek gibi basit bir şey yaptığım zaman, bunu yapmak için enerjiye ihtiyacım vardır. Benzer olarak, ilişkilerimizde, bu pozitif teşvikin Doğa'dan geldiğini hissetmem gerek. Nefret, rekabet, ayrılık ve başkalarına karşı sebep olduğum antipatiyi hissetmemin zor olduğunu bulmam ve bu davranışa karşı güçlü bir karşı koymayı hissetmem gerek. Başkalarına karşı nazikçe konuşmak, anlayış, karşılıklı güvence ve sevgi hızlı bir şekilde şefkatle karşılanacaktır, tatmin ve doyumda olduğu gibi. Bize bu iki kuvveti sağlayacak olan toplumu inşa etmeye ihtiyacımız var – egoma karşı kötü bir kuvvet ve başkalarına olan sevgime karşı iyi bir kuvvet.

    Bu tür bir çevre kurarken, her birimizi ve hepimizi birlikte ikna eden, zorlayan, özen gösteren bir sayısal ve nitelikli kuvveti göz önünde bulundurmamız şarttır. Ortak katılım yoluyla bu çevreyi kurarken, bizi etkileyecek olan yeni Doğa'yı inşa edeceğiz. Tüm insan doğasını yöneten egoistik kuvveti hâlâ içimizde olmayan ve geliştirmemizin şart olduğu iyi ve özgecil kuvvetle tamamlayacağız.

    Bunun ihtiyacını anladığımız için, her şey nasıl organize olduğumuza, ne kadar kendimizi adadığımıza ve medya ve diğer sistemler kullanarak birbirimizi nasıl ikna etmeye çalıştığımıza bağlıdır.

    Şimdiden birbirimizin içine karıştık ama şu an bunlar egoistik dürtülerdir. Büyünün başladığı sözcük, "Karşılıklı

> **Doğanın Kanunlarıyla Bütünleşmek**

Dr. Michael Laitman

güvence"dir, göz önünde bulundurmamızın şart olduğu aramızdaki adanmış bağlantıyı ifade eder. Bu şekildeki karşılıklı güvence bağlantısı, "Tekneye delik açan" veya egoistik dürtülerle hareket eden birini, herkesi kendisiyle beraber egoizm denizinde batırır.

Bu nedenle, bu hâlâ egoistik bir şekilde bağlandığımız bir çevre olsa da, aramızdaki karşılıklı güvence, çevrenin bize aramızdaki bağlantıların özgecil olanlara doğru kayması gerekliliğini ne kadar öğretmesinin şart olduğunu anlamamızla başlar. Karşılıklı güvencede, kendimizi bir aile gibi hissetmeliyiz, her bireyin diğer herkesin garantörü olduğu bir aile. Her bir kişinin sahip olduğu veya yaptığı her şey diğer herkesi etkiler. Kötü ilişkilerimize pozitif bağlantılarımızla birlikte çalışarak, kademeli olarak bizi kendi aramızda iyi bağlantılar kurmaya zorlayacak olan yeni bir farkındalığı elde etmeliyiz.

Bu yolla, Doğa'nın bizi bir milenyum boyunca bu ilerlemeye doğru yönelttiğini anlayacağız, "kriz" diye bilinen bu duruma. Kriz durumunun özü insanlığın yeniden doğumudur, bu sayede Doğa'da var olan bu içsel kuvvete - sevgi gücüne- ve dünyada var olan bu kuvvetle tam bir eşitlik içinde olarak Doğa'yla dengede içinde olmaya doğru gelebilelim.

Doğa'da var olan sevgi cansız, bitkisel, hayvansal ve İnsan'ı yaratır. Bu yaşam veren kuvvettir. Eğer bu sevgi gücünü ilişkilerimiz içinde elde edersek, "dostunu kendin gibi sev" sözünde olduğu gibi, Doğa'nın genel kuvvetini gerçekten elde edeceğiz ve içimizde bunu fark edeceğiz.

Bu kuralı uygulamak için, ondan zıt olmamız şarttır, ondan zıt olmanın ne kadar kötü olduğunu hissetmek için. Bu

zıtlık yoluyla, muazzam egodan muazzam sevgiye yükselirken, ikisinin arasındaki farkı hissedeceğiz. Bu fark yoluyla, bütünlüğü sonsuzluğu ve geçirdiğimiz bu sürecin önemini hissedeceğiz. Ona algımızda ulaşacağız ve onun nasıl yüksek, güçlü, sonsuz ve tam olduğunu anlayacağız.

Kötü olmadan iyi, ekşi olmadan tatlı olamayacağı gibi bizi mutlu eden her şey, yaşamdan elde ettiğimiz her şey ve değerini bildiğimiz her şey karşıtıyla mukayese ederek ölçülür. Bu nedenle her şeyi başka şeylerle karşılaştırarak ölçeriz. İyi bir hisse sahip olmak yeterli değildir, yanı başımdaki insandan biraz daha fazlaya sahip olmaya ihtiyacım var. Günde bir kuruşla yaşayabilirim, komşumdan bir kuruş fazlaya sahip olduğum sürece. Bu bize doyumu, başarı hissini getirir. Şu an, bu bizim için en önemli şeydir.

Bu kanun aynı şekilde işler. Eğer sevgiye ulaşırsak, bunu önceden aştığımız nefretle ölçeriz. Aralarındaki oran yoluyla, ne kadar kazandığımızı, ne kadar büyüdüğümüzü, insanlığın kolektif hafızasında bulunan zaman içinde karşılaştığımız durumlarla karşılaştırıldığında, bugün doyumumuzun ne kadar arttığını hissederiz. Bu mükemmel bir hazza ve doyuma ulaştığımız anda olur.

Başkalarını sevme durumunu uygulamak bizi mükemmel bir duruma ve eksiksiz bir doyuma getirecek. Bu eylemleri uygulamak için gereken enerji iki kaynaktan gelir. Bir yandan, Doğa bizi kendi aramızda denge ve ahenk içinde olmak için zorluyor. Bunu yapmak için, varoluşumuzu tehdit eden darbeler kullanıyor.

Diğer bir yandan, çevrenin suni olarak inşa ettiğimiz, hepimizi karşılıklı güvence ve sevgi bağlantısı içinde onunla

Doğanın Kanunlarıyla Bütünleşmek

Dr. Michael Laitman

karşılıklı bir şekilde bütünleşmeye iten bu pozitif kuvveti vardır.

Bu süreçlerden Doğa'da var olan Sevgi Kanunu'nu öğrenmek için geçiyoruz, bu kuralı içimizde uygulayana kadar. Tüm önceki formlar içlerindeki zıt formu, manasızlığı ve içinde olduğumuz bu muazzam parçalanmışlığı tanımlamamız için vardır. Bu parçalanmışlık yoluyla kendi başımıza "İnsan" adı verilen bu güzel mekanizmayı inşa edeceğiz.

Özet yapacak olursak: soru, kendimizi insan olarak nasıl inşa edeceğimizdir. Durumumuzu nefretten sevgiye değiştirecek olan çevreyi kendimiz inşa etmemiz şarttır. Kendimizi ölçmeli ve çalışmalıyız, Doğa'yı ve insan toplumunun kanunlarını çalışmalı, kendimizi nasıl idare edeceğimizi öğrenmeliyiz ve aramızda ne tür ilişkilerin hüküm süreceğine karar vermeliyiz. Benzer şekilde, çevreyi ve toplumu inşa edeceğiz ve kendimizi buna adapte edeceğiz. Kendimizi uslandıracağız. Egomuzu ehlîleştirirken, onun sahibi olacağız ve böylece insan olmaya başlayacağız.

İçimizdeki insan cansız, bitkisel veya hayvansal seviyelerde değildir. Bunlar bizim temellerimizdir. Bu, başka tür bir egoistik gelişimdir. İnsan demek, kendimizi insaniyetli yapma ihtiyacımızdır ve bunu kendimiz yapacağız. Bunu bir başkası bizim için yapamaz. Egoistik kuvvetler aldık ama bizi eğitecek olan sistemi şekillendirecek bizleriz.

Sevginin dereceleriyle kendimizi yükselttik. Kendimiz çevreyi değiştirerek, kendimizi değiştiririz. Bu yolla, birlikte çalışırız, her safhada ilerlemiş ve düzeltilmiş benliği kontrol eder ve bu şekilde ilerleriz. Safhalara göre, bizi bir sonraki seviyeye hareket ettirmek için etkileyecek olan bir çevre inşa ederiz.

Bunu kimse yalnız yapamaz. Kendimi bataklıktan kurtarmak için saçımdan tutup çekemem. Başarının şartı, beni etkileyecek ve hoş veya hoş olmayan bir şekilde ihsan etmeye zorlayacak dış bir kuvvetin inşa edilmesidir. Bu, yapabileceğim tek yoldur.

Doğa bize hayatta kalabilmemiz için yeni, kapsamlı bir şart sunuyor. Bilincimizde zarar göreceğimiz bir kriz gibi gözüküyor ve çıkış yok gibi. Doğa bize genel durumumuzla bir sunum yapıyor ve onun içinde çevrenin her birimize olan etkisini kullanarak tüm iyi durumları kendimiz kurmamız şarttır, bu çevreyi kuran kendimiz olsak bile.

Bu süreçte, kendimin kim olduğunu, ne olduğunu, içinde olduğum Doğa'nın ne olduğunu, karakterimin ne olduğunu ve tercihlerimin ne olduğunu kontrol ederim. Yukarıda belirtilen her şeye göre, Doğa'nın hayatta kalabilmek için bana sunduğu, amacı benim farkındalığımla bu şekilde bir değişimi kabul etmeye ve yeni şartlara uymaya zorlayacak bir çevre kurarım.

Bu nedenle, önce eğitimi kurmalıyız. İnsanların başka bir seçeneği olmadığını anlamaları gerek, çocuklara hayatta başarılı olabilmeleri için eğitim almalarının şart olduğunu anlattığımız gibi. Yeni bir dünyanın içine doğduk. Bunun içine doğmak için, her birimizin ve hepimizin birbirimizle ve çevremizle farklı ilişkiler kurmaya ikna edilmesi şarttır.

Doğanın Kanunlarıyla Bütünleşmek

Dr. Michael Laitman

Biz ve çevremizdeki her şeyin bizim bir parçamız olduğunu fark etmemiz gerek ve bu farkındalığı kendimiz elde etmeliyiz. Buna "insanoğlunu inşa etmek" denir.

Örnek olarak, eskiden, köpekler kurtlar gibiydi. Zamanla, insan köpekleri insana sadık olana dek uysallaştırdı. Köpekler düşmandan dosta dönüştü. Benzer olarak, egomu bir köpek gibi eğitmeliyim, uysallaşmak ve değişmek için.

Bu nedenle, kendimi ikiye "bölerim" – yeni farkındalık, içimdeki insan olan ve egom, köpek olan. Bu ikisi arasındaki ilişki kendimi inşa etmeme imkân verir.

Her insan İntegral Eğitim'deki anahtar noktalardan, özel bir realite yaratmak için özel bir süreç olduğundan haberdar olmalıdır. Gerçekten bir insan yaratıyoruz ve bunu Doğa'nın bugün ulaşmamız gereken kapsamlı kuralı olan "Dostunu kendin gibi sev" kuralını koruyarak yapıyoruz.

Özellikle şimdi, Doğa'nın toplam kanununu keşfetme şansımız var çünkü egolarımız gelişimini tamamladı. Düzeltmeye hazır olduğumuz bir duruma geldik. Yapmamız gereken tek şey egolarımızı insan formuna benzemesi için toplum yoluyla inşa ettiğimiz ilave ve dış bir kuvvet kullanarak etkilemek. Bunu yaparak, Doğa'nın tüm kuvvetlerini uygularız ve onun tüm derinliğini, sonsuzluğunu, etkisini ve içindeki kapsamlı ahengini keşfederiz.

Böylece, "köpeklerin" yaşamlarından yavaşça uzaklaşır ve orada kalacağımız insan seviyesine ulaşırız. Kendimizi insan seviyesine öylesine güçlü bağlayacağız ki, bedenlerimiz, yaşamlarımız ve tüm tarih boyunca geçirdiklerimiz edineceklerimizin bir başlangıcı olacaktır. Bu nedenle şu anki krizi yeni aydınlanmış bir dünyanın doğum sancısı olarak sayarız.

BÖLÜM 14

BİRLEŞİK DÜNYADAKİ KADIN

Doğanın Kanunlarıyla Bütünleşmek

Dr. Michael Laitman

BİRLEŞİK DÜNYADAKİ KADIN

Yeni Dünyada Yönlendirici Kuvvet Olan Kadın

Yaşamak istediğimiz düzeltilmiş toplumu incelediğimiz zaman, aile birimine büyük önem verilmesi gereklidir. Yaşadığımız dünyada aile küçük bir evren olacaktır. Açıkça, doğru süreçler iyi aile ilişkileri ve yeni nesille olan iyi ilişkileri yaratacaktır.

Yeni dünyadaki toplum içinde ekonomiyi ve iş pazarını aile, ev ve çocukların eğitimiyle eş zamanlı inşa etmeliyiz. Aile içindeki her ferdin kişisel gelişimini ve toplumun gelişimini ilerletmede kadının anahtar bir rol üstleneceğine bir şüphe yoktur.

Kadınlar hesaba katılması gerekli bir kuvvettir. Dünya nüfusunun %50'sinden fazlasını oluştururlar ve güçleri ve yetenekleri şüphe götürmezdir. Kadın evi, aileyi, eşiyle olan ilişkileri, çocuklar arasındaki ilişkileri ve çocuklarıyla olan kendi ilişkilerini yönetir. Kadın bir annedir, eştir, bir öğretmendir, eğitimcidir, ev ekonomistidir ve eşinin ve çocuklarının ekonomistidir. Anne olarak, kadın çocukların okulda aldıkları bilgileri eğitimle tamamlayan, ailenin manevi temelidir.

Kadın ailesine geçirdiği içsel bilgelik yoluyla çocuklarına anlam ve maneviyat akıtan bir bireydir. Kadın eğitimin, kültürün, bilginin temelidir.

Ailenin temeli olan kadına büyük önem atfetmeliyiz. Kadını tüm medya çıkış noktalarının temeline oturtmalıyız, özellikle aile içindeki, toplumdaki yerini överek. Yeni realite geçmiş yüzyılda sarsılmış olan önemli bir rolü, kadının rolünü destekleyen yeni temeller kurmamızı gerektirecektir.

Toplum birbirine bağlı bir dünyadaki kadının rolünün önemini daha çok över, yüceltir ve atfederse ve bunu bir kariyer olarak daha çok ele alırsak – belirli bir eğitim gerektiren- daha çok anne ve eş kadın rolünde başarılı olacaktır. Kazancımız toplu yaşamda daha kalifiye insanlara ve bütün olarak daha iyi bir topluma sahip olmamızdır.

Kadının ailedeki rolünün azalması sonucu – insanın temel taşı- aile birimi büyük ölçüde geriledi. Destekleyici sütunu olmadan çıplak ve korumasız ayakta duruyor ve bu temelin üzerine kurulu tüm medeniyeti sallayarak.

Varoluşunu uzatmak isteyen türler olarak, toplumdaki görüşü değiştirmek için bize verilmiş olan fırsat penceresinden en çoğunu çıkarmalıyız. Bu değişim yukarıdan zorla dikte edilemez. Bunun bizden, çevrenin bizi etkilemesi yoluyla gelmesi lazım.

Bunu başka elementlerle ilişkilendirmemiz gerekecektir, biyolojik evrim gibi, genlerimizin hâlâ gelişiyor olmasından dolayı. Bu nedenle, kadınların ilerlemeye ve evden çıkıp kendi kariyerlerini ilerletmeye olan ihtiyacının üzerine düşmemiz gerekecektir.

Son yıllarda görmeye alışık olduğumuz şeyle karşılaştırdığımızda kadının rolünde büyük bir değişim

> Doğanın Kanunlarıyla
> Bütünleşmek

Dr. Michael Laitman

olsa da, eğer kadının rolündeki doğal dengeyi yeniden inşa edemezsek, insanlığın kaçınılmaz bir şekilde uçuruma ve sürekli olarak uyuşturucuya, fahişeliğe ve suça doğru kayan bir nesile doğru kayacağına şahit olacağız. Okul sistemi ailenin yerini alamaz.

Günümüzün parçalanmış toplumunu düzeltebilecek tek şey denklemdeki önemini anlayan bir kadındır. Bu nedenle, hepimiz kadının statüsünü değiştirmek için bir araya gelmeliyiz. Kadınların efeminen, anne ve çocuk büyüten olmalarından dolayı "kurcalanmasına" veya "yönetilmesine" karşı talepkâr olmalıyız. Ne olacağına, nasıl olacağına karar veren kadındır ve dünyanın yüzünü belirler. Kadın zekâ ve hassasiyete, esnekliğe ve değişimleri çabuk özümleme için gereken gelişim seviyesine sahiptir.

Kadının ailedeki rolünün önemini geliştirmemiz şarttır çünkü o olmadan, gelecek nesil yaşamdan zevk almayacaktır. Dünyada neler olduğunu görebiliyoruz, her nesil bir öncekinden daha kayıp, amaçsız ve yolunu kaybetmiştir. Gelecek neslin iyi, mutlu bir nesil olmasını isteriz ve bu görevi yerine getirmek için bir kadından daha kalifiye kim olabilir ki?

Kadına yeni dünyanın eğitim sisteminin inşasında önemli bir rol vermek için bilim, psikoloji, eğitim ve diğer çağdaş bilgileri öğretmeliyiz. Bu rol onun eğitim, modern ailenin yönetimi, çocukların ne öğrendiğini bilmesi ve eğitimcilerle birlikte çalışma üzerine kurslar almasını gerektirecektir. Kadınının kendini yeni programlar ve ailelerinin içsel çekirdeklerini güçlendiren eğitimler üzerinde sürekli güncellenmesi gerekecektir.

Dr. Michael Laitman

> Doğanın Kanunlarıyla
> Bütünleşmek

Her şey eğitim ve öğretime bağlıdır ve eğer insanlığı insan seviyesine getirmek istiyorsak, bunu kadın yoluyla, anneler yoluyla yapmaktan başka bir çaremiz yoktur. Eğitim olmadan ve insanlara onları yaşamları boyunca koruyacak değerler, kapsamlar ve araçlar vermeden gelecek nesil için yapabileceğimiz bir şey yoktur.

Sonunda, erkeğin yaptığı şeylerin %90'ı kadının etkisinden kaynaklanır. Kadını mutlu etme amacındadır. Bu nedenle, eğer kadını insan ilişkilerinin psikolojisinde kalifiye edersek, tüm dünyayı yönetecek araçlar sahip olduklarını keşfederler.

Ancak kadın bu önemli rolü kaybetti, çekirdeğini kaybetti ve bunun sonucunda tüm insanlık acı çekiyor. Bu 1960'lı yıllarda kadınların büyük sayılarda iş pazarına katılımıyla başladı. Modern ailenin ihtiyaçlarını karşılamak, erkeğin maaşına yardım etmek için kadının iş bulmaktan başka bir çaresi yoktu. Bunu gelişim olarak dikkate alanlar var, ancak tüm insan gelişimleri bizim lehimize değildir, bunu yaşamlarımızın birçok alanında görebiliriz.

Kadının evden çıkıp iş pazarına girmesinin birçok nedeni vardır. Amerikan rüyası yaşamlarımıza egemen oldu ve bir ailenin banliyölerde ev, garajda iki araba ve bol bol ev aletleri alma fikri kadınların iş bulma yarışına girmelerine sebep oldu. Çoğunluk için, kadın işe gitti çünkü başka bir seçeneği yoktu.

İnsanlık nesilden nesile eğitimde, kültürde ve aile ilişkilerinde ilerleme kaydetmesi gerekiyordu. Fakat gerçekten de bu alanlarda ilerliyor muyuz? Bu bir gelişim mi? Gördüğümüz gibi, aileler parçalanıyor, çocuklar anne ve

babasını bilmiyor, aileler çocuklarının ihtiyaçlarını bilmiyor veya onlara neyi, nasıl vereceklerini bilmiyor. Bu sayede, anne ve babalar ve çocuklar sıcak, yakın ve destekleyici bir evde ve çevrede yaşamak için büyütülmüyor.

Gelecek nesli kaçırıyoruz. Eğer suç oranlarındaki, depresyondaki ve toplumdaki diğer hastalıklardaki istatistiklere bakarsak, ailelerin tekrar aile olmaya başladığında nelerden kendimizi koruyacağımızı görebiliriz. Bunların hepsi mümkündür ve ona verdiğimiz öneme bağlıdır. Doğrusu, bunu burada ve şimdi yapabiliriz, daha büyük bir krizin çıkmasını beklemeden.

Kadınların da kendilerini Doğa'yla aynı eksene getirmeleri gerektiğini anlamaları gerek çünkü sonunda, hepimiz iyi bir yaşam isteriz. Doğa'nın kanunlarının bizden ne gerektirildiğini bilmemiz ve bu kanunlarla kendimizi aynı çizgide tutabilecek miyiz ona bakmamız gerek. Bu tek yoldur.

Doğa'nın kanunları sisteminin nasıl işlediğini anlayan bilim insanlarına ve psikologlara güvenmeliyiz. Ekonomistler ve istatistik çalışmalarına beynimizin nasıl yıkandığı bilgisini sunmaları için güvenebiliriz. Toplum düşünce uzmanlarının boş modalar ve eğilimler yarattığını ve aslında bizi gereksizce harcamaya ve almaya zorladığını ve belirli yaşam görüşlerine sahip olmaya bağladığını anlamamız gerek.

Yalnızca kadın durumun ne kadar kötü olduğunu görebilir ve yalnızca efeminen bir kuvvet bunu değiştirebilir. Eğer isterlerse, kadınlar bunu yapabilir. Bunu tüm kadın organizasyonlarına anlatmalıyız ve onların yardımıyla, toplumun fikrini değiştirmek mümkün olur. Her organizasyon kendi alanında kadının aile hakkındaki farkındalığını artırmak

ve ailenin ve yaşamın merkezi olarak kadının statüsünü belirlemek için çalışacaktır.

Bu farkındalık toplum fikrine karıştığı zaman, kadınlar statülerini sağlamlaştıracak yasalar talep edebilirler. Eğer kadınlar birleşirse, hiçbir hükümetin karşı koyamayacağı bir kuvvet olurlar. Kadınlar istedikleri her yasayı çıkartabilirler. Kadın organizasyonları çözümün basit olduğunu anlayacaktır: kadının doğal özelliklerini ortaya çıkarmak ve yüceltmek.

Özet olarak, kadınların kendilerine bilgi edinmek ve ilerlemek için eğitim, kültür, psikoloji ve ekonomi gibi hayatın tüm alanlarını içine alan üniversite dersleri, eğitimler ve çeşitli kurslar kurmaları gerekliliğinin üzerinde durmalıyız. Bu yapılmalıdır ki çocuklarının okulda aldıkları olağan eğitimlere ek olarak kendi eğitimleriyle bütünleştirebilsinler ve bu sayede her çocuk kendi özelliğine göre eşsiz olabilsin. Eğer şu an toplumda Doğa'nın kanunlarıyla aynı çizgide olmayan bu negatif durumu düzeltmeye başlarsak, buna doğru, pozitif, toplumu düzgün açıklamalarla ikna edecek bir eğilim gösterirsek, tasarrufumuzda muazzam bir güç olacaktır – feminin kuvvetin gücü ve aynı zamanda erkeğe ait bir güç.

BÖLÜM 15

EĞİTİM MERKEZLERİ GİBİ
HAPİSHANELER

Dr. Michael Laitman

> Doğanın Kanunlarıyla Bütünleşmek

EĞİTİM MERKEZLERİ GİBİ HAPİSHANELER
Hükümlüler Topluma Nasıl Faydalı Olabilir?

Kriminolojideki birçok çalışmanın hapis hükmünün suçu önlemedeki etkisi üzerinde şüpheleri vardır. Hapishanenin hükümlüler üzerindeki etkisi, özellikle hücre ve rehabilitasyon dikkate alındığında, üzerinde ciddi şekilde düşünülmesi gereken bir başlıktır. Birçok ülke meydana gelen olay sayısı ve şiddetleri, suç oranlarında bir artış tecrübe ediyor. Bundan ötesi, veriler hapishaneden salıverilen mahkûmların benzer suçlar işleyerek hapishaneye geri döndüklerini gösteriyor.

Suç oranındaki artışın birçok sebebi vardır, ama en önemlisi toplumun düzgün bir eğitim vermesindeki kabiliyetsizliktir. Bir yandan, çok genç oldukları için, çocuklar suça, şiddete, agresif davranışa ve rekabete maruz kalıyor. Diğer bir yandan, çocukların eğitimini üstlenen kurumlar değerleri yok sayıp, yanlış bir şekilde testler ve notlara odaklanıyor.

Fakat probleme katkıda bulunan yalnızca okullar değil. Çocuklarımız okuldan eve geldikleri zaman, onlara sorarız: "Okul nasıldı? Ne öğrendin? Testin nasıl geçti?" Başka bir deyişle notlar ailelerin de birincil endişesidir.

Aynı zamanda, çocuklar okulda sürekli sosyal baskı altındadır. Acımasız bir rekabetle, sosyal statü üzerinde bir mücadeleyle, kıskançlık, hırs, şiddet, uyuşturucu ve "gerekli kötülükler" diye adlandırdığımız fenomenle başa çıkmak zorundadırlar. Ama gerçekten bu böyle midir?

Okullar çocukları bir insana dönüştürmüyor ve insancıl olmaları için eğitmiyor. Çocuklarımızı büyüdükleri zaman eğitimsel rol modelleri, başkalarıyla düzgün ilişkiler kurabilen, iyi ve kötü, doğru ve yanlış arasındaki farkı bilen insanlar olarak görme arzusunda değiliz.

Şiddetin yayılması toplumdaki ve özellikle okullardaki en büyük problem haline geldi. Okullar gelecekteki hükümlülerin yuvası olmaya başladı.

Yanlışı nerede yaptık? Çocuklarımızı doğdukları andan bugüne insan olmak için eğitmiyor olabilir miyiz? Aile içindeki problemleri çözmek için eğitilmedikleri mümkün mü ve gelecekte çocuklarını eğitmek için gerekli olan bilgiyi ve araçları almadılar mı?

Sıklıkla çocukların aileleri tarafından istismar edildiklerini duyarız. Ama duygusal istismar daha sık görülendir, en az raporlanan olsa dahi. Mantıklı bir sonuç şu olabilir, insanlara hiçbir zaman nasıl anne ve baba olacakları veya çocukların nelerden hoşlanacağı ve ne şekilde davranılması gerektiği öğretilmedi. Anne ve babalar çocuklarına verecekleri iyi örneklere sahip değiller.

İnsan kalbinin eğilimi gençliğinden beri kötü eğilimli olabilir ancak eğilimler kötüden iyiye doğru değişebilir. Topluma yarar sağlayacak şekilde yönlendirilebilirler. Örnek olarak, inatçılık kayda değer bir amaç için uğraşıldığı zaman kararlılığa doğru çevrilebilir. Ve agresiflik sosyal fikirler peşinde koşulduğu zaman kendine güvene dönüşebilir.

Dr. Michael Laitman

> Doğanın Kanunlarıyla
> Bütünleşmek

Bugün evlerinde, çocuklar şiddet içeren filmler ve televizyon dizileri izleyerek büyüyor. Şiddet içeren suçlara ve seksüel saldırı hikâyelerine maruz bırakılıyor. Okulda daha güçlünün daha başarılı olduğu ve sonunda sadece aldıkları notlarla yargılandıkları, güvenliklerini tehdit eden acımasız bir toplum içine yerleştiriliyorlar.

Dahası, iyi notlar yeterli değil. Takdir görmek için sınıf arkadaşlarından daha iyi notlara sahip olmalısınız. Bu, başarıyı ölçme şeklidir. Doğal yeteneklerle doğmuş olanlar gördükleri örneklere göre onları başkalarına karşı kullanıyor. Zayıf nezaketini ve kurnazlığını kullanır. Görünüşte iyi davranışlar içindedirler, ama gerçekte öyle değillerdir, limitlerini bilirler ve istediklerini alma sanatında mastır yapmışlardır.

Çocuklar vakkum içinde büyümezler. Toplumun kalıpları ve kuralları bu çocuklara şekil verir ve çocukların neye dönüştüğü konusunun şikâyet edileceği yer toplumdur.

Yaşamın en önemli şeyini ihmal ediyoruz – iyi bir toplumda iyi bir insan olmayı öğrenmeyi. Örnek olarak, insanları nasıl iyi bir eş olacakları konusunda veya nasıl sağlıklı bir aile hayatını sürdürecekleri konusunda eğitmiyoruz ve aslında, aileler dağılıyorlar. İnsanlara başkalarıyla ilişki kurmayı öğretmiyoruz ve onlara herkesin birbirine bağımlı olduğu integral toplumun bir parçası oldukları hissini vermiyoruz. Karşılıklı bağımlılığı hissetmeyen bir insan egoist dürtüleriyle hareket eder ve kendi için iyi olanı yapar, hatta illegal olsa bile ve hatta olaydan sonra bir cezanın bekleyeceğini bilse bile. Bu tür insanlar tehlikeli bir şekilde hareketlerinde özgürdürler çünkü doğru örnekleri almamışlardır.

Doğanın Kanunlarıyla Bütünleşmek

Dr. Michael Laitman

Egoistik toplumumuzda, herkes, kanun dışı olmadığı sürece, verdiği zarar toplumun çektiği setin içinde kaldığı sürece ne istiyorsa onu yapabilir. Ama integral toplumun içinde, tamamıyla farklı bir kanun iktidardadır. Kişinin vermesi, bir bütünün parçası olması ve başkalarıyla olan bağlantısının farkında olması şarttır. Yalnızca bu şarta uyan kişiler "Kanuna itaat eden" olarak tanımlanabilir.

Kanun genel katılımdır, karşılıklı güvencedir çünkü herkes herkesin garantörüdür. Bu yüzden insanlara bu kuralların nasıl işlediğini göstermemiz gerek. Görüyoruz ki, Doğa, ekoloji ve integral ve küresel dünyada olan her şey bizi paydaş olmaya doğru itiyor. Gerçek olan, tüm sorunların kaynağının, bunun için doğru eğitimi almamamızdır.

Eğitim yoluyla, insanların kanunlara karşı gelmesini engelleyebiliriz. Entegre Eğitimin bir parçası olarak okullarda ve hatta anaokullarında öğretilecek olan iyi bağlantıların modellerini telkin edebiliriz. Öğretmenin önünde sıralarda oturmak yerine, çocuklar daireler halinde oturacak, birbirleriyle komünikasyon kuracak ve birbirlerini anlamayı öğrenecek. Bir gruba bağlanmak ve bir grubu inşa etmek için egolarımızın üzerine yükseldiğimizi tecrübe edeceğiz. Bu, insanların birleşmesini gerektiren ve başarmak için birbirlerini anlamaya ihtiyaçları olduğu elit bir birim veya bir spor takımına benzerdir.

İnsanlara kendi polis memurları olmayı öğretmemiz gerek. Ne yapmaları gerektiğini bilecekler ve bu bir alışkanlık olacak, ikinci bir doğa. Sınıftaki her doğal olmayan olay mahkeme tipi tartışma yoluyla ele alınacak. Tartışmada, çocuklar olayda neyin doğru ve neyin yanlış olduğuna karar verecek ve durum hakkındaki tüm argümanları sunacak.

İrdeleme sürecinde, çocuklar yer değiştirecek ve etkilenecek, bu sayede izlenim kazanacaklar.

"Eğitim" kelimenin insan hissi içinde olanı, bir çocuğun yaşamdaki örneklerden alması ve tecrübe etmesi anlamına gelir. Tartışmalar, mahkeme dinlemeler ve rol oynama yoluyla irdelemeler yapacaklar. Bir yargıç, bir avukat, bir savcı ve bir jüri olacaktır. Tüm süreç filme alınacak ve çocuklar daha sonra videoyu izleyecek ve davranışlarını analiz edecek.

Herkes tartışmaların içinde olmalıdır; çocukların rolleri değişmeli ve sahne farklı görüş açılarından tekrar oynanmalıdır. Yeniden kabul çocuklara birkaç dakika önce sunduklarından ne kadar zıt olabileceklerini gösterecektir.

Bu çocukların birçok rolü ve karakteri "özümlemesiyle" zenginleştirilen bir aktivitedir. Bu yolla, başkalarını başkalarının görüşlerinin ters olduğu zamanda bile anlamayı öğrenirler. Çocuk hem davalı ve hem de savcı olmayı tecrübe etmişse, kendi görüşünden tamamıyla zıt bir görüşün de geçerli olabileceğini kavrar.

İntegral Eğitimin bir parçası olarak, çocuklar tüm zamanlarını okulda geçirmezler. Bankalara, hastahanelere, fabrikalara, tesislere ve hatta hapishane gezilerinden zevk alırlar ve bu sayede insanların nasıl çalıştığını ve nelerin onları motive ettiğini görürler.

Bu geziler bu tür ziyaretlerin amacına göre de analiz edilmelidir. Bu süreçle, çocuklar tüm dünyanın birbirine

Doğanın Kanunlarıyla Bütünleşmek

Dr. Michael Laitman

bağlantılı olduğunu, herkesin diğer herkes için bir şeyler yarattığını öğrenecekler. Bu yolla, ufuklarını genişletecekler.

Eğer bu yolla çocuklarımızı yetiştirmeye başlarsak ve tüm okul yılları boyunca eğitimde ısrar edersek insanların kişisel güvenliğinin onarıldığı iyi ve dengeli bir topluma daha da yaklaşmış oluruz. Çocuklarımızı okula göndermekten veya akşam sokağa çıkmalarından korkmayacağız.

Bugün, toplumdaki belirli unsurlar vahşet filmlerinden kâr elde ediyor. Ama bu iyi bir sebep mi çocuklarımızı kirletmek için? Çocuklar en kolay etkilenen varlıklardır ve bizler anne ve babalar olarak onları büyütmekle görevlendirildik. Bir anne ve baba olarak, çocuğumun vahşet içeren filmler izlemesine veya oyunlar oynamasına veya daha önce açıkladığımız kötü örneklere maruz kalmasına izin vermiyorum. Kabalık ve rekabetin şiddete yönelttiği okullara çocuğumu göndermek istemem. Ona iyi örnekler vermek isterim. İnsanlar gördükleri örneklerden öğrenir ve biz onlara iyi örnekler veremiyoruz.

Bu nedenle, sağlıklı bir toplum için, süregelen eğitim örneğini değiştirmek için büyük gayretler içinde olmamız şarttır. Eğer öğretmenler ve eğitimcilerle, psikologlar ve sosyologlarla konuşursak, ne yapmamız gerektiğini ve topluma hangi limitleri empoze edeceğimizi öğreniriz.

Televizyon izlediğimiz zaman veya internette sörf yaptığımız zaman, zihnimize şekil veren şiddetle ilgili birçok hisler tecrübe ederiz. Çünkü, bu imajların yaşamlarımızdaki negatif etkilerinin farkındayız ve şimdiden dünya çapında birçok insanda ortak olan integral farkındalığa sahibiz, bu tür içeriklerin dağılmasını durdurabiliriz ve medya yoluyla dağıtımını yasaklayabiliriz.

Dr. Michael Laitman

> Doğanın Kanunlarıyla
> Bütünleşmek

İntegral Toplum insanların çıkarlarını düşünendir, demokratik toplumlarda tam tersine, kişi zarar vermediği ve yaptığı aktivite anarşiye sebep olmadığı sürece her şeyi yapabilir. Demokrasinin bir ucu anarşidir, diğer bir ucu da diktatörlüktür. Nerede olduğunuzu seçmeniz, farklı toplumların nedenine karar vermeniz ve kendi amacınızı belirlemeniz gerek. Demokrasi insanların iyiliğini korumak için niyetlendi ama eğer herkes egoistse bu nasıl gerçekleşebilir? Egoyu kısıtlamadan önce, insanların çıkarlarının önde olması şarttır.

Dünyadaki birçok hapishanede, yalnızca şartlar utanç verici değildir aynı zamanda hükümlülerin itibarı aşağıya çekilir ama onları rehabilite etmek için veya iyi bir vatandaş yapmak için hiçbir gerçek çaba sarf edilmez. Cezaların amacına ulaşmama nedeni budur. Cezalarını çekmiş olan hükümlüler suça geri döner. Bunu bir yaşam tarzı olarak görür. Ama eğer durum böyleyse, neden insanlar hapsediliyor? Kişi hapse atılmalı ve cezasını doldurmalı mıdır veya bu kişiyi düzeltilmiş bir insan yapmak için borçlu olan biz miyiz? Hapishanelerin rolü nedir?

Geçmişte, hapse atma metodunun hiçbir zaman uygulanmadığı ülkeler vardı. Oradaki insanlar bunun gereksiz olduğunu biliyordu. Suçluların kaçtığı sığınak şehirleri vardı ve onları bu şehirde öldürmek yasaktı. Ama bir insan çalarken yakalanırsa, o insan borcunu ödemek için çalışmak zorundaydı. Her suçun karşılığında düzeltici bir ceza vardı ama bu hiçbir zaman hapishaneye atılma olmadı. Eğer gerçekten durumumuzu düzeltmek istiyorsak, düzeltme maddesel şartların içinde değil, eğitimin içindedir.

295

> Doğanın Kanunlarıyla
> Bütünleşmek

Dr. Michael Laitman

Bu yüzden hapishanelerin okul olması şarttır. Ne zaman hükümlülerin boş zamanı olsa, eğitilmelidirler. Psikoloji, tarih ve insan olmak için ne gerekiyorsa öğrenmeleri şarttır. İnsan olmak başlığının bir parçası olarak, herkesin arasındaki bağlantıyı vurgulayan küresel dünya hakkında öğrenmeye başlayacaklar. Hükümlüler hapishanenin kuralları altına yerleştirildikleri için, kapsamlı bir eğitim programından geçmeleri şarttır.

Bugün, hapishaneler hükümlülere daha iyi suç işlemeleri için yardımcı oluyor! Hükümlüler daha tecrübeli suçlularla buluşup, yeteneklerini nasıl arttırabileceklerini öğreniyor. Doğal olarak, bu hiçbir şeyi düzeltmiyor ve yalnızca yozlaşmaya katkı sağlıyor. Hapishanenin tüm rehabilitasyon çabalarına rağmen, yalnızca çok az hükümlü salıverildikleri zaman kendilerini değiştirmiş oluyor, normal bir hayat yaşıyor. Çoğunluğu suça geri dönüyor.

İnsan karakterleri iki önemli gruba ayrılır: içsel, kalıtım yoluyla aldığımız ve doğuştan içimizde olan ve dışsal, eğitim yoluyla edinilen, çevreden, medyadan ve genel olarak toplumdan aldığımız. Kişinin kaderini belirlese de ve kişiliğini şekillendirse de bu iki unsur da insana bağlı değildir. Bu nedenle, hükümlü bunları kullanamaz çünkü yerleştirildiği çevre iyi örnekler sunmuyor.

Rehabilitasyonun çerçevesi bu nedenle tamamen değiştirilmelidir. Örnek olarak, hükümlüler 15-20 kişilik gruplara bölünebilir ve onları organize eden ve onlarla çalışan bir psikolog tarafından öncülük edilebilir. İnsan toplumunun yapısı, insanın yapısı, insan ilişkileri, insan psikolojisi, realiteyi algımıza ve birbirimize olan davranışlarımıza göre bizim kim olduğumuz ve bizi yöneten egonun ne olduğu ve kendimize

bir kenardan bakıp nasıl eleştirebiliriz gibi konu başlıkları olan dersleri izleyecekler.

Her hükümlüyü kendini anlayan ve dünyayı farklı açılardan görebilen iyi bir psikoloğa dönüştürmemiz gerek. Bu tür bir eğitimden sonra, dışarı çıkan hükümlü bir genç eğitmeni olabilir çünkü kendisi olumsuz bir yolda yürümüş ve hapishanede kendini değiştirmiştir. Hapisten dışarı çıktığında, bu tür bir insan toplum için bir değer olur, yaşamın iki yönünde de empati kurabilecek kabiliyeti olduğu için. Bu, kişiyi çok olumlu ve topluma yararlı bir unsur yapar.

Hükümlü düzeltme sürecini bitirmediği ve topluma yararlı olmaya başlamadığı sürece, onun için en iyi olan hapishanede kalması ve topluma daha çok zarar vermemesidir. Şu an, hükümlüleri hapishaneden salıveriyoruz ve o andan itibaren hapishaneye ne zaman geri döneceklerini bekliyoruz. Peki, neden bunca seneyi boşa harcıyoruz? Neden toplum bu kişi için o kadar çok zaman ve para harcıyor? Toplum ne kazanıyor? Hükümlünün hapishanede hiçbir şeyini düzetmiyorsa ve hatta "suç okulunda"- hapishanelerimizde - seneler geçirdikten sonra suça daha verimli bir şekilde geri dönüyorsa, bundan kim kazançlı çıkıyor?

Bu nedenle, insanları demir parmaklıklar arkasına atan mahkemeler geçmişte kalmalıdır. Cezalar suçun doğasıyla uyum içinde olmak yerine, hükümlüyü toplum içinde pozitif bir unsura çevirmek için harcanan bir zaman olmalıdır. Hükümlü salıverildiği an, bir meslek öğretilecek ve eski hükümlünün topluma en faydalı olacağı bir yere gönderilecektir. Buna "toplumun düzeltilmesi ve insanın düzetilmesi" denir.

> **Doğanın Kanunlarıyla Bütünleşmek**
>
> Dr. Michael Laitman

Örnek olarak, hırsızlık yaparken yakalanmış bir kişiyi hapse kapatmaya gerek yoktur. Bunun yerine, evde veya yatılı bir okulda çalışabilir ve eğitimini tamamladığını kanıtlayacak sınavlardan geçer. Dahası, kişinin bankadan müşteri hesaplarını zimmetine geçirmiş olması veya birisinin cüzdanından para alması fark etmez. Kriter, gerekli olan düzeltme sürecine göre belirlenir. Suçlu toplum tarafından düzeltilmiş olarak kabul edilene kadar eğitimde kalacaktır. Niyet insanlara etkili bir düzeltme şekli sunmaktır ve bu insanların toplumdaki en pozitif ve yararlı insan olmasını sağlamaktır.

Amerika Birleşik Devletleri dengeli ve düzeltilmiş insanların oluşturulmasındaki en güzel başarısızlık örneğidir. Ülke olarak, çok zaman önce insanlarına düzgün muamele yapma kabiliyetini kaybetmiştir. Şu anki Amerikan toplumunda, kişi dürüst ve çok çalışarak bir imkân bulamamaktadır. Ülkedeki değerler radikal bir şekilde değişmiştir ve yarım yüzyıl önce alçakgönüllülük değerli bir özellik iken, büyük ihtimalle dinin dominant etkisi sonucunda, bugün değerli olan alçakgönüllülüğün tam tersidir.

Klasik kapitalizmde, kişi çok çalışır ve saygın bir yaşam elde eder. Bu, kişiye kendi ayakları üzerinde durma gururu yaşatır. Ama bugün, kazananlar "finansal büyü" yapabilenlerdir. Bunlar toplumdaki en saygın ve güçlü insanlardır. Bu dönüş Amerika ve Amerikan ruhunu bir zamanlar sembolize eden prensiplerin kayboluşunu özetlemektedir.

Demokratik Amerika halkı dünyadaki herhangi bir ordudan daha fazla lisanslı silaha sahiptir, Amerikan ordusundan daha çok. Amerika'da yaklaşık 300 milyon insan vardır ve lisanslı silah sayısı da benzer rakamdır, her adama, kadına ve çocuğa bir silah.

Amerika'daki hükümlü sayısı da alarm verici düzeydedir. Her 100 kişiden biri demir parmaklıklar arkasındadır. Bu sayı Çin'den ve hatta İran'dan daha fazladır, göreli ve kesin rakamlarla. Ve hâlâ, suçta bir azalma yoktur.

Bu büyük ülkede değişimi etkilemek için, İntegral Eğitimin tüm düzeltme tesislerinde uygulanması şarttır. Yukarıda belirtildiği gibi hükümlüler fiziksel gruplarda ve de online kurslar yoluyla eğitilmelidir, bu sayede kendileri de kademeli şekilde eğitmen olacaklardır.

Bir eğitmen olmak için çalışan hükümlü artık normal biri değildir. O özel biridir ve bu şekilde eğitilmelidir. Bu, salıverilmesi için gerekli olan şarttır.

Hükümlünün hapishanede geçirdiği zamanda, mahkûmun gençlerin arasında bir eğitmen ve bir rol model olarak bulunabileceğini göstermesi şarttır. Amaç budur ve bu, salıverildiği zaman edineceği meslek olacaktır. Mahkûmun milyarlar çalan bir finansör veya bir banka soyguncusu olması fark etmemektedir. Herkes hapishaneden bir eğitimci olarak çıkacaktır çünkü bu hükümlünün rehabilitasyon sürecinin bir parçasıdır.

Hükümlü diğerlerine neler öğrendiğini aktaracaktır. Örnek olarak, mezunlar 6 ay boyunca çocuk suçluları eğitebileceklerini ve değiştirebileceklerini göstermek zorunda oldukları çocuk suçlu cezaevi personeliyle buluşacak. Doğal olarak, her eylemleri incelenecek ve sorgulanacak çünkü bu onların diploması olacak, hapishaneden çıkış bileti.

Hapishanede, her hükümlü zorunlu İntegral Eğitim alacaktır. Aslında, sadece hapishanede değil ama herkes bu eğitimi alacaktır. Bu eğitim olmadan, şu an eğitimde, ekonomide veya ailelerde yaşadığımız krizlerin herhangi birini düzeltmemiz imkânsız olacaktır. Ürkütücü bir şekilde artan uyuşturucu istismarı, depresyon ve çaresizlikle birlikte bir psikolojik kriz tecrübe ediyoruz. İnsanların kişisel veya sosyal yaşamlarıyla ilgili her şey şu anda krizdedir. Bu küresel sosyal krizden kar sağlayan egoistik çıkarları kırmadığımız sürece, başarılı olamayacağız.

Hapishaneler tüm dünyaya muazzam örnekler sunabilir. Eğer bu tür yerlerde başarılı olursak, "normal" gözüken toplum içinde de başarılı oluruz. Hapishaneleri insan inşa etmek için üniversitelere dönüştürmek sosyal algıda bir nevi devrim yapmaktır. Gençler ve yetişinler, erkek ve kadın için kriterler aynıdır. Bir kişinin işlediği suç ne olursa olsun, integral ve birbirine bağımlı bir çevrenin parçası olduğunu hissetmesi ve anlamasına ihtiyacı vardır. Bu bir hükümlünün gelişimindeki temel faktördür.

Amerika'da demir parmaklıklar arkasındaki insan sayısı bize toplumun ciddi şekilde hasta olduğu gerçeğini işaret etmektedir. Amerika demokrasisinden gurur duymamalıdır çünkü demokrasi insanların çıkarları için çalışmak anlamına gelir. Ama milyonlarca insanın hapishanelerde olması, demokrasinin insanlar için hizmet etmediğini kanıtlamaktadır. Doğrusu, bu insanların unutulduğu ve bakılmadığı anlamına gelmektedir. Eşit fırsatlar hakkındaki boş konuşmaların arkasında, Amerikan toplumu insanlara ve gelecek Amerikan neslinin eğitimine saygısızlık portresini çiziyor.

Dr. Michael Laitman

> Doğanın Kanunlarıyla
> Bütünleşmek

Fransa'da, örnek olarak, kültür, din, aile vardır – hepsi insanları bir arada tutan temellerdir. Fransız olmak milli bir gururdur. Tek bir ulustur, Amerika'nın tersine.

Amerika'daki etnik çeşitlilik yüzünden, onları bir arada tutan hiçbir şey yoktur. Derin ayrılık ve ortak dilin yetersizliği büyük zorluklar doğurmakta ve bir revizyon, bir tavır değişimi, yaşama ve değerlere bakış açısı gerektirmektedir. İntegral Eğitim anlaşmazlıkları yaratan tüm zorluklardan üstün olduğu için, Amerika'da uygulanması şarttır.

Tüm yukardakiler haricinde, her şeyi içine alan bir "şemsiyeye" ihtiyaç vardır ve şunu söyleyen "Biz bir ulusa, bir ülkeye, bir insanlığa ve bir dünyaya aitiz. Her insanın kendine has farklılığını korurken, bunun üzerinde bağlanmamız şarttır çünkü Doğa bizi buna zorluyor." Bu, Doğa'nın kanununa göre doğru olan tavırdır. Doğa bize integral bir dünyada, integral bir toplumda tüm farklılıkların ötesinde bağlanma hükümlülüğümüzle birlikte sunum yapandır. Birbirimizle bağlantılıyız, istesek de istemesek de. Başka bir seçeneğimiz yoktur, bağlılık haricinde sorunlardan korunmanın başka bir yolu yoktur.

Eğer dünyanın birçok bölgesinde bu şekilde davranmaya başlarsak, tüm dünyayı nasıl etkilediğini göreceğiz. Bugün, fanatik ve otoriter liderleri etkilemek zordur, bu nedenle değişim bir tek şeye bağlıdır – birimizin rol model olarak bir adım öne çıkmasıyla. Bu ülkenin insanlarını eğitmesiyle İntegral eğitimin gerekliliği ortaya çıkacaktır.

Dünyayı değerleriniz ve prensiplerinizle etkileyemezsiniz eğer sonucunuz yozlaşmış davranışsa. Bu nedenle, Amerika dünyaya örnek olmak istiyorsa, buna

> Doğanın Kanunlarıyla
> Bütünleşmek

Dr. Michael Laitman

hükümlülerin sayısını azaltmakla başlamalıdır ve suç oranını düşürmekle. Amerika bu alanlarda rol model olursa, dünyanın geri kalanına bu değerleri "ihraç" edebilir.

Amerika'daki kanunları değiştirme gibi bir niyetimiz yoktur çünkü bu imkânsız olurdu. Yalnızca sosyal eğitim dalında uzman eğitimcilerin hapishanelere girmesine izin verilmesini görmek istiyoruz. Bu insanlar, insanlarla birlikte çalışma uzmanı olan, onlara doğru ve integral bağlantı yapmalarında öncülük edeceklerdir. Hapishanelerin içinde dersler organize edecekler ve hükümlülerin bunları almaları talep edilecektir. Bu tür dersler televizyon ekranlarından, internetten veya DVD'den sunulan bilgi yoluyla gerçekleşecektir. Öğretmenler hükümlülere dersler verecek ve konuşmalar yapacak ve psikologlar aktiviteleri başlatacaklardır. Eğitimcileri bu yaklaşıma şimdiden hazırlamalıyız ve hükümlülerin eğitimleri için yöneticilerden hapishaneleri okula dönüştürmek için izinler almalıyız.

Hükümlülerin başarıları medyada duyurulacak ve toplum neyi düzeltmesi gerektiğini görecek. Bu yolla, içerdekilerle dışardakiler arasında çok büyük fark olmadığını öğreneceğiz çünkü dünyanın, Doğa'nın, ekolojinin ve insan ilişkilerinin kanunlarına göre, hepimiz suçluyuz. Hepimiz dünyada şu an olanlardan mesulüz. Burada kurban olan yoktur, hepimizi eşit şekilde iyi ve kötü olan her şey için sorumluyuz.

Yuvarlak olan integral bir dünyada yaşıyoruz, başı ve sonu olmayan, bu nedenle suçlamak için birisini bulmaya ihtiyaç yoktur. Toplumdaki her olayın sebebi herkestir. Değişmeyen, integral toplumun doğasına ulaşmamız şarttır ve birbirimize, başkalarına, doğaya, bizi yaratan ve diğer her şeyle farklı bir şekilde ilişki kurmalıyız.

Dr. Michael Laitman

> Doğanın Kanunlarıyla Bütünleşmek

Son Söz

Yaşam İçin Yeni Bir Motor

Bir milenyum boyunca, insanlık kendine "Nereye doğru gidiyoruz? Nereye doğru ilerliyoruz? Kendimizi geliştirmek için neyi değiştirmeliyiz? İnsan doğamız bizi nereye götürüyor?" sorularını soruyor. Gelişmek için yollar bulduk fakat her zaman aynı yöne doğru çekildik.

Bir milenyum boyunca ilerlemeden sonra, çok ilginç bir konuma geldik. Bizi gelişmemiz için motive eden egoistik kuvvet doruğa ulaştı ve inişe geçti. Bu kuvvet hayat standardımızın yükselmesini, daha çok öğrenmemizi ve mutluluk, zenginlik ve ün için çaba göstermemizi sağladı. Egonun itişindeki azalma yüzünden, bir yorgunluk ve ağırlık hissi depresyon ve çok yaygın olan umutsuzluğa düşme noktasına kadar ilerlemiştir.

"Şu an" içinde yaşıyoruz ve daha çok ilerlemek veya geleceğe yatırım yapmak istemiyoruz. Doğrusu, şimdiden değişiyoruz fakat bizi her zaman kullanan sürecin tersine doğru gidiyoruz.

Yaşamlarımızın tüm yönlerini etkileyen çok kapsamlı bir kriz tecrübe ediyoruz. Bu kriz bir ülkeye veya kişiye özel değildir. Bu yaşamlarımızın her alanını etkileyen bir küresel krizdir.

Tüm enerjimizi ve çok büyük bir önem verdiğimiz yeteneklerimizi tükettik gibi gözüküyor. Uzaya ve okyanusun derinliklerine ulaştık, ama aynı zamanda, Dünya'nın kaynaklarını da tükettik. Dünya'daki yaşamı bir düğmeye basarak tahrip edebiliriz, lakin hâlâ Doğa Annenin merhameti altındayız. Ama en kötüsü, yönümüzü kaybettik.

İlerlediğimiz yönün doğru bir yön olmasından değil ama en azından bizi gelişmemiz için itiyordu. Şimdi, bu bile yok. "Burada neler oluyor? Hayatın anlamı nedir?" diye merak etmeye başladık.

Bugünlerde sorulan sorular hepimizi ilgilendiriyor, yalnızca filozof ve düşünürleri değil. İlerleyemeyeceğimiz bir safhaya ulaştık, aynı yerde de kalmamız mümkün değildir çünkü bunu yaparak elde ettiğimiz gelişimleri de kaybederiz. Yüzyıllar boyunca geliştirdiğimiz endüstriler yavaşlamaya başladı, bilim çıkmaz bir sokağa girdi ve kültür ve sosyal yaşam yerin dibine vurdu, şu anki değerlerimizi yürüten ve yansıtan televizyonlarda görüldüğü üzere. Teknik olarak, yapabileceğimiz hiçbir şey yoktur ama yaşamlarımızı dolduran içerik teknolojik kabiliyetlerimizle tamamıyla uyumsuzluk içinde daha aşağıya ve yüzeysele doğru gidiyor.

Aile hayatı çok nadir bu durumdan daha kötü bir durumda olmuştu. İnsanlar kendilerini yalnız hissediyor, gözleri körmüş gibi, odanın içinde duvardan duvara yollarını bulmaya çalışıyor. Başka insanlarla tanışmıyorlar veya bilmiyorlar ve başkalarıyla düzgün, uygun ve arzu edilen bir şekilde bağlantı kurma kabiliyetleri yok. İnsanlar evliliklerini erteliyor ve çocuk sahibi olma yaşı yükseliyor. Gelecek hakkında kararsızız çünkü doğamız, ego, bizi kontrol eden bu kötülük, artık bizi belirli bir yöne doğru yöneltmiyor.

Dr. Michael Laitman

Doğanın Kanunlarıyla Bütünleşmek

Çok derin bir kriz ve muazzam bir çaresizlik tecrübe ediyoruz. Depresyon dünyada en sık görülen hastalık ve diğer hastalıkların birincil nedeni. Şimdiki zaman hakkında sürekli bir kararsızlığın içindeyiz ve bu doğal afetler veya insan yapımı felaketler olsun, gelecekten korkuyoruz.

Tüm bunları biliyor ve anlıyoruz ve birçok bilim insanı bu eğilimi fark etmeye başladı. Hatta toplumun büyük bir kısmı yukarda bahsedilenleri fark ediyor. Ama problemi ortaya çıkarmaktan başka yapacağımız çok az şey var. Bu muazzam krizi çözmeye gelindiğinde çaresiziz.

Bu krizi tüm insanlığı etkileyen bir hastalık olarak düşünebiliriz. Belirtileri tüm alanlardaki fonksiyon bozuklukları, sistemlerindeki dengesizlik yüzünden kısmı fonksiyonel olan bir beden gibi. Aynı şekilde, insan toplumu da düzgün bir şekilde çalışmıyor: düzensizlik içinde ve sistemleri dengesiz. Yine de, yapabileceğimiz tek şey insan egoizmi, hasta istekler, kıskançlık, nefret, hırs ve güç ve saygı arayışı tarafından yönetildiğimizi fark etmemizdir. Kendine tüm medeniyetle birlikte zarar vermek üzere olan ama kendini durduramayan bir yaratık gibiyiz.

Ekonomik kriz yüzünden, işsizlik en tepede. İhtiyacımız olmayan ürünleri üretmeleri için endüstriler inşa ettik, bize gereksiz şeyleri tüketmemize neden olan. Daha kötüsü, üreticiler kârlarını artırmak için ve yenilerini almaya devam edelim diye normalden daha erken eskiyen ürünler imal ettiler.

Toplum üretimle ayakta kalamaz ve toplum tüketimini azalttığı zaman, üreticiler, finansal sistem, bankalar, sigorta firmaları ve yatırım firmaları ile birlikte çökerler. Uzmanlar

Doğanın Kanunlarıyla Bütünleşmek

Dr. Michael Laitman

yakın gelecekte, dünya nüfusunun yalnızca %10'unun ihtiyaçlarımızı karşılamak için çalışması gerekeceğine, diğer tüm insanların lüzumsuz olacağına inanır. Yüzlerce milyon insan iş pazarının dışında kalacak.

İş pazarından atılan milyonlar yeni, toplumla alakalı bir meşguliyetle uğraşma gereğini duyacaklar. Sosyal değişimi teşvik etmeleri gerek, insan davranışında bir değişim ve insanlığı Doğa'yla bir denge içine sokmak. İlerlediğimiz yeni çağa uygun yeni bir insan inşa etmek için uğraşmamız gerek. Eğer şu anki durumumuzdaki tek problemin egolarımız olduğunu görüyorsak, egodan daha yüksek bir dereceye doğru yükseleceğiz.

Bu, insanlığın her zamanki ilerleme şeklidir. Her kriz sonrası, daha iyi gözüken yeni bir durum belirmiştir, daha adil ve daha ileri ve yeni bir yaşam sunan. Daha sonra, yeni yapıyı kurduğumuz an, her şeyin umut ettiğimiz gibi olmadığını gördük.

İlerledikçe, gelişimimiz bizi ıstırap dolu safhalara ve negatif durumlara getirdi. Negatif muhakemeler ve hisler kritik bir noktaya ulaştığı zaman, onları artık tolere edemeyeceğimiz bir noktada, ayaklandık ve savaş ilan ettik. Alternatif olarak, zekâmız yoluyla yeni algılarla ve farkındalıkla değişimler yarattık. Bu meydana geldiği zaman, yeni bir safhaya ilerlememizi sağlayan yeni değerler ve felsefeler yükselişe geçti.

Görünen o ki bu durumla karşı karşıyayız. Bir önceki durumu şimdiden tükettik, görüyoruz ve biliyoruz ki, bu ciddi durumun sebebi egodur ve onun yaşamlarımızı kirletmesine izin vermeye devam etmeyeceğiz. Bu nedenle, doğamız değişimi talep eder.

Bu durumumuzun kendine has özelliğidir. Hiçbir zaman insan doğasını değiştirmedik, yalnızca bir sonraki ilerleme seviyesine geçtik, arabaların vites değişimi gibi. Şimdiden en yüksek vitesteyiz, pedalı metale kadar bastırdık ve motorumuz güç kaybediyor.

Şimdi motoru veya benzini değiştirmemiz gerek. Değerlerimizi, amacımızı ve gidişatımızı değiştirmeliyiz. Eski motor "sürmüş" olduğumuz yeni alanda işlemeyecek, bu nedenle yenisine ihtiyacımız olacak. Bu, insan doğasını değiştirmeliyiz anlamına gelir, şimdiye kadar ilerlememizi, keşfetmemizi ve algılamamızı sağlayan egoistik motor.

Doğa'da iki kuvvet vardır – alma kuvveti ve ihsan etme, verme kuvveti. Bu iki kuvvet yaşamı oluşturur. Aralarındaki karışım, denge ve ahenk yaşamlarımızı daha iyi yapar, daha barışçıl ve ilerleyen. Egonun, alma kuvvetinin durduğu bir noktaya geldik, bu yüzden çaresizlik hissi yaşamlarımızın tüm alanlarında hissediliyor.

Bilim insanları ve araştırmacılar bir çözüm algılamaya başlıyor: Yakıtımızı değiştirmemiz ve motorumuzu ihsan etme kuvvetinin üzerinde çalışması için adapte etmemiz gerek, bu sayede yardımcısı durumundaki alma kuvvetiyle birlikte ihsan etme kuvveti yönlendirici kuvvet olsun, bizi ileriye doğru itsin.

Doğanın Kanunlarıyla Bütünleşmek

Dr. Michael Laitman

İnsan toplumu evrim geçirdi. Eğitim, kültür, endüstri ve özellikle ticarette ilerledik. Bu yolla, ihsan etme kuvvetini daha çok almak için kullandık.

Şimdi ihsan etme kuvvetinin öne çıkan faktör olduğu ve alma kuvvetinin son bulduğu yeni bir çalışma tarzına geçiyoruz. Bu yeni bir çalışma biçimine doğru ilerlediğimiz anlamına gelir, yeni bağlantılar ve yeni ilişkiler. Öncülük eden kuvveti değiştiriyoruz.

Bu yeni motoru ihsan etme kuvvetine göre çalışacak bir şekilde inşa etmemiz gerek. Motor insan toplumu olduğu için, her bir kişinin ve toplumun genelinin değişimiyle uğraşmamız gerekecektir. Endüstri veya bilimi değiştirmemize gerek yok ama bunlarla uğraşan insanları, aramızdaki ilişkileri değiştirmemiz gerek ve daha sonra her şey iyi olacak.

Kendimizi değiştirmek, insanları eğitmek için yeni bir yol bulmalıyız. Yeni eğitim insanları kişiler ve "insanlık" adı verilen küresel bir grup olarak görmeli. Yeni eğitim hakkında sorulması gerekli sorular "Biz kimiz? Biz neyiz? Şimdiki durumumuza bir milenyum boyunca nasıl ilerledik ve buradan daha ileriye nasıl ilerleyeceğiz? Ne çeşit bir değişimden geçmeliyiz ve hangi yollarla? Kişisel olarak her birimize ve topluma, ülke ve uluslararası seviyelerde olarak hepimize nasıl uygulanacak?" Bu değişim tüm insanlık medeniyetini etkileyecektir.

Öğrenmenin yanında, bilim insanlarının, biyologların ve sosyologların çalışmalarına da itibar edeceğiz, eğitimsel kısmı da geliştirmeye ihtiyacımız var: nasıl değişeceğiz ve hangi yollarla? Başka bir deyişle, alma kuvveti yerine ihsan etme kuvvetinin bizi kontrol ettiği ve bizi ilerlemeye doğru ittiği bir duruma nasıl ulaşacağız? Bu tür değişimleri insan ve toplum olarak nasıl fark edeceğiz? Çocuklarla, yetişkinlerle, erkek, kadın ve her toplumla birlikte nasıl ve hangi sırayla değişim yapılacak?

Bugün milyonlar değersiz, gereksiz ürünlerin yapıldığı "ter dükkânlarından" atılıyor. Bu insanlar yeni bir işe doğru kayacaklar – insan toplumunu değiştirme işi.

İşi makul bir şekilde herkes arasında bölüştüreceğiz ve bu sayede hepimizi saygın bir şekilde yaşayacağız, Doğa'daki sosyal hayvanların yaptığı gibi. Karıncalar veya arılar örnek olarak, bazıları işçidir, bazıları çoğaltıcı ve bazıları da yiyecek yapıcılardır. İşleri kendi aramızda benzer bir şekilde böldüğümüzde, günde bir kaç saat çalışmak zorunda kalacağız, belki de her gün bile değil. Kalan zamanımızı insan toplumunun iyi, düzgün ve refah bir şekilde kalmasını sağlamak için harcayacağız. Burada, herkes saygın bir yaşam için gerekli olanı alacaktır. Ama birincil işimiz her birimizin ve toplum olarak hepimizin kendi kendini yenilemesi olacaktır.

Bu sayede, yeni bir eğitim ve toplum oluşturacağız. Medya bu yeni oluşumla dolacak, film ve müzik endüstrileri, televizyon, roman ve dergiler insanın ve toplumun değişim hikâyeleriyle dolup taşacaktır.

Bugün bu bizim görevimizdir – insanlığı değiştirmek. Bu yüzden ARI Research tarafından basılan seri kitaplarla girişime başladık ve çocuklar ve yetişkinler için video klipleri ve filmler gibi görsel medya içerikleri üretiyoruz. Amacımız uğramak zorunda kalacağımız değişime bizi yakınlaştırmaktır.

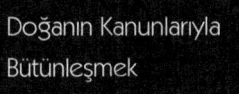

Dr. Michael Laitman

Yazar Hakkında

Ontoloji ve Bilgi Teorisi Profesörü, Felsefe Doktorası yanında Medikal Sibernetik dalında Master diplomasına sahip, Dr. Laitman, Kuzey Amerika, Orta ve Güney Amerika'nın yanı sıra Asya, Afrika ve Doğu ve Batı Avrupa'da şubeleri olan ARI Enstitüsünün kurucusudur.

Dr. Laitman yenilikçi fikirler yoluyla eğitim politikalarında ve uygulamalarında pozitif değişimlerin geliştirilmesine ve günümüzün en baskıcı eğitimsel problemlerine çözümler bulmaya kendini adamıştır. Eğitime karşılıklı bağımlı ve bütünleşmiş dünyanın kanunlarını uygulayarak yeni bir yaklaşım sunmuştur.

Küreselleşmiş Dünyada Yaşamak İçin Bir Rehber

Dr. Laitman teknolojik olarak birbirine bağlanmış yeni küresel köyde nasıl yaşanacağına dair belirli esaslar sunar. Yeni bakış açısı insan yaşamındaki her alana dokunur: sosyal, ekonomik ve eğitime özel bir vurgu yaparak. Su yüzüne çıkan birbiriyle daha sıkı bağlantılı realitenin içinde birbirine bağlı bir toplum yaratmak için evrensel değerler üzerine inşa edilmiş yeni küresel bir eğitim sisteminin altını çizmektedir.

UNESCO Genel Müdürü Irına Bokova ve Birleşmiş Milletler Genel Sekreter Yardımcısı Dr. Asha - Rose Migiro ile olan toplantılarında, dünya çapındaki güncel eğitim problemlerini ve çözüm için görüşlerini tartıştı. Bu kritik, küresel konu büyük değişimin tam ortasındadır. Dr. Laitman

Dr. Michael Laitman

Doğanın Kanunlarıyla Bütünleşmek

günümüz gençliğinin kendine has tutkularını göz önüne tutarken ve onları çok dinamik, küresel bir dünyaya hazırlarken mevcut yeni komünikasyon araçlarından yararlanmanın önemini vurgular.

Dr. Laitman son zamanlarda uluslararası enstitülerle çok yakın çalışmalarda bulunmuş ve Tokyo'da (Goi Barış Kuruluşuyla), Arosa'da (İsviçre) ve Düseldof'da (Almanya) ve Kültürlerin Uluslararası Forumu'yla birlikte Monterey'de (Meksika) birçok uluslararası organizasyonlara katılmıştır. Bu organizasyonlar UNESCO tarafından desteklenmiştir. Bu küresel forumlarda, dünya krizi hakkında hayati önem taşıyan tartışmalara katkıda bulunmuş ve gelişmiş bir küresel farkındalık yoluyla pozitif bir değişim için gereken adımların altını çizmiştir.

Dr. Laitman aralarında Corriere Della Sera, The Chicago Tribune, The Miami Herald, The Jerusalem Post, The Globe, RAI TV ve Bloomberg TV olan birçok yayında yer almıştır.

Dr. Laitman tüm yaşamını modern dünyamızdaki hayatın anlamına cevaplar arayarak insan ve toplum doğasını araştırmakla geçirmiştir. Akademik geçmişi ve engin bilgisi onu dünya çapında takip edilen bir dünya düşünürü ve sözcüsü yapmıştır.

Dr. Laitman'ın bilimsel yaklaşımı tüm milliyetlerden, inançlardan olan insanların farklılıklarının üzerine çıkmasına ve karşılıklı güvence ve işbirliği küresel mesajı etrafında birleşmesine olanak sağlamıştır.

ARİ Enstitüsü Hakkında

Misyonumuz:

Günümüzün karşılıklı bağımlı dünyasının zorluklarıyla başa çıkabilecek küresel farkındalığa sahip bir insanlık geliştirmek:

Ne Yapıyoruz:

Bilim insanları, öğretim görevlileri ve eğitmenler arasındaki diyaloğu teşvik ediyoruz.

Eğitimsel politika ve uygulamalarda pozitif değişimi geliştiriyoruz

Tüm insanlar için Yeni bir İntegral Eğitim paradigması oluşturuyoruz.

Genel Bakış:

Günümüzün dünyası bir yol ayrımındadır. Dünyanın küresel bir değişimden geçtiğine dair ekonomik kararsızlık, politik başarısızlık ve sosyal huzursuzlukla baş gösteren dünya çapında bir kanıt vardır. Öylesine karşılıklı bir şekilde bağlandık ve bağımlı olduk ki eski sistemler artık çalışmıyor.

"Küreselleşme" teriminin küresel finansal pazarların korelasyonundan daha fazlasını kapsadığına dair yeterli kanıt olduğu için, terimin daha kesin bir manası karşılıklı bağlantılı toplum doğasına bir bütün olarak hitap etmelidir. Yalnızca finansal anlamda değil ama aynı zamanda, birincil olmasa dahi, sosyal yönden de "küreseliz."

2011 senesinde başlayan ve küresel bir yangın gibi yayılan sosyal huzursuzluk, sosyal alevin Dünya Çapında Ağ kabloları sayesinde bir sorunlu bölgeden bir diğerine kıtalar yoluyla nasıl geçebileceğini gözler önüne sermiştir.

Hepimiz bir geminin içindeyiz ve dünyada şu an olanları ne kadar erken fark edersek, değişim o kadar güvenli ve yumuşak bir şekilde meydana gelir.

Küresel bir şekilde karşılıklı bağımlı olsak da, kendi odaklı düşünce hâlâ egemen olan paradigmayı oluşturuyor. Karşılıklı bağımlılığımız yaşamın bir gerçeği olmaya başladı. Ama kendimiz, düşünce tarzımız ve değerlerimiz eski paradigmanın içinde kilitli kaldı. Bu nedenle, insanlığın bugün yüzleştiği krizlere uygulanabilir bir çözüme giden yolun, kendimizi yeni ortaya çıkan durumlarla aynı hizaya getirmekle başlaması şarttır: Karşılıklı bağımlılığımızı ve sorumluluğumuzu benimsemek için kendimizi eğitmemiz ve geliştirmemiz şarttır.

Bize her köşede çelme takıyor gibi gözüken problemler esas sebepler değildir ama gerçek problemin belirtileridir: birbirimize olan karşılıklı sorumluluk ve dayanışma eksikliği.

Birçok araştırmacı sosyal etkinin gücünü zaten gösterdi. ARI bu eskimiş kurtlar sofrası düşüncesinden bizleri koparacak, bütünleşmiş bir insanlık sistemini keşfedecek ve kendimizi buna göre adapte edecek eğitimin ve sosyal etkinin gücünü harmanlamak için çalışıyor.

Doğanın Kanunlarıyla Bütünleşmek

Dr. Michael Laitman

Günümüzün küreselleşmiş realitesinde, ya hepimiz kazanırız veya hepimiz kaybederiz çünkü hepimiz karşılıklı olarak birbirimize bağımlıyız. Yeterince insan küreselleşme gerçeğine gözlerini açacak ve sorumluluk paylaşacak olursa, çok büyük bir değişim başlayacaktır. Artık ülkeler ve insanlar birbirlerini kirletmeyecek; artık uluslararası ticaret birlikleri on milyonlarca ödemesi yapılmayan işçileri kirletmeyecek; yaygın antibiyotiklerle iyileşebilecek olan çocuklar hastalıktan ve açlıktan ölmeyecek, artık kadınlar basitçe kadın oldukları için istismar edilmeyecektir.

İnsanların mutluluklarının başkalarının mutluğuna bağlı olduğunu fark ettiği bir dünyada, başkalarına yardım edecekler, başkaları da, karşılıklı olarak onlara yardım edecektir. Güncel küresel finansal krizler ve dünya çapındaki bir dizi ayaklanmalar yaşamın tüm alanlarında birbirimizi etkilediğimizin bir kanıtıdır – ekonomik, sosyal ve hatta duygusal.

ARI ülkeler ve bireyler arasındaki, güncel, karşılıklı bağlanmış realiteyle uyumlu olarak birleşmeyi ve bütünleşmeyi geliştirmek için çalışıyor.

Doğa'dan öğrenebileceğimiz gibi, birleşme, karşılıklılık ve dayanışma yaşamın gereklilikleri. Hiçbir organizma hücreleri ahenk içinde çalışmadan hayatta kalamaz. Aynı şekilde, hiçbir ekosistem herhangi bir elementi eksildiğinde gelişemez.

İnsanlık doğal sistemin entegre bir parçasıdır. Yine de, bir bütün olarak, hâlâ karşılıklı bağımlılık doğal kanununu takip etmeyen tek türüz.

Karşılıklı bağımlılığımızı göz ardı edip veya ona karşı koymak yerine geliştirmek, kendimize ve çocuklarımıza sürdürebilir bir realite inşa etme başarımızdaki anahtardır.

Özellikle günümüz dünyasının bir yol ayrımında olmasından dolayı, ARI küresel değişimi barışçıl ve güzel bir yolla elde etmemiz için özel bir fırsata sahip olduğumuza dair pozitif ve optimist bir görüşü vaat eder. Tüm bunların ışığında, ARI'nın misyonu günümüzün karşılıklı bağımlı dünyasının zorluklarıyla baş edebilmek için küresel farkında bir insanlığı desteklemektir.

Yazar Hakkında

Ontoloji ve Bilgi Teorisi Profesörü, Felsefe Doktorası yanında Medikal Sibernetik dalında Master diplomasına sahip, Dr. Laitman, Kuzey Amerika, Orta ve Güney Amerika'nın yanı sıra Asya, Afrika ve Doğu ve Batı Avrupa'da şubeleri olan ARI Enstitüsünün kurucusudur.

Dr. Laitman yenilikçi fikirler yoluyla eğitim politikalarında ve uygulamalarında pozitif değişimlerin geliştirilmesine ve günümüzün en baskıcı eğitimsel problemlerine çözümler bulmaya kendini adamıştır. Eğitime karşılıklı bağımlı ve bütünleşmiş dünyanın kanunlarını uygulayarak yeni bir yaklaşım sunmuştur.

Küreselleşmiş Dünyada Yaşamak İçin Bir Rehber

Dr. Laitman teknolojik olarak birbirine bağlanmış yeni küresel köyde nasıl yaşanacağına dair belirli esaslar sunar. Yeni bakış açısı insan yaşamındaki her alana dokunur: sosyal, ekonomik ve eğitime özel bir vurgu yaparak. Su yüzüne çıkan birbiriyle daha sıkı bağlantılı realitenin içinde birbirine bağlı bir toplum yaratmak için evrensel değerler üzerine inşa edilmiş yeni küresel bir eğitim sisteminin altını çizmektedir.

UNESCO Genel Müdürü Irına Bokova ve Birleşmiş Milletler Genel Sekreter Yardımcısı Dr. Asha - Rose Migiro ile olan toplantılarında, dünya çapındaki güncel eğitim problemlerini ve çözüm için görüşlerini tartıştı. Bu kritik, küresel konu büyük değişimin tam ortasındadır. Dr. Laitman günümüz gençliğinin kendine has tutkularını göz önüne tutarken ve onları çok dinamik, küresel bir dünyaya hazırlarken mevcut yeni komünikasyon araçlarından yararlanmanın önemini vurgular.

Dr. Laitman son zamanlarda uluslararası enstitülerle çok yakın çalışmalarda bulunmuş ve Tokyo'da (Goi Barış Kuruluşuyla), Arosa'da (İsviçre) ve Düseldof'da (Almanya) ve Kültürlerin Uluslararası Forumu'yla birlikte Monterey'de (Meksika) birçok uluslararası organizasyonlara katılmıştır. Bu organizasyonlar UNESCO tarafından desteklenmiştir. Bu küresel forumlarda, dünya krizi hakkında hayati önem taşıyan tartışmalara katkıda bulunmuş ve gelişmiş bir küresel farkındalık yoluyla pozitif bir değişim için gereken adımların altını çizmiştir.

Dr. Laitman aralarında Corriere Della Sera, The Chicago Tribune, The Miami Herald, The Jerusalem Post, The Globe, RAI TV ve Bloomberg TV olan birçok yayında yer almıştır.

Dr. Laitman tüm yaşamını modern dünyamızdaki hayatın anlamına cevaplar arayarak insan ve toplum doğasını araştırmakla geçirmiştir. Akademik geçmişi ve engin bilgisi onu dünya çapında takip edilen bir dünya düşünürü ve sözcüsü yapmıştır.

Dr. Laitman'ın bilimsel yaklaşımı tüm milliyetlerden, inançlardan olan insanların farklılıklarının üzerine çıkmasına ve karşılıklı güvence ve işbirliği küresel mesajı etrafında birleşmesine olanak sağlamıştır.

Bütünsel Toplumun Psikolojisi

Bu kitapta, Profesör Michael Laitman ve Profesör Anatoly Ulianov bir seri karşılıklı konuşma ile eğitime ufuk açıcı bir yaklaşımla ışık tutmaktalar. Rekabet içinde olmamak, sosyal bir çevre içinde yetiştirilmek, akranların eşitliği, karşılıksız verenlerin ödüllendirilmesi, sürekli değişen grup ve öğretmen yapısı, bu kitap içindeki yeni kavramlardan sadece birkaç tanesidir. 21. inci yüzyılda daha iyi bir anne-baba, daha iyi bir öğretmen ve daha iyi bir insan olmak isteyen herkesin bu kitabı okuması mutlaka gerekli."

Doğanın Kanunlarıyla Bütünleşmek

Ve Yaşam Tek Bir Kişinin Tecrübesi Olmayacak. Tam Tersine, Sanki Tüm İnsanlıkla Beraber Nefes Alıp Yaşıyor Gibi Olacağız

Doğanın Kanunlarıyla Bütünleşmek toplumsal bilinç üzerine yaratıcı yaklaşımı olan bir kitap. İnsanoğlunun geçirdiği süreç ve realiteye kapsamlı bir bakış sunmaktadır. Kitap geçirdiğimiz kişisel ve sosyal değişim akımları için araçlar sunmaktadır.

Michael Laitman küresel bir düşünür olup, Ontoloji Profesörüdür ve doktorasını Felsefe ve Kabala üzerine tamamlamış, Tıbbi Bio sibernetik konusunda MS diploması vardır. Doğanın Kanunlarıyla Bütünleşmek - Dr. Laitman'ın önde gelen düşünür ve bilim adamları ile yaptığı sohbetlerden hazırlanmıştır.

Dönüş Noktası

Gelişimin tüm önceki aşamalarındaki egoyu terk etmeliyim. Dönüş noktası, çatallaşma noktası, ayrılma, kriz, bugün üzerlerine gideceklerimiz bizleri gerçekten, egomuzu "kıracağımız" ve aşağıda bırakacağımız gerçeğine yönlendirirler. İnsanlık, büyük bir problem ile yüzleşiyor: Ulaştığımız o çok büyük egoyu hissediyor, onunla hayal kırıklığına uğruyor ve onu terk ediyor çünkü buna mecbur bırakıldık. Bu, "kötülüğün tanınması" safhası olarak adlandırılır. Bunun üzerine gitmeliyiz.

Karşılıklı Sorumluluk

Neden dünya nüfusunun %1'i dünya zenginliginin %40'ına sahip? Neden dünyada egitim sistemleri mutsuzluk ve zayıf egitimli çocuklar üretiyor? Neden açlık var? Neden yiyecek fiyatları herkes için yeterli olandan fazla yiyecek varken artıyor? Neden halen insan onuru ve sosyal adaletin olmadıgı ülkeler var? Ve bu yanlışlar ne zaman ve nasıl düzeltilecek?

Ortak sorumluluk: Küresel Krizler Çagında Milletlerin Üstündeki Isık, küresellesmenin köklerine, nasıl evrimlendigine, bunun faydalarından nasıl haz alacagımıza ve zararlarından da kaçınacagımıza deginir.

Kendinizi Kurtarın

Dünya Krizinden Nasıl Güçlü Çıkabilirsiniz

Dr. Laitman Ontoloji ve Bilgi Kuramı Profesörüdür, Rusya Bilimler Akademisi, Moskova Felsefe Enstitüsü Felsefe ve Kabala doktora derecesi ve ayrıca St. Petersburg Politeknik Üniversitesi Medical Sibernetik mastır derecesi vardır. Laitman bizi bekleyen inanılmaz mücadeleyi işaret edecek şekilde bu üç uzmanlık alanının tümünü birleştiriyor.

Yeni Dünya Rehberi

Neden Karşılıklı Sorumluluk Küresel Krizi Aşmanın Anahtarı

Neden dünya nüfusunun %1'i zenginliğin %40'ı na sahip? Neden tüm dünyada eğitim sistemleri mutsuz, kötü eğitilmiş çocuklar üretiyor? Neden açlık var? Neden dünyada herkese yetecek kadar yiyecek varken gıda fiyatları artıyor? Neden dünyada hala insan onuru ve sosyal adeletin olmadığı ülkeler var? Bu yanlışlar ne zaman ve nasıl düzeltilecek?

Yeni Ekonominin Faydaları

Ekonomik krizlerin dünyanın en iyi ekonomistlerinin tüm çabalarına rağmen neden sona ermediğini hiç merak ettiğiniz oldu mu? Bunun cevabı bizde, hepimizde yatar. Ekonomi aramızdaki ilişkilerin bir yansımasıdır. Doğal gelişim sonucu, dünya hepimizin birbirine bağımlı olduğu bütünleşmiş ve küreselleşmiş bir köy halini aldı.

Karşılıklı bağımlılık ve küreselleşme dünyanın bir parçasında olan bir şeyin diğer tüm parçalarını da etkileyeceği anlamına gelir. Bunun sonucu olarak, başka parçalar hala hastayken bir parçanın iyileştirilmesi bu parçayı da tekrar hasta edeceği için, küresel krizlerin çözümü tüm dünyayı kapsamak zorundadır.

NOTLARIM

www.ingramcontent.com/pod-product-compliance
Lightning Source LLC
Chambersburg PA
CBHW071218080526
44587CB00013BA/1421